W0270639

les années métalliques

MICHEL DEMUTH	*ŒUVRES*
LES GALAXIALES - 1	*J'ai Lu* 693***
LES GALAXIALES - 2	*J'ai Lu* 996***
LES ANNÉES MÉTALLIQUES	*J'ai Lu* 1317****
LA CLÉ DES ÉTOILES	

MICHEL DEMUTH

les années métalliques

Éditions J'ai Lu

Ceux qui tournent là-haut,
Dans leurs tombeaux de verre,
Sur l'orbite blanche des cimetières,
Ont traversé le vide
Dans leurs équipages de lumière.
Ils ont largué l'anti-matière
Sur les planètes du Centaure,
Et leurs canons photoniques
Ont tranché des hémisphères
Avant que les généraux galactiques
Retombent en pluie de poussière
Sur les météores pacifiques,
Jusqu'aux itinéraires-miroirs,
Dans les citadelles du Temps,
Où giclent des pluies d'Histoire
Et de sang.
Et certains croient encore
Qu'après dix mille ans d'âge
J'ai perdu la parole des ordinateurs de guerre
De cette bataille magnétique
Où l'univers s'est fracturé, s'est retourné,
Quand les électrons impurs
Ont cassé le seuil d'oscillation.
Si ma mémoire s'est inversée,
Elle ne s'est pas effacée.
A jamais je refais les révolutions
Et je remonte les données
Comme un saumon cristallisé
Prisonnier de l'éternité.
Et je tourne là-haut,
Dans mon tombeau de verre,
Sur mon orbite blanche,
Dans mon cimetière.

(Paroles écrites pour voix off et guitare électrique saturée, destinées à un album qui ne put exister.)

LA ROUTE DE DRIEGHO

1

L'espace, dans le secteur d'Ophiuchus, n'était qu'un vaste poudroiement de soleils, un enchevêtrement de rayonnements et d'incandescences où les différents vaisseaux, en route vers Anaël, Félice ou la Nouvelle-Thuringe, étaient difficilement décelables.

Azio Mongze avait donc abandonné depuis longtemps les multiples écrans et les calculateurs de route pour se consacrer tout entier au seul problème du moment : comment arriver plus vite encore sur Griche?

Il allait sans cesse des moteurs au dôme d'observation qui faisait, sous les clartés stellaires, un étincelant chapeau au pôle du vaisseau. La puissance était au maximum et Azio n'osait même pas s'avouer qu'il ne se souvenait pas d'avoir vu le *Marquis* soutenir une telle vitesse. Dans le dôme, il découvrait la sphère sombre du vaisseau de Richard, le *Malaisie*, qui naviguait de concert avec le sien. Les deux appareils étaient reliés par un couloir et Azio aurait pu en quelques pas retrouver son compagnon et lui confier ses inquiétudes. Mais il ne le faisait pas, pour deux raisons bien précises : d'abord, Richard n'aurait eu que faire de ses tourments; à la minute présente, il devait en connaître de semblables puisque son but était le même.

Ensuite, Azio détestait par-dessus tout quitter le *Marquis*. Surtout au moment où il exigeait de lui une vitesse inhabituelle tout en prenant un minimum de risques.

Les systèmes étaient pourtant proches, dans ce coin de l'espace, jamais séparés par plus de trois années-lumière. Les naines blanches foisonnaient et elles étaient autant de pièges, avec leur densité infernale, leur champ gravitique étendu loin autour d'elles. Il y avait également les feux verts de Wolf-Rayet, de part et d'autre des chemins tracés.

On disait souvent que traverser Ophiuchus équivalait à patauger, seul et sans arme, dans les jungles de Ductor II. La comparaison avait vraisemblablement été forgée, année après année, par les équipages aventureux de navires pareils à ceux d'Azio et de Richard : des Libertaires.

On disait aussi, sur les vieilles planètes, colonisées depuis cinq cents ans et plus : « Homme de Libertaire, abonné à l'Enfer! »

La phrase vint danser devant les yeux d'Azio, tourbillonna puis s'effaça. Il rit silencieusement, debout devant le prodigieux paysage galactique que l'on nommait les Fleuves Blancs.

De fait, les groupes connus sous les sobriquets de Friche, Briche et Triche formaient trois bandes de lumière où l'éclat des naines blanches et des géantes givrées dominait. Au cœur de ces amas d'astres, se tenait le système de Griche. Sur la seconde planète, du même nom que son soleil, une ville agonisait entre deux révolutions et une attaque extérieure. Driegho, gigantesque métropole, n'en avait plus, aux dernières nouvelles, que pour huit à dix jours planétaires. C'était plus qu'il n'en fallait à deux Récupérateurs décidés pour remplir les cales de leurs vaisseaux. Seulement, les deux Récupérateurs se trouvaient encore à plus de trente années-lumière du but.

2

– Azio!

Il se retourna puis, comprenant que Richard l'appelait par le circuit, se glissa jusqu'au poste de commandes.

– Oui?

L'image de son compagnon dansa et se précisa jusqu'à se tenir, vivante et animée, au-dessus de la pointe de cristal qui la matérialisait. Richard Hianne était petit, robuste et nerveux. Ses cheveux blonds et rares étaient perpétuellement collés à son front et à ses tempes par une sueur trop abondante.

– Il y a un Clyrien, là, juste devant moi, Azio!

– Tu ne te sers pas de l'écran?

– Mais je le vois, Azio, comme je te vois! Il est énorme et armé pour une guerre de mille ans, au moins.

Azio ne se permit pas de sourire. Ses longues mains palpaient son menton osseux qu'il avait toujours voulu orner d'une barbe sans jamais y parvenir.

– Ecoute, dit-il enfin, je pourrais le voir d'ici?

– Certainement... A condition que je m'écarte.

– Alors, retire le couloir et passe vers l'arrière.

L'image de Richard disparut. Azio ne perdit pas de temps et remonta aussitôt sous le dôme. Là, il mit en marche l'indicateur-spécificateur automatique et en dirigea le viseur vers l'espace, un peu au-devant de la route du *Marquis*. Le *Malaisie* achevait sa dérobade. Sphère noire où un unique hublot brillait, il rétrograda vers l'arrière, découvrant de nouveaux amas d'étoiles... et la silhouette du navire étranger.

Azio connaissait le goût de son compagnon pour l'exagération. Mais il reconnut en lui-même que, cette fois, celui-ci ne s'était pas laissé aller à son penchant: le Clyrien était immense et les canons et armes plus légères faisaient une couronne luisante à son bordage plat.

L'indicateur-spécificateur ronronna doucement. Sur son corps ventru, l'écran de résultat s'illumina et des vues défilèrent en une succession rapide. L'une d'elles se stabilisa enfin. Elle représentait exactement le navire clyrien mais posé dans une prairie mauve, son équipage au sol.

– Vaisseau d'origine clyrienne, construit par les Trois Sociétés! dit la voix douce du spécificateur. Appareil de guerre prévu pour soixante canons thermiques et trente armes plus légères, renouvelées au gré des perfectionnements et des découvertes. C'est ce qui fait la principale force du Clyrien 304-A, connu pour sa vitesse et sa quasi-invulnérabilité.

L'écran montra d'innombrables images du 304-A, au repos, au combat, au port, en plein espace.

Azio en savait assez. Il coupa le film d'un geste sec et demeura perdu dans la contemplation du géant qui précédait le *Marquis* et le *Malaisie*, en route comme eux pour Griche.

Il détaillait les petites coupoles des servants, l'appendice curieux appelé trompe où s'abritait le service cartographique, les lignes des baies transparentes où il surprenait des silhouettes étrangères. La lumière bleu pâle qui baignait les coursives du Clyrien correspondait à celle de son soleil natal : Clyria, du groupe des Tourelles.

C'était un ensemble vaste, homogène et puissant, qui possédait sa parfaite autonomie de moyens. Un tel navire pouvait nourrir et distraire son équipage durant des années sans toucher une planète. Il n'était guère d'attaque qui pût l'inquiéter et la seule réputation de Clyria suffisait à écarter l'ennemi éventuel.

« C'est pour Driegho, c'est certain, songea Azio. Il va encore attaquer les installations portuaires et les usines d'armement! »

Clyria s'était ruée sans avertissement sur Griche qu'elle convoitait depuis longtemps. Elle avait choisi le moment précis où deux révolutions éclataient à Driegho. Tandis que les Autonomistes et les Frères de Lach s'affrontaient au long des avenues, les navires de Clyria survolaient le port, puis les quartiers des docks, puis les usines, détruisant consciencieusement les installations les plus importantes. Dans les nuées de mondes d'Ophiuchus, on savait cela : Griche, c'était Driegho. En dehors de sa métropole, le petit monde vert offrait au premier venu ses mines et ses riches continents que ne protégeait aucune cité.

Dans quelques jours, il serait entièrement aux mains de Clyria et ce ne serait que justice. Ses habitants avaient été imprévoyants et futiles, pour la plupart colons venus de la Nouvelle-Thuringe ou d'Anaël, aventuriers et hurluberlus bourrés d'idées qu'ils perdaient au fil des maisons de jeu de Driegho.

Depuis le jour du premier débarquement sur Griche, il n'y avait eu personne pour établir un semblant de constitution, une quelconque teinte d'originalité. A moins, bien sûr, que l'on ne considérât les Frères de Lach ou les Autonomistes comme dignes du titre de politiciens.

Mais les premiers se perdaient dans l'ombre d'un mysticisme cosmique baroquement mêlé de débauche solennelle et les seconds passaient leur temps à transcrire les faits et méfaits des Etrangers, c'est-à-dire des gens de passage, venus d'Hydiame ou d'Orénoque pour le temps d'un enrichissement.

C'était dans cette trame, aux dernières heures de l'agonie, que se glissaient les Récupérateurs dignes de ce nom.

Azio ne se faisait aucune illusion à ce sujet : Richard et lui n'étaient pas les seuls à être attirés par la mort de la capitale de Griche. Les vaisseaux libertaires devaient accourir de toutes parts.

Mais dans le foisonnement des richesses à enlever, il y en aurait assez pour chacun et jamais un Récupérateur n'avait fait du tort à un autre.

– Richard!

Cette fois, c'était Azio qui appelait. Son compagnon parut immédiatement. Il avait dû attendre devant le circuit, anxieux du résultat des pensées d'Azio. En général, Richard était très utile dans l'action et pour les détails techniques, mais Azio était la source d'astuces et le seul capable de les sortir d'ennui par voie de diplomatie et de ruse.

– Mon avis, dit-il, est que ce monstre guerrier ne présente aucun danger pour nous.

– Tu crois qu'ils savent ce que nous sommes?

– Les Clyriens sont au courant de tout, Richard. Ils ne risquent pas de nous attaquer, du moins cette fois, pour l'excellente raison que nous les aidons un peu. Nous hâtons la ruine de Driegho et c'est ce qu'ils désirent.

– Tout à fait d'accord, mais Driegho n'est pas encore morte et elle a quelques vaisseaux de défense. Quand notre gros ami va se présenter au-dessus de Griche, il va sûrement être accueilli. Je ne désire pas du tout être pris dans la tourmente, moi!

Les yeux noirs d'Azio parurent lancer des flammes. Il étendit une main en un geste impératif.

– N'oublie pas notre vrai problème, Richard : arriver à temps sur Griche pour profiter de la débâcle. Nos navires sont comme immobiles par rapport à ce Clyrien et tes inquiétudes, au fond, ne tiennent pas puisqu'il nous distancerait rapidement.

– C'est vrai, dit Richard, un mauvais point pour moi.

– Ne vois-tu pas le rapport entre les deux faits? La vitesse du mastodonte et notre course contre le temps?

Richard prit un pas de recul. Ses courtes mèches blondes étaient plus que jamais collées à son front.

– Complètement fou, dit-il, tu es complètement fou!

– De vouloir le Clyrien? Pas du tout. D'autres ont réussi, déjà, et nous ne sommes pas plus médiocres que ces autres.

Et les yeux sombres du Récupérateur fouillaient les armoires, tandis qu'il essayait de se souvenir de l'endroit où il avait rangé le film *Hauts faits des navires libertaires.*

– Ecoute, fit Richard, à toi d'agir. Nous travaillons ensemble et, sur un tel point, j'aime mieux te laisser décider seul. Mais en tout cas, pense à la disproportion, Azio... Et pense aussi que le Clyrien va bientôt nous distancer!

3

Les vaisseaux de guerre et tous les vaisseaux réguliers n'entraient jamais en contact avec les Libertaires. Ceux-ci étaient rarement en position de légalité et, de plus, les responsables de Réguliers craignaient d'avoir à faire front à diverses suppliques ou à quelque nouvelle ruse.

On se croisait, on se dépassait, dans les étroits couloirs de navigation tels que ceux d'Ophiuchus, mais l'on gardait un parfait silence.

Ayant fait défiler deux fois le film *Hauts faits des navires libertaires,* Azio cherchait une raison valable pour appeler le Clyrien par circuit. C'était là le point principal du plan « Capture d'un navire-forteresse par immobilisation ». Assis dans l'unique fauteuil du poste de commandes, il passait en revue une foule de conversations imaginaires. Il existait de nombreuses causes d'appel de vaisseau à vaisseau, en commençant par les salutations entre unités alliées, mais pour un Libertaire ces causes étaient réduites à quelques-unes seulement et à presque rien quand il s'agissait d'entrer en relation avec un Clyrien.

« Il faut y parvenir, se dit Azio, de n'importe quelle manière! » Alors, l'idée lui vint. Ce n'était pas celle qui présidait à la « capture d'un navire-forteresse par immobilisation », elle offrait des risques, du danger même. Mais la rapidité d'exécution promettait de ramener l'opération à quelques négligeables minutes.

« Le tout est de savoir si Richard marchera... » Azio appela de nouveau son compagnon qui naviguait toujours vers l'arrière, laissant le *Marquis* au plus près du Clyrien.

– Richard, voici mon idée...

Et en une dizaine de phrases claires, Azio exposa l'essentiel du projet à son associé. Richard laissa s'écouler de précieuses secondes, puis il siffla entre ses lèvres :

– Je ne sais pas si tu te rends tout à fait compte, Azio, du danger énorme que...

– Je m'en rends parfaitement compte. Je ne désire qu'un mot : oui, ou non !

– Oui, bien sûr. Si je disais non, tu serais capable de me laisser tomber en plein espace et d'aller ratisser Driegho seul.

Azio grogna indistinctement puis sourit.

– Nous allons rester en circuit, fit-il. Tu effectueras les mêmes manœuvres que moi !

Il s'éloigna du cône de cristal et déclencha l'indicateur de route. Le couloir de navigation apparut aux deux Récupérateurs comme un chemin noir entre des nuages de points blancs, roses et mauves qui étaient les systèmes alentour.

La carte changea d'échelle.

– Voilà nos vaisseaux, dit Azio en tendant l'index. Ici le *Marquis*, là, le *Malaisie*... Un peu plus loin, le Clyrien. D'après ce que je t'ai exposé, tu dois comprendre qu'il nous faut pour agir un point difficile, un endroit où le couloir se resserre à cause de la présence d'une ou plusieurs naines...

L'échelle se modifia de nouvau,

– Droit devant, dit Richard. Je crois que c'est ce qu'il nous faut.

– Exactement.

Une naine blanche dépourvue de planètes s'annonçait en effet sur le couloir qui marquait, à son approche, un net rétrécissement. Les techniciens qui délimitaient les voies imaginaires qu'empruntaient les vaisseaux étaient prudents : leurs tracés passaient bien au large des astres dangereux.

– Maintenant, répétons, dit Azio, sans quitter des yeux l'indicateur de route. Nous appelons le Clyrien pour lui dire que nous sommes sur le point de l'attaquer, en tant que natifs de Griche. C'est vraisemblable... Du moins ce le serait si nous étions plus puissants. Nous jouerons donc le rôle de deux hargneux un peu fanatiques. Le Clyrien ne fera pas feu immédiatement. Je pense même que tout l'équipage va rire aux éclats.

– C'est un drôle de risque à courir, intervint Richard. Suppose que les officiers soient un tantinet mauvais et...

– Comme tu le dis : c'est un risque. Quand nous aurons annoncé notre attaque, nous ferons un large virage dans l'espace comme si nous voulions prendre position. En même temps, nous larguerons une borne d'interférence. Ce genre d'appareil fausse pour quelques secondes les instruments de bord, mais il a le désavantage d'agir sur le lanceur aussi bien que sur la victime désignée. Le Clyrien, autant que nous, ne saura donc plus sa position exacte. C'est ici un autre risque à courir. Au dernier moment, avant de lancer la borne d'interférence, nous relèverons nos deux positions.

Il désigna un point du couloir, à l'endroit où celui-ci était rétréci au maximum.

– A cet instant, nous serons à peu près ici, c'est-à-dire hors de portée gravitique de la naine blanche. Le Clyrien, lui, sera de l'autre côté, également en sûreté. L'astuce consiste alors à simuler le péril. A la seconde où nous semblerons vouloir attaquer, nous stopperons et nous donnerons les signes du vaisseau pris dans un champ de gravité trop intense. Je te laisse le soin de la mise en scène : roulage, avance et recul, immobilisation, etc.

» Le Clyrien, lui, n'ayant plus l'usage de ses instruments à cause de la bornc d'interférence qui agira encore pour quelques secondes, ne se fiera qu'à nous pour se mettre en sûreté. Il croira, d'après notre simulacre, qu'il risque de faire comme nous, de trop s'approcher de la naine. Alors, il se dégagera un peu plus et... (L'index d'Azio se posa sur un gros point mauve, juste en bordure du couloir.)... Et il tombera dans le piège du mauve. Ce champ gravitique n'est pas très fort mais il suffira pour immobiliser le Clyrien. Nous nous amènerons alors, précédés d'un feu roulant de bornes d'interférence, et nous gazerons l'équipage.

Le Récupérateur eut un large sourire et lissa ses noirs cheveux.

– Et voilà! fit Richard d'un ton sarcastique.

Du dôme d'observation, la naine blanche apparaissait comme un phare aveuglant entouré d'écharpes lumineuses. L'éclat des astres voisins en était presque éclipsé. Au delà, pourtant, les Fleuves Blancs étaient nettement visibles. Ils ne semblaient pas avoir grandi et Griche demeurait encore trop lointaine.

Azio hocha pensivement la tête. S'il ne réussissait pas à s'emparer du croiseur clyrien, ils n'arriveraient pas à Driegho avant que tout fût consommé. Et la terrible bataille qui sonnait le glas de la grande métropole était une occasion unique offerte aux Récupérateurs.

« Combien d'années, songea-t-il, combien d'années passeront avant que se représente une pareille chance? » Il quitta le dôme après un coup d'œil brûlant sur la vaste silhouette du navire étranger. Dans le poste de commandes, il retrouva Richard qui ne cessait de se mordiller nerveusement les doigts en surveillant la progression des trois unités sur l'indicateur de route. Le point de rétrécissement du couloir n'était plus très lointain à présent. Un simple coup d'œil sur un cadran isolé apprit à Azio que la naine blanche faisait déjà sentir son influence.

– Il est toujours là? demanda Richard, faisant allusion au Clyrien.

– Bien sûr... Je me demande même s'il a l'intention de nous distancer. Peut-être a-t-il décidé de nous protéger pour le reste du parcours?

– Tu prends cela bien à la légère! Ton plan est sans doute nouveau et astucieux (encore faut-il que les Clyriens n'aient pas vu le film *Hauts faits des navires libertaires*), mais les risques sont nombreux!

– Je croyais cette question réglée, Richard.

– Plus j'y pense, plus cela me tourmente. D'abord, il faut que le croiseur n'ouvre pas le feu et cela tient à un rien. Ensuite, nous pouvons nous prendre *réellement* dans le champ gravitique de la naine blanche... Ou de tout autre soleil. Et même si nous réussissons d'un bout à l'autre, il reste à investir ce vaisseau dont l'équipage ne doit pas compter loin de deux cents hommes.

– Sans doute plus, remarqua Azio.

– Tu es désespérant de confiance et d'orgueil!

– Non... Simplement, je suis Récupérateur, et tu l'es aussi. Ton devoir serait de penser et d'agir comme moi. Si nous tombons réellement dans le piège gravitique, nous ne serons qu'empêtrés, et il n'y aura pas grand mal à demander grâce à l'adversaire que nous aurons provoqué. Après tout, notre métier est irrégulier et aventureux et de telles conjonctures sont notre lot quotidien! A Driegho, il y a de quoi nous rendre riches l'un et l'autre.

Richard fixa son compagnon d'un œil plein de doute.

– Azio, combien de fois ai-je entendu cette plaidoirie? Tu me l'as servie avant d'atteindre Logo-Siméon, au large d'Hafanère, de Thruile, de Samothrace-Rouge et de Bliard, sur Missi, devant les armées de Thoundre et sur Ochépator, en plein camp raphaëliste. Et depuis, sommes-nous plus riches?

Le Récupérateur affichait un sourire narquois et amical en même temps. Azio s'apprêtait à répondre quand une grêle sonnerie retentit dans le poste. Il se retourna et fixa d'un air interdit la pointe de cristal du circuit extérieur.

– Ça, souffla-t-il, je ne l'avais pas prévu!

– Nous voulions l'appeler, dit Richard, et c'est lui qui nous appelle.

Azio hésita une seconde, puis il fit un pas jusqu'à l'appareil et établit la communication.

4

Les deux compagnons eurent un sursaut de stupéfaction en découvrant, au lieu de l'image d'officier à laquelle ils s'attendaient, celle d'un individu débraillé, bardé d'objets divers à l'usage indéfini. L'homme souriait de toutes ses dents incroyablement longues et, dans sa main droite, brune et sèche, deux petits dés de rubis s'entrechoquaient.

– Hello, les Libertaires! fit-il.

Sa voix évoquait le croassement d'un oiseau de la Nouvelle-Thuringe.

– Ça alors! murmura Azio. Vous êtes l'opérateur de... de ce croiseur?

– Pour le moment, il paraît, oui... Mais si je parviens à gagner cette passe de quatre... (les dés quittèrent sa main, roulèrent, invisibles, puis s'arrêtèrent) je ne le serai plus!

Une seconde fois, une troisième et une quatrième, les dés cliquetèrent et roulèrent. L'homme releva la tête, une lueur de triomphe dans ses yeux.

– Bon sang! Ça y est! Je regrette, les amis, mais...

Il disparut et fut presque aussitôt remplacé par le perdant de la passe de quatre. Celui-ci tenait un jeu de dés personnel, en pierre de Fomalhaut véritable, qu'il eut tôt fait de ranger dans une des innombrables poches de sa tenue.

– Heureux pour vous que j'aie perdu, dit-il. Logot est un type bizarre et capable des farces les plus sinistres.

Dans le poste de commandes du *Marquis*, Richard et Azio semblaient hypnotisés par la projection, incapables d'un mot ou d'un geste.

– Alors, reprit l'homme, si nous discutions un peu ?

– Nous... nous voulons bien, dit Azio.

– Je crois comprendre que vous êtes étonnés d'avoir affaire à des types comme nous alors que vous attendiez de raides officiers clyriens... Simple à expliquer : nous sommes les Mutinés de Profession. Peut-être avez-vous déjà entendu parler de nous ? Société et écoles établies sur Totem IX, dans les groupes de la Dorade.

– Les mondes australs nous sont pratiquement inconnus.

– Oui... Hmmm... En ce cas, vous avez eu vent de la capture d'un transporteur murien entre Thibault et Lanaram ?

– Je m'en souviens, dit Richard.

Le visage du Mutiné Professionnel s'illumina de joie.

– Et l'affaire du *Guillaume Républica* ? Le coup des destroyers sibrians ?

– C'était vous ? dit Azio.

– C'était nous ! Comme l'invasion de l'*Ile 24 du Roi de Priam* et la capture du *Mastodonte Dictatorial*, dans le Centaure, pendant les révolutions autonomistes.

On sentait qu'il aurait ainsi poursuivi l'énumération des titres de gloire de sa confrérie jusqu'à épuisement des flottes stellaires.

– En somme, fit Azio, s'efforçant de reprendre son calme, ce croiseur n'appartient plus à Clyria mais...

– Aux Mutinés de Profession. Nous avons été formés à l'école et la société nous a assigné le secteur Ophiuchus comme terrain d'opérations. Quand nous avons réussi à capturer un navire, nous le revendons ou nous l'utilisons au mieux de nos intérêts... Tout notre bénéfice est destiné à la société qui nous paye, bien entendu, par rapport à nos succès.

– Mais, fit Richard, c'est... de la piraterie.

– Dans ce coin, vous ne nous connaissez pas bien et vous pouvez appeler comme cela notre métier, par ignorance. Mais les groupes australs savent que nous sommes en règle avec toutes les lois.

– Bien sûr, bien sûr, dit Azio d'un ton apaisant, car il craignait que le mutin finît par se fâcher.

Il songeait en même temps que les systèmes australs avaient toujours recélé d'étranges sociétés, et comme les lois avaient le défaut d'être les mêmes pour la Polaire comme pour la Croix-du-Sud...

– Pourtant, disait Richard, nous avons aperçu la lumière bleue de Clyria dans les coursives de votre vaisseau.

– Dans le quartier des officiers et techniciens qui sont, eux, de vrais Clyriens fanatiques... Nous ne sommes pas des assassins et il a bien fallu les garder prisonniers à bord. Quant à nous, au départ, nous étions l'équipage régulier. Nous avons profité de difficultés de navigation à l'entrée de ce couloir pour investir le croiseur sans coup férir.

« Quelle chance! songea Azio avec amertume. Pour une fois que nous pouvions nous emparer d'un vaisseau... d'autres l'ont fait avant nous! »

– Mon nom est Serth Fronde, dit le mutin, et j'ai une proposition à vous faire.

Les deux Récupérateurs inclinèrent la tête d'un air bienveillant.

– Du moins, reprit Serth Fronde, c'est le commandant qui vous fait cette proposition. A mon avis, vous feriez bien d'accepter, et au plus vite. Vous avez eu un exemple en ce qui concerne les opérateurs, mais chez nous, c'est partout la même chose : les dés, les cartes, et les jeux les plus nouveaux. Donc, le commandant *actuel* vous invite à ranger vos deux coquilles de noix dans les berceaux de notre croiseur et à faire route vers Drieghо en notre compagnie. A votre vitesse actuelle, vous n'y seriez jamais à temps pour faire une cueillette satisfaisante.

– C'est très aimable de votre part, commença Richard, et nous nous...

– Nous allons en discuter, coupa Azio, nous vous rappellerons dans quelques secondes!

– Très bien, dit le nommé Fronde, mais faites vite. Je peux être remplacé entre-temps et le commandant aussi, je vous le répète, ce qui serait plus grave. Si le remplaçant est un méchant ou un fantaisiste dangereux, comme Logot que vous avez vu tout à l'heure, il peut très bien trouver passionnant de vous désintégrer... vous et vos bulles libertaires.

La communication fut coupée. Richard se tourna vers Azio.

5

– Je l'admets, je l'admets, disait Azio, et je n'ai jamais eu la moindre intention de refuser. Seulement, rappelle-toi que de nous deux, c'est moi qui suis le meilleur psychologue. Je n'ai demandé ce délai que pour mettre au point notre mode de vie pendant les quelques heures que durera le voyage jusqu'à Griche.

Richard sourit et désigna l'indicateur de route. On y voyait nettement les points blancs des trois vaisseaux qui avaient maintenant franchi le point de rétrécissement où aurait dû se produire l'attaque des Libertaires.

– De toute manière, quels que soient les dangers qui nous guettent au milieu de cet équipage de Mutinés de Profession, ils n'égaleront pas ceux que tu acceptais tranquillement pour ton plan. Songe, par exemple, à ce qui serait advenu si nous avions lancé ce défi au croiseur et commencé notre fameux virage avant le simulacre. Des hurluberlus comme ce Serth Fronde n'auraient pas compté jusqu'à trois avant de tirer une bordée sur nous.

A l'heure qu'il est, les débris de nos navires retomberaient lentement vers la naine blanche.

– Terrible vision, fit Azio. Mais nous courons le même risque à présent. Si le bienveillant commandant perd une passe de quatre...

– Je sais, je sais!

– Quels jeux connais-tu, Richard?

– Oh! les dés, le vieux tarot et le Chime, qu'on pratique sur Strie.

– Ça suffira. Pour ma part, le Doguel, le Conseil et le Surveillant font partie de mon corps.

– Donc, il ne nous reste plus qu'à rappeler le croiseur.

– Attends une minute... Encore quelques points de détail et nous serons parés. C'est que je tiens à arriver vivant à Driegho, moi!

Et Azio fit un long discours basé sur la « Psychologie du Mutiné ». A la fin, Richard eut envie de lui faire remarquer qu'il y avait une certaine différence entre mutin tout court et mutin de profession, formé à l'école et possesseur d'un véritable métier. Mais le temps manquait. Ils rappelèrent le croiseur.

C'est ainsi qu'après avoir parlé à Serth Fronde au moment où il allait entamer une passe de huit, ils coupèrent les moteurs du *Marquis* et du *Malaisie*, se munirent chacun de trois armes différentes, dont un thermic de belle taille, et se présentèrent au sas à l'instant où le croiseur clyrien se rangeait contre les Libertaires.

Un court tunnel leur livra accès à l'autre vaisseau.

– Bienvenue! lança un gros homme à la tenue bigarrée qui portait en bandoulière un véritable assortiment de jeux de cartes. Une petite partie? Vous n'êtes pas tenus d'accepter... Du moins pas immédiatement.

Richard et Azio reconnurent Serth Fronde. Celui-ci les entraîna au long d'une coursive extraordinaire large et haute, sans hublot mais baignée d'une chaude lumière jaune.

– Mieux vaut vous habituer d'abord à notre mode de vie, reprit le mutin. Il est assez spécial et il change, en vérité, de vaisseau en vaisseau. Tenez, le jour où nous avons pris l'*Ile 24 du roi de Priam*, eh bien, c'était un paradis à bord. Par contre, pour les destroyers...

– Un moment! fit Azio en s'arrêtant. Je vous paraîtrai peut-être méfiant, mais j'aimerais surveiller la manœuvre d'amarrage de nos vaisseaux.

– C'est votre droit, Récupérateur. (Fronde examina les ceintures et les armes des deux compagnons.) Ici, ce n'est pas de la méfiance, mais de l'instinct de conservation!

Ils obliquèrent à gauche à un carrefour et empruntèrent un couloir désert jusqu'à une petite cabine d'élévateur, dont la présence à l'intérieur d'un vaisseau surprit Azio. Ils furent déposés dans un dôme pareil à celui du *Marquis* ou du *Malaisie* mais au moins trois fois plus vaste.

– Voici vos vaisseaux, dit Fronde avec un geste de la main.

Effectivement, le dôme correspondait aux berceaux d'amarrage du croiseur et les deux Récupérateurs purent voir leurs nefs saisies entre d'énormes pinces et amenées jusqu'au nid de poutrelles. Un rideau de plastique se referma sur elles.

– Vos coquilles de noix vont être soignées par nos techniciens. Et bien que ceux-ci jouent, comme tout le monde à bord, ils ne sont interchangeables qu'au sein de leur partie. Venez!

Richard et Azio suivirent sans contrainte le Mutiné de Profession vers les profondeurs du croiseur. Au fur et à mesure de leur avance, ils rencontrèrent d'épaisses nappes de fumée provenant de cigares exotiques, des salles entières aménagées pour le jeu, contrastant avec des centrales de calcul où des machines noires corrigeaient sans cesse la route du vaisseau. Ils pénétraient sans heurt dans un monde hurlant, braillard et joyeux, joueur et buveur, qui avait fait de l'anarchie et de l'intempérance un métier comme un autre.

– Eh, salut!

L'aspect du commandant n'était rien de moins que répugnant. Sa tenue eût convenu à n'importe quel mineur d'astéroïde, mais elle jurait affreusement avec l'ambiance ouatée du poste de commandes. Elle jurait autant que son propriétaire, qui semblait avoir collectionné les mots les plus orduriers des quatre coins de l'espace.

– Voici Oggy Malthe, dit Fronde. C'est lui qui vous a invités à bord. Une partie, commandant?

Le mutin sortait d'une poche son jeu de dés en pierre de Fomalhaut. L'œil d'Oggy Malthe s'alluma.

– Avec plaisir, Serth, et nous rejouerons tant que tu n'auras pas gagné. Ce poste de commandant commence à m'ennuyer sérieusement!

– En général, expliqua Fronde à l'intention de Richard et d'Azio, nous jouons pour ce que nous désirons. J'ai proposé cette partie parce que je désire prendre la place d'Oggy et que lui n'en veut plus.

– Mais alors, remarqua Richard, faites le changement sans jouer puisque vos désirs se complètent.

– Cela n'aurait plus aucune valeur.

Les dés roulèrent pour une passe de deux. Chacun se servait de son jeu personnel. Celui de Fronde jetait des reflets rouges sur la petite tablette de métal qui avait été choisie comme piste, mais qui était en fait un sélecteur de route à longue prévision.

Oggy Malthe, pestant et grognant, fit cliqueter ses dés de céramique thuringienne et perdit.

– Je suis bien content, dit-il. Ce croiseur est un drôle de morceau. Difficile de s'occuper de tout, des machines, des moteurs, des canons et des parties de dés!

Il fit un signe amical aux deux Récupérateurs, donna une bourrade à son compagnon et quitta le poste.

– Un brave homme, dit Serth Fronde. On ne croirait pas à le voir et à l'entendre, mais il est sorti premier de sa promotion à l'école de Mutinerie.

Richard, qui avait du mal à se familiariser avec de tels concepts, plissa le front et dit :

– Ecole ? Promotion ?...

– Mais oui, fit Azio, Totem IX, voyons, dans la Dorade !

6

– A présent que je suis commandant, donc pratiquement maître à bord, je vais tâcher de le demeurer le plus longtemps possible ! déclara Fronde.

– Cela vous sera très facile, dit Richard, si vous refusez de jouer chaque fois qu'on vous le proposera.

Le mutin eut un sourire indulgent.

– Je ne peux pas vous blâmer pour de telles réflexions, mais sachez qu'à l'Ecole nous faisons « vœu de jeu » pour la durée de notre vie. C'est-à-dire que nous jurons sur le Grand Dé, qui est en réalité un des derniers représentants d'une race de cristaux qui habitait les parages de Canopus bien avant l'apparition de l'homme dans l'espace.

– Et, ajouta Azio, votre... heu... diplôme de fin d'études, en quelque sorte, ne vous est pas délivré si vous ne faites pas le vœu.

– Exactement, mais...

Fronde s'interrompit et, avec lui, les deux Récupérateurs prêtèrent l'oreille à un bruit de pas qui se rapprochait. Un homme venait vers le poste et une partie semblait s'annoncer. Les doigts du commandant glissèrent vers sa poche et firent tourner les dés de Fomalhaut. Un second bruit de pas se fit entendre alors, rejoignit le premier. Il y eut un instant de silence, puis quelque chose roula sur le sol de la coursive.

– Il était temps ! dit Fronde avec un sourire. (Il remit ses dés en poche, se frotta les mains et regarda ses compagnons.) Par prudence, je vous demanderai de servir comme seconds jusqu'à ce que je sois remplacé. Cela vous fera du moins quelques instants où vous serez en sécurité, à l'abri des autres.

Ainsi fut donc fait. Deux heures s'écoulèrent sans que parût un seul candidat au commandement. Azio et Richard s'acquittaient parfaitement de leur tâche. Ayant l'habitude de diriger complètement un vaisseau, il leur paraissait aisé de n'avoir plus qu'à transmettre les ordres et à surveiller la route.

Le grand croiseur avait pris sa vitesse maximum et les Fleuves Blancs se précisaient à l'avant, de minute en minute. Le couloir de navigation s'élargit au sortir d'un essaim de soleils sans planètes, évita une véritable forêt d'astéroïdes métalliques née de la collision de deux mondes errants et rejoignit bientôt une des grandes voies de commerce de la galaxie septentrionale. Fronde fit réduire la vitesse, craignant le relatif voisinage de vaisseaux qui étaient pratiquement tous en route pour Driegho.

– Maintenant, dit-il, nous sommes certains d'arriver largement à temps... La bataille doit être engagée.

Azio quitta des yeux l'indicateur de proximité où deux destroyers clyriens apparaissaient comme deux points jaunes.

– Dites-moi, Fronde, qu'est-ce qui peut attirer les Mutinés de Profession à Driegho? L'argent, la marchandise ou les navires?

– Les navires, évidemment, puisque notre métier consiste à nous en emparer. Nous sommes plusieurs, ici à bord, qui nous réunissons pour former des plans quand une grande affaire est en perspective. Pour Driegho, je vous avouerai que nous comptons investir non seulement les nefs de Griche désemparées, ce qui sera facile, mais d'autres unités clyriennes, comme celle-ci.

– Vous ne serez jamais assez nombreux! s'exclama Richard.

Fronde balaya l'objection de la main.

– Si vous croyez qu'il n'y aura sur Griche, dans les heures à venir, que l'équipage de ce croiseur...

– D'autres Mutins de Profession?

– Oui, des centaines! (Le visage puissant de Fronde se plissa de joie à cette évocation.) Quant à vous, ajouta-t-il, c'est l'argent et les marchandises qui vous intéressent.

– Bah! Nous préférons les bijoux ou les stocks de minerai. De toute façon, nous ne sommes pas des voleurs et nous payons souvent aux gens le prix de ce que nous emportons.

– Le prix... *véritable?*

– Pas toujours... Mais après tout, les populations nous attendent. Elles comptent sur nous pour évacuer leurs biens, quittes à nous les racheter ensuite à un taux supérieur. Nous ne profitons jamais des malheureux et il nous est arrivé d'aider certains qui...

– Il nous est arrivé? fit Richard. Combien de fois as-tu gaspillé notre bénéfice pour faire évader une jeune et jolie personne ou ravitailler une colonie de gosses?

Azio pinça les lèvres et Fronde se mit à rire.

– Cela doit être vrai, dit-il, car, dans le fond, vous autres Récupérateurs avez une bien meilleure réputation que nous!

A cet instant, deux hommes pénétrèrent dans le poste. Azio entendit Fronde jurer entre ses dents. Il jeta un coup d'œil au mutin et vit qu'il était loin de sourire. Les deux nouveaux ne prirent pas la peine de saluer et s'appuyèrent aussitôt au sélecteur de route à longue prévision.

– Une partie, commandant?

– Je suis à vous tout de suite, dit Fronde. (Il entraîna Azio et Richard jusqu'au seuil et murmura :) Ces deux pirates ne sont pas les meilleurs hommes du bord. Si je perds, disparaissez aussitôt et faites-vous oublier dans n'importe quelle salle de jeu... Tenez, nous allons fixer un endroit où je vous rejoindrai : la bibliothèque, qui a été transformée en piste d'essai pour les nouveaux jeux. D'accord?

– D'accord! dit Azio. (Le mutin regarda vers les deux candidats au commandement qui s'impatientaient et frappaient leurs dés sur le métal.)

– C'est bizarre, mais c'est la première fois qu'ils jouent pour ce poste. Ils ont la réputation d'aimer la bagarre mais de détester les responsabilités.

Fronde n'en dit pas plus. En quelques pas, il rejoignit la piste à dés improvisée tout en sortant son jeu-bijou.

– Passe de un! grommela un des deux hommes.

Il était petit et maigre comme son compagnon, avec de longs cheveux noirs mal peignés et un uniforme qui avait dû appartenir à un soldat du roi de Priam.

– Passe de un, d'accord! dit Fronde.

Les dés écarlates roulèrent de sa main, s'immobilisèrent. Les lèvres serrées, ses deux adversaires jouèrent, chacun à leur tour.

– Douze! De peu, hein? Mais vous n'êtes plus commandant, Fronde!

Richard et Azio s'entre-regardèrent et franchirent le seuil.

– Eh là! Vous deux! Où allez-vous? Restez ici! C'est un ordre, vous entendez?

Mais les deux Récupérateurs fonçaient dans la coursive, cherchant à s'orienter tout en mettant la plus grande distance possible entre eux et le poste de commandes.

Ils s'arrêtèrent à un carrefour. Un couloir montait en pente douce, à gauche. Sur la paroi, une inscription fraîchement tracée disait: *Les Nouveaux Jeux.*

– Par là! fit Azio.

Ils tournèrent après quelques mètres et débouchèrent, surpris, dans une véritable caverne de lumière où se pressait une foule bigarrée et bavarde qui devait compter au moins le tiers de l'équipage.

7

Une courte promenade confirma à Azio qu'il n'y avait, dans la salle, ni Doguel, ni Conseil, ni Surveillant. Ces jeux étaient pourtant parmi les plus nouveaux et les plus étranges de tous. Mais ceux que pratiquaient les mutins devaient constituer les derniers-nés de l'imagination humaine.

Richard tomba en arrêt devant une table occupée par une dizaine de joueurs. Ceux-ci se servaient de cartes, aux dessins assez élémentaires, en général dépourvus de couleur. Ils paraissaient en posséder chacun une inépuisable collection. L'étonnement de Richard allait croissant avec le tas de cartes quand Azio lui posa une main sur l'épaule en tendant le doigt.

Sous la table, auprès de chaque joueur, il y avait une machine cylindrique munie d'un nombre prodigieux de petits voyants bleus, rectangulaires et lumineux. Des cartes en sortaient à intervalles plus ou moins réguliers. Le dessin en était toujours différent, complexe quand le délai avait été long, réduit à un symbole géométrique quand le rythme se précipitait.

– Il fallait y penser, dit Azio. Ils fabriquent eux-mêmes leurs cartes, en imaginant dessin et signification.

– Mais il faut une base, un barème!

Azio haussa les épaules puis montra le poignet d'un joueur. Un cadran y était fixé et des images s'y formaient, changeaient et défilaient à une cadence hallucinante.

– Peut-être est-ce cela?

Ils passèrent à un autre jeu qui se présentait sous l'aspect hermétique d'une pyramide blanche, lisse et brillante. Des gouttes d'un liquide noirâtre tombaient de la pointe et roulaient sur les faces jusqu'à la base entourée de tissu bleu. Les quatre joueurs, un par face, avaient l'air hypnotisé, les pupilles trop dilatées et les narines pincées.

– Trop fort pour moi, dit Azio.

Richard désigna, à une extrémité de la salle où subsistait encore un rayon de films d'étude, un coin de verdure.

– Il y a des plantes, là-bas! Si c'est un jeu, il doit être assez exotique!

Les deux Récupérateurs se frayèrent un chemin à coups de coudes, s'efforçant de ne pas grimacer au passage d'haleines empestant le champouille ou le cigare de Biaque.

La plante qui présidait au jeu était d'une espèce courante sur nombre de planètes. Une tige centrale verte et des feuilles en fer de lance plantées régulièrement, sombres d'un côté, claires de l'autre. Entre les racines et jusqu'au bord de la piste de jeu, une herbe verte se mêlait à de la mousse jaune et fine. On distinguait des ruisselets d'eau et quelques cailloux très ordinaires.

– La banalité fait le mystère, dit Richard.

Azio sourit.

– Admire! Ces faces de pirates penchées sur cette scène bucolique!

De fait, les mutins étaient nombreux et particulièrement recueillis et attentifs autour du jeu. Mais s'il y avait quelques types très représentatifs de forcenés, la majorité évoquait un rassemblement de jeunes universitaires de quelque monde philosophe ou scientiste. Les yeux brillaient et les doigts, parfois, venaient gratter les fronts sous l'effet d'une pensée intense. Azio convint en lui-même de sa mauvaise foi.

– On entre, messieurs?

Il sursauta et tenta de repousser la main qui venait de l'agripper par une épaule. L'homme était grand et basané, le visage hilare, visiblement sous l'influence du champouille.

– Allons, reprit-il, vous devez être ces invités dont nous avons fixé les vaisseaux, tout à l'heure?

A regret, Azio acquiesça.

– Eh bien, une partie de Prise Verte ne vous fera aucun mal. Vous risquez même de vous y enrichir... Nous ne sommes pas des bandits, amis, et ce jeu est une nouveauté. Les Récupérateurs se doivent de tout connaître.

Azio sentit alors quelque chose qui montait en lui. Une sensation pleine d'âpreté qui le poussait à se mêler à ces hommes fiévreux réunis autour de ce carré d'herbe verte, à apprendre et à dompter cet énigmatique jeu. Il ne se rendit compte que très confusément que Richard essayait de l'entraîner plus loin. Il résista machinalement et demeura immobile. Puis il s'approcha tout contre la piste de jeu et dit :

– D'accord!

Le brouhaha des voix, des cris, des rires dans la grande salle s'était mué en un murmure incroyablement lointain et doux. L'univers était fermé, soudain, autour d'Azio, avec le jeu et les adversaires. Le Récupérateur s'assit et l'homme hilare qui avait battu le rappel lui tendit plusieurs boîtes. Impossible encore de savoir ce qu'elles contenaient et quelle était leur utilité, mais c'était cela le véritable plaisir, la passion de l'attente.

– On ne guérit pas cela! avait dit le Dr Guyang, sur Onnozimer, sept ans auparavant.

Richard lui avait amené son compagnon, pieds et poings liés puisque sous l'effet d'un paralyseur Kox, à la suite d'une mémorable aventure. Azio avait dilapidé au jeu le bénéfice de leur dernière opération sur Dozimer, la planète voisine. Il restait tout juste de quoi réapprovisionner les vaisseaux en carburant.

– Mais enfin, docteur, avait protesté Richard, au comble du désespoir, il doit y avoir un moyen. L'hypnotisme, la magie des indigènes ou une cérébro-opération.

– Aucun moyen, aucune ressource. Votre ami est joueur et qu'y puis-je? Pour trouver la clé de ce mal, il faudrait plonger dans son inconscient, et ça, je ne le puis pas.

– Mais Azio n'est pas véritablement joueur. Il ne connaît que le Doguel et le Conseil. Il est en train de s'initier au Surveillant, mais à part ces trois jeux...

Le docteur avait levé la main.

– Vous m'avez dit qu'il avait perdu ici, sur Onnozimer, la totalité de vos biens monétaires dans une partie de... Comment donc, déjà?

– Une partie de Tétramort... C'est un jeu local. Justement, docteur, c'est cela que je voulais préciser. Comme tout le monde, il connaît deux ou trois jeux, rien de plus normal. Mais ce qui ne l'est pas c'est que lorsqu'il rencontre une nouveauté, parfois, il semble sous l'effet d'une crise et... et n'a de cesse de l'avoir essayée.

Les yeux du docteur avaient reflété un peu de pitié pour Richard, mais il avait soupiré.

– C'est encore bien moins guérissable que la simple maladie du jeu. Votre ami a une forme perverse du goût de la nouveauté, c'est tout.

Richard avait incliné la tête, un long moment, battu à la fois par le diagnostic implacable et par la chaleur lourde de l'équateur onnozimérien.

– Docteur, avait-il demandé enfin, sur quels mondes s'occupe-t-on de l'inconscient humain?

– Je m'attendais à cette question. Sur Ulysse-La-Superbe, mon ami.

– Où est-ce?

– Dans un coin perdu. A l'extrémité d'un bras galactique. Le groupe stellaire se nomme la Forêt de San Tellus.

– Alors, tôt ou tard, j'emmènerai Azio là-bas!

Richard fut tiré brutalement de son souvenir par une explosion de cris.

– Regardez! Votre ami se débrouille bien!

Il s'assit entre deux gigantesques mutins. Celui qui avait attiré son attention sur la partie lui broya le poignet tout en répétant :

– Il se débrouille bien! Drôlement bien!

Richard considéra Azio qui, sur un des côtés du jeu, s'activait à ouvrir et refermer d'innombrables petites boîtes, à pianoter sur des touches blanches et à relier entre elles des canalisations d'une complexité inouïe.

Au centre, où se dressait la plante verte, rien ne semblait avoir changé. Mais en poursuivant son examen,

Richard remarqua des files d'insectes cheminant dans l'herbe, serpentant entre les racines hautes et se rencontrant en plusieurs endroits. A ces points précis, la confusion était extrême. Richard nota que les insectes n'étaient pas tous de même nature. Ils étaient en fait groupés par colonnes et s'affrontaient en des batailles que leur petitesse seule empêchait d'être monstrueuses.

Mais tout cela n'éclaircissait rien quant à la logique du jeu. Pour Richard, l'enthousiasme du mutin qui continuait de s'exclamer : « Ah! il se débrouille bien! » était incompréhensible. Il finit par se demander s'il oserait poser des questions. « En tout cas, songea-t-il, pas à ce grand diable! » Et il quitta les deux mutins qui avaient commencé à frapper des mains sous l'effet de l'excitation. La salle semblait empester de plus en plus le cigare et le champouille. Des candidats joueurs qui n'avaient pu trouver de place aux différentes pistes satisfaisaient leur passion en de banales parties de dés. Où que Richard tournât son regard, il ne rencontrait que fronts tendus, lèvres serrées et yeux en feu. Pourtant, l'ambiance générale ne provoquait pas de nausée comme certains endroits des mondes surcivilisés. Ici, à bord de ce croiseur qui avait appartenu à la flotte clyrienne, le jeu ne s'accompagnait d'aucune violence, nul drame ne se faisait jour. Ces hommes rassemblés, tassés, murmurant ou criant au coude à coude étaient tous d'un même métier, d'une même confrérie. Il n'y avait pas véritablement de perdant, de victime.

Le Récupérateur fit le tour de la table où Azio jouait toujours. Il s'en tenait à prudente distance et détaillait au passage les visages. Il était partagé entre deux inquiétudes : savoir le « pourquoi » et le « comment » de la partie où Azio semblait sur le chemin de la victoire et ensuite trouver Serth Fronde. Un certain temps s'était écoulé depuis leur fuite du poste de commandes. Si Fronde ne les rejoignait pas d'ici une dizaine de minutes, il faudrait conclure qu'il lui était arrivé quelque chose.

Le soulagement que Richard avait éprouvé en découvrant qu'il n'était pas vraiment dans une capitale de la débauche se dilua tandis qu'il bouclait son tour de table. A qui demander la règle d'un jeu, dans cette cohorte de joueurs aguerris?

Soudain, il se trouva devant un jeune homme fluet, au long visage sympathique, qui errait tout comme lui et n'avait pas l'allure pressée de ses compagnons. Il portait un curieux ensemble rouge sans doute ramené d'un monde hautement exotique.

– Pardon, fit Richard, je ne fais pas partie de l'équipage et je ne suis à bord qu'en qualité d'invité. J'aurais un renseignement à vous demander.

– Avec plaisir.

La voix du jeune homme contrastait singulièrement avec son aspect. Elle était sèche, cassante et déplaisante. Ses yeux, pourtant, continuaient d'être clairs et lumineux.

– Allons par là, ajouta-t-il avec un ample geste du bras vers un endroit à l'écart.

Au moment où Richard remarquait les gants violets qui complétaient la tenue, il aperçut, tout au fond de la salle, près de l'entrée, une silhouette connue : celle de Serth Fronde. Le mutin, pour autant qu'il fût possible de s'en rendre compte, était pâle et son visage reflétait de l'angoisse. Il se mit à faire de grands gestes. Richard voulut répondre mais, à cet instant précis, il sentit dans son dos un objet rond et dur.

– Auriez-vous oublié votre renseignement? demanda le jeune homme, d'une voix encore plus froide.

Il poussa devant lui le Récupérateur. Ils atteignirent un coin de la salle, s'arrêtèrent pour laisser passer un groupe fiévreux portant une impressionnante pile de cartes triangulaires. Richard se retourna. Il vit Azio qui continuait sa mystérieuse partie, devant la plante assiégée par les insectes, et Serth Fronde qui se rapprochait rapidement, jouant des poings au milieu de la cohue. Puis un panneau se déplaça dans la paroi et le jeune homme à la voix froide poussa Richard hors de la salle, dans un couloir obscur.

8

Le jeu était du type dit « biologique » ou encore parfois « écologique ». La plante au milieu des herbes et des ruisselets d'eau était le but à atteindre, la forteresse à prendre. Les forces dont disposait chacun des adversaires étaient constituées par des insectes, plus ou moins évolués, plus ou moins puissants. Chaque espèce avait ses défauts et ses qualités. Le joueur composait en toute liberté son armée et la lançait vers la plante. Mais avant d'atteindre celle-ci, il y avait des difficultés sans nombre. Les filets d'eau emportaient des dizaines d'insectes lourdauds qui auraient été fort utiles au moment de l'assaut. Les herbes perdaient les plus petits, dépourvus de sens d'orientation dans cette mer verte où tout se ressemblait.

Azio s'efforçait de guider, de ramener et de rassembler. Il se heurtait, aux abords de la plante, à des éléments avancés de ses adversaires, des insectes presque parfaitement ronds munis de fausses élytres rouges. Dans le même temps, il devait s'occuper d'un bataillon de cuirassés aux pattes natatoires, en train de franchir une rivière, et de deux unités isolées, luttant contre d'importantes forces ennemies.

Tout cela, attaque, lutte, retrait, n'était pas réellement nouveau. Malgré l'aspect extérieur bucolique et serein, c'était le thème de la guerre tout juste transposé. Mais la partie ne faisait que commencer. Plus tard, Azio le savait, il faudrait utiliser des mutations, des sous-espèces et des unités-reines. Alors, cela deviendrait intéressant.

En tout cas, Azio gagnait. Ses forces étaient les plus proches de la plante et elles restaient relativement groupées. D'ici quelques minutes, elles atteindraient la tige, puis les premières feuilles. Il faudrait à ce moment choisir de nouvelles boîtes, entrer dans la seconde phase du jeu.

– Récupérateur!

La voix, impérative, lui fit tourner la tête. Mais il ne perçut pas tout de suite l'environnement des visages passionnés, la foule, les cris et les autres jeux, bien au delà.

– Récupérateur! Il faut venir!

– On ne dérange pas un joueur pendant le...

– Mais c'est urgent, Flinn!

– Ah! c'est toi, Serth!

Une main secoua Azio par l'épaule. Il ne se soucia plus du tout de l'avance de ses insectes et se dressa d'un bond, furieux.

– C'est moi, Récupérateur!

Il reconnut Serth Fronde et cela acheva de le replacer entièrement dans la réalité. Le mutin avait une expression sévère. Azio porta une main à son front et souffla entre ses lèvres sèches.

– Ça ne me quittera jamais, dit-il. Chaque fois que je me trouve devant un nouveau jeu, je...

– Taisez-vous donc, et suivez-moi!

Fronde entraîna le Récupérateur en le tenant par la main, tout comme s'il se fût agi d'un enfant capricieux. A la table de jeu, la partie recommençait et s'étendait sur le territoire qu'avait occupé Azio, maintenant déserté.

– Vous avez eu de la chance, dit le mutin, que mon ami Flinn Erhab se soit trouvé près de la piste, sans cela je n'avais aucune chance de vous tirer de cette partie qui pouvait très bien durer jusqu'à l'arrivée à Driegho!

– Mais pourquoi? Où est Richard?

– C'est de lui qu'il s'agit, reprit Fronde. Il vient de disparaître sous mes yeux, enlevé par un Clyrien. Pendant que vous vous excitiez à guider vos satanées bestioles!

– Enlevé par un Clyrien? Que racontez-vous là?

– L'exacte vérité! Mais attendez...

Fronde regarda autour de lui puis entraîna son compagnon jusqu'à la paroi qui s'ouvrit et leur livra passage. Elle se referma derrière eux.

– C'est fait!

– Qu'est-ce qui est fait? Allez-vous m'expliquer?

Le couloir était plongé dans l'ombre. Il devait être long mais, à l'extrémité, un hublot laissait pénétrer la lueur laiteuse des amas stellaires.

– Ici aussi bien qu'ailleurs, murmura Fronde. Voici donc ce qu'il en est : votre compagnon Richard vient d'être capturé, sous la menace d'un rollo, par un sinistre jeune homme de Clyria auquel il avait demandé un renseignement. Et d'un... Je suis pour ma part poursuivi par quelques hommes à la solde du nouveau commandant. Je vous aurais rejoint plus tôt, comme convenu, si je n'avais dû faire un détour par les petites coursives. Et de deux!

– Mais pourquoi un Clyrien enlèverait-il Richard? Et comment pouvait-il se trouver en liberté, parmi tous les mutins?

– Je vous ai dit qu'au début de ce couloir de navigation, nous avions pris possession de ce croiseur, conformément à notre métier et à notre devoir. Nous avons rassemblé et consigné l'équipage clyrien dans les étages inférieurs en attendant de le débarquer sur Griche. Mais vous n'allez pas imaginer que ces fanatiques, qui s'apprêtaient à rejoindre l'escadre de bombardement qui assiège Driegho, allaient accepter leur sort avec calme. Ils sont quelques officiers et techniciens prêts à tout pour redevenir maîtres de leur vaisseau. Un otage serait pour eux l'idéal car ils connaissent notre caractère. Cet otage, ils l'ont maintenant!

– Richard? fit Azio, encore incrédule.

– Oui, Richard! Voilà pour votre première question. Maintenant, n'allez pas croire que ce Clyrien s'était échappé des étages inférieurs. Il se trouve, si vous n'y avez pas songé, qu'il a bien fallu embarquer, à un certain moment, les jeux que vous venez de voir et même d'essayer.

– C'est vrai. Mais si vous avez investi le croiseur à l'entrée du couloir, vous n'avez pas pu vous arrêter sur un monde pour...

– Pas besoin de nous arrêter sur un monde. Comme d'habitude, un vaisseau est venu nous accoster à notre demande, pour nous livrer les jeux, boissons, champouille et cigares dont nous pouvions avoir besoin. Le malheur a voulu que cette nef rapide partie d'Anaël fût pilotée par un Clyrien. A moins que cela n'ait été combiné à notre insu. Ce pilote a pu circuler librement à bord et personne ne s'est méfié de lui. Je présume qu'on l'a confondu avec vous, la nouvelle de votre présence étant connue. Il a dû entrer en liaison avec les officiers prisonniers, soit avant, soit après son arrivée à bord.

– Que faut-il faire, à votre avis?

– Opérer seuls, Récupérateur. Les deux hommes que vous avez vu gagner la partie de dés commandent toujours.

– Mais ils sont Mutins de Profession, tout comme vous! Ils ne pourraient se retourner contre leurs compagnons!

– Ils ne trahiraient pas, non... Mais ils considéreraient que les Clyriens n'ont aucun otage. Richard et vous-même, vous ne les intéressez pas.

Les deux hommes gardèrent le silence jusqu'au moment où ils stoppèrent devant le hublot, à l'autre extrémité de la coursive. L'ensemble des Fleuves Blancs n'était plus perceptible, à présent. Le grand croiseur avançait au sein d'épais nuages de poussière que les nombreuses étoiles illuminaient et paraient de reflets et d'ombres. Il devait passer à proximité d'un système car une planète était visible, relativement proche, entourée de quatre points bleuâtres qui étaient sans doute des satellites. Le soleil central devait apparaître de l'autre côté du vaisseau.

– Ce doit être Limitation Gamma, dit Fronde. Nous ne sommes plus très loin de Griche, à présent. Peut-être une heure ou deux, encore. Cela nous laisse bien peu de temps pour retrouver votre ami.

– Et changer les commandants!

– C'est moins important. N'importe qui peut les inviter à une partie de dés et il est possible qu'en ce moment même ils soient redevenus simples navigants.

– Je ne parviendrai jamais à me faire à votre univers, soupira Azio. Tant d'instabilité et d'insécurité me donnent envie d'établir un régime dictatorial.

Fronde rit dans la pénombre bleutée.

– Si vous restiez, vous vous habitueriez sûrement, Azio. Notre mode de vie repose sur la bonne entente et le libre consentement mutuels. Ces deux brebis galeuses qui m'ont fait pourchasser seront mises à l'index dès le prochain rapport.

» Allons, venez! Si nous n'avons pas réussi avant Griche, les choses risquent de tourner mal!

Ils quittèrent le spectacle des étoiles, tournèrent à gauche et entrèrent dans une petite pièce faiblement éclairée. Azio reconnut Oggy Malthe. L'ex-commandant était fort occupé à faire rouler ses dés de céramique thuringienne devant deux jeunes mutins attentifs.

– Oggy, dit Fronde, nous avons besoin de toi! Tu finiras tes séries plus tard!

9

On avait laissé aux officiers clyriens l'entière disponibilité du dernier étage du croiseur. Leur mode de vie militariste leur permettait de s'accommoder de la sobriété et de l'inconfort. Ils avaient donc emménagé dans les anciens quartiers de l'équipage. Tandis qu'il attendait, seul dans un réduit particulièrement étroit,

Richard pouvait les entendre maudire le Conseil de Clyria.

« On n'aurait jamais dû embarquer un équipage non clyrien! » « Plus de mercenaires! » « C'est l'ennemi dans nos portes! » Ces phrases revenaient fréquemment, prononcées par les voix sèches d'hommes inflexibles, mûris par une discipline terrible, prêts à tout pour assurer le triomphe d'un idéal parfaitement artificiel.

Richard, quant à lui, maudissait sa propre naïveté et son manque de discernement. Rien de plus idiot que de se jeter dans la gueule du loup. Lui, Récupérateur, servir d'otage dans une lutte où il n'avait pas d'intérêt, sinon celui d'être transporté plus vite vers Driegho!

Plusieurs Clyriens étaient déjà venus lui expliquer son rôle, sans lui taire le possible aboutissement de l'aventure. Ils ressemblaient tous à Ulion Poje, le jeune homme qui l'avait capturé avec tant de facilité. Mêmes yeux clairs, même air quasi sympathique. Mais aussi même voix glacée, dénuée de sentiment.

Richard considéra pensivement sa ceinture où ne pendaient plus les armes qu'Azio avait accrochées avant de venir sur le croiseur. Les Clyriens l'en avaient délesté au plus vite. Il essaya de penser à Azio, à ce que celui-ci pourrait faire s'il sortait de son infernale partie. A ce moment, la porte s'ouvrit et Ulion Poje s'introduisit dans la cellule.

Sans mot dire, il s'assit sur une caisse métallique qui portait l'emblème de sa patrie, l'oiseau-couteau, et considéra Richard.

– Dans quarante minutes locales, dit-il enfin, nous atteindrons Griche. A ce moment, nous pourrons aussi bien être contactés par des unités amies que par des navires grichiens.

– Ça!... fit Richard en ouvrant les mains.

– Oui, une chance pour vous, une chance pour nous.

Ulion Poje jouait avec ses longs doigts. Richard s'aperçut, avec étonnement, que le Clyrien était embarrassé, qu'il avait envie de dire quelque chose et ne trouvait pas les premiers mots. Il fallait sans doute l'aider.

– Vais-je rester encore longtemps ici? demanda le Récupérateur.

– Non... D'un moment à l'autre, le conseil d'urgence de nos officiers vous convoquera. A ce propos, j'ai une communication à vous faire.

– Allez-y!

Soudain décidé, Poje se pencha en avant. Bizarrement, Richard se rappela que le nom de Clyria venait de ce que ses habitants avaient les yeux clairs, « clairs comme la bouche d'un Grume »!

– Le conseil pense que, si nous réussissions cette opération, il est juste de vous récompenser. Vous autres, Récupérateurs, ne contrariez nullement notre attaque de Griche et nous n'avons pas de raison de vous en vouloir. Les chances pour que les Mutins de Profession nous redonnent le croiseur contre votre vie sont de 98 sur 100, ce qui est extrêmement favorable. Quand tout sera terminé, vous serez libres, vous et votre ami, d'embarquer dans vos vaisseaux la totalité des jeux que j'ai amenés par nef rapide depuis Anaël... Cela représente une valeur marchande énorme. Je pense que cette idée vous convient?

Blême de rage, Richard s'était dressé.

– Pour qui nous prenez-vous, bandits en uniforme? Ce genre de bénéfice ne nous conviendra jamais! A plus forte raison quand il s'agit d'un marché avec *vous!* Vos navires écrasent un monde sans défense et vous voudriez que des Récupérateurs acceptent vos offres?

Poje se raidit et s'appuya à la porte. Il sortit son rollo noir et dangereux et le pointa vers Richard.

– Naïf imbécile! cracha-t-il. N'avez-vous pas conscience d'être un véritable charognard des planètes? Dites-moi donc comment vous gagnez de l'argent dans tous les endroits où il y a de la guerre ou de la révolution dans l'air? Peut-être en ravitaillant gratuitement les populations, non?

Le Récupérateur sentit quelque chose qui se serrait tout au fond de sa gorge. Mais il demeura immobile sous la menace du rollo. Le Clyrien ouvrit la porte et sortit. Quelques secondes après, trois officiers grisonnants pénétrèrent dans la cellule et entraînèrent Richard.

Azio, Serth Fronde et Oggy Malthe s'arrêtèrent au fond d'une coursive. La cabine d'un élévateur faisait régner une douce lumière jaune qui se mêlait plus loin au reflet des étoiles entrant par huit hublots.

– Avec ça, murmura Fronde, nous serons immédiatement à l'étage inférieur, en plein dans la tanière! Seulement, la cabine ne peut prendre que deux hommes à la fois. Bien que le risque ne soit pas très grand, il convient de se décider.

– Facile, dit Oggy Malthe.

Et les dés thuringiens apparurent miraculeusement dans sa main grassouillette. Le visage de Fronde montra une contrariété passagère, puis il grogna :

– Soit, puisque c'est le vœu... D'accord, Azio?

Le Récupérateur haussa les épaules. Doucement, à demi accroupis, ils lancèrent les dés. Azio gagna avec le jeu de Fronde, laissant Oggy Malthe perdre avec beaucoup de jurons.

Sans plus perdre un instant, le grand mutin et le Récupérateur s'installèrent dans la cabine, armes thermiques en main. Fronde posa le pied droit sur la commande de descente. Le puits n'apparut que comme un bref éclair de chrome. Ils surgirent dans une coursive où régnait le jour bleu cher aux Clyriens. L'endroit était désert mais des pas retentissaient, par delà un coude encombré de caisses.

La cabine était remontée. Son retour parut interminable, tandis que les pas se rapprochaient. Oggy Malthe surgit enfin. Ils coururent jusqu'aux caisses et Azio se pencha pour examiner les coursives qui s'offraient à eux.

– Trois hommes avec Richard! souffla-t-il en se rejetant en arrière. Ils viennent de la gauche!

Au signal de Fronde, les trois hommes bondirent. Les officiers clyriens se rejetèrent contre la paroi en dégainant leurs armes. Deux d'entre eux tombèrent, assommés par Azio et Oggy Malthe. Le troisième lâcha Richard et voulut rebrousser chemin. Il appelait à l'aide d'une voix formidable qui semblait emplir tout le grand croiseur. Fronde le faucha d'un jet thermique.

– Attention, à droite! criait Richard.

Ulion Poje accourait à la tête d'un important groupe armé.

– Ne tirez pas, ordonna-t-il, c'est autant d'otages!

Bien entendu, les quatre hommes ne tinrent aucun compte de l'injonction. Leurs armes grésillèrent et trois Clyriens s'abattirent avant que le combat tournât au corps-à-corps. Dans la terrible mêlée, Oggy Malthe réussit à éliminer encore deux adversaires isolés. Mais les Clyriens surgissaient des trois coursives, sans cesse, et mutins et Récupérateurs se trouvèrent très vite immobilisés.

Ulion Poje s'avança. Il était pâle et un jet de thermic qui l'avait effleuré lui avait laissé une cicatrice brune au menton.

– Nous avions un otage, triompha-t-il, maintenant, en voici quatre!

10

L'étage où avaient été relégués officiers et techniciens fanatiques comptait de nombreuses pièces du type compartiment à bombes, dont certaines pouvaient servir de lanceur. C'était dans une de ces dernières que Fronde, Oggy Malthe, Azio et Richard venaient d'être enfermés.

L'endroit avait été fort logiquement débarrassé de son principal ornement : les bombes, par les Mutins de Profession; il convenait en effet de ne laisser aux Clyriens aucun moyen d'action. Assis dans un coin, Azio fixait tour à tour, avec mélancolie, les alvéoles pyramidales où se trouvaient couchées les armes en temps ordinaire. Face à la porte, la paroi pouvait se dédoubler pour former un viseur à graduations. Le lanceur même surgissait du sol au simple appel du pied.

– Tout cela est parfaitement conçu, remarqua Serth Fronde. Ce croiseur est un chef-d'œuvre de technique. Il me déplairait de l'abandonner à ces statues vivantes.

– S'il ne s'agissait que de cela, dit Richard. Mais mon évasion a échoué et nous sommes tous prisonniers, à présent. Que la transaction échoue ou non, nous voilà bien loin de nous enrichir à Driegho.

Oggy Malthe secoua sa tête grimaçante.

– C'est le sort, c'est le jeu...

Ces paroles lui valurent un coup d'œil méprisant de la part des deux Récupérateurs.

– Il ne faut jamais abandonner, fit Richard, très grave, c'est la loi de notre métier et ce devrait être aussi la vôtre.

Fronde eut une moue désabusée.

– L'aide ne peut nous venir que de l'extérieur. Notre situation présente ne durera pas longtemps. Il est certain que nos camarades mutins vont rendre le croiseur en échange de nos vies.

– Je l'espère bien.

– Oui, mais ensuite nous serons toujours prisonniers. Actuellement, notre valeur d'otages nous préserve, en quelque sorte. Quand nous aurons rempli notre office, les officiers clyriens pourront fort bien décider que nous sommes inutiles.

– En somme, murmura Azio, sortant de sa sombre réserve, nous allons arriver sur Griche pieds et poings liés.

– A moins, dit Oggy Malthe, que nous n'y arrivions jamais.

Tous fixèrent l'ex-commandant.

– Pensez un peu aux navires de Griche, poursuivit-il. Ils

ne sont pas encore tous hors de combat et ce croiseur va sûrement se heurter à une ou deux unités avant d'atteindre Driegho.

– Si cela arrivait, dit Azio, nous ferions mieux de nous éjecter dans l'espace, sans scaphandre, avec le lanceur de bombes.

Il frappa du pied le sol grisâtre de la pièce.

– Une solution désespérée, dit Fronde, mais j'ai entendu dire que les colons de Siphius IV, qui vont de leur planète aux satellites voisins en caboteur rudimentaire, pratiquaient un sport de ce genre. Ils se jettent dans le vide et le gagnant est celui qui réussit à atteindre une borne et à revenir au vaisseau en utilisant une seule fusée autonome.

Richard fit la grimace.

– Bon pour les gens de Siphius IV. Ce qui compte, c'est qu'il ne nous reste environ que quinze minutes de voyage.

– Si peu? s'étonna Fronde.

– Il y a un certain temps, déjà, qu'Ulion Poje m'a dit que nous n'étions plus qu'à quarante minutes de Griche.

Le silence, dans la froide cellule, atteignit un point de tension pénible.

– Nous n'en sortirons pas, dit Azio. Ils ne sont pas venus nous chercher. Pour peu que la transaction ait échoué, nous devrons subir les combats dans cette boîte sans pouvoir nous défendre.

A cet instant, des pas retentirent. Ils s'approchèrent, stoppèrent devant la porte qui s'ouvrit. Ulion Poje entra. Derrière lui, se tenaient quatre Clyriens en grand uniforme chamarré, la mine grave.

– L'affaire est réglée, messieurs. Les Mutins de Profession nous ont remis le commandement de ce navire à 81 h 24, heure locale. Vous êtes en conséquence libres d'aller à votre guise sans avoir toutefois l'autorisation de quitter le bord. Pour messieurs les Récupérateurs, je tiens à préciser que leurs vaisseaux libertaires sont sous séquestre du gouvernement de Clyria jusqu'à nouvel ordre.

Richard serra les poings et Azio lança une insulte énorme qui réussit à faire ciller le jeune Clyrien. Les quatre hommes suivirent la coursive, le cœur battant, à la recherche d'un élévateur.

Au carrefour, avant de perdre de vue les quatre officiers entourant Ulion Poje, Azio se retourna.

– Eh bien? fit Richard.

– Je veux me souvenir de son visage. Nous aurons tout le temps de le retrouver, à Driegho.

– Pour ma part, j'espère que non.

Et Richard entraîna son compagnon.

De coursive en coursive, ils observèrent le nouveau flux d'activité des officiers et préposés aux armes. Les ordres résonnaient, claquaient, précipitaient les pas des navigateurs en uniforme. Les canonniers s'enfilaient dans les curieux puits aux dimensions de leur corps et l'on lâchait à leur suite les charges en prévision du combat. Les techniciens de guidage, les stratèges et les membres nommés du gouvernement passaient de salle en salle, précis et vigilants. Ils n'accordaient pas un regard aux mutins et aux Récupérateurs. Le croiseur retrouvait son allure normale.

– Ces gens-là n'ont pas de système nerveux, dit Fronde. Ils sont à peu près sans réactions, sans enthousiasme ni haine. Je suis prêt à parier qu'ils n'exerceront aucunes représailles... Ils se conduisent comme s'ils avaient été maîtres à bord pour tout le trajet.

– Un élévateur! s'écria Azio.

Ils dépassèrent un trio de Clyriens portant une bombe à l'effigie de l'oiseau-couteau et pressèrent le pas vers la cabine qui apparaissait, à l'extrémité de la coursive. L'atmosphère du vaisseau leur était oppressante et la lumière bleue qui régnait à cet étage commençait à blesser leurs yeux.

Le premier, Azio mit le pied dans la cabine. Ses trois

compagnons s'entassèrent à sa suite. L'élévateur démarra... A cette seconde même, le croiseur tout entier frémit, la clarté vacilla puis revint.

– L'attaque, lança Fronde. Déjà!

La cabine s'arrêta au niveau de l'étage supérieur. Ils sortirent et prêtèrent l'oreille à une foule de bruits.

– Un moment, dit Azio, j'ai cru que nous allions être bloqués dans le puits!

Les appels d'hommes se mêlaient à des échos grinçants, des chuintements et des explosions brèves.

– Par ici! (Fronde s'élança.) Il faut d'abord contacter les autres!

Le vaisseau frémit à nouveau. Très loin, quelque chose s'écroula. Ils débouchèrent dans une coursive à hublots et Fronde étendit brusquement la main.

– Regardez! Ils... ils parquent nos camarades!

Ils virent une file d'une dizaine de mutins que gardait tout un groupe de jeunes Clyriens en uniforme, l'arme en main. Les prisonniers entraient un à un dans la vaste salle des nouveaux jeux. A percevoir la rumeur des voix et le piétinement d'innombrables pas, on pouvait aisément deviner que la totalité de l'équipage mutiné était, ou allait être, rassemblée là.

– Rebroussons chemin, vite! dit Fronde.

Mais les Clyriens les avaient aperçus. Deux gardes s'avancèrent. Ils ne prirent pas la peine de lancer des sommations et tirèrent. Les deux premiers jets illuminèrent les parois. Azio en sentit l'écho torride sur son visage. Les quatre compagnons s'enfuirent vers l'extrémité de la coursive. Ils plongèrent à l'abri de la paroi et Richard, posément, abattit les deux gardes. Un concert de vociférations accueillit cette victoire : les mutins prisonniers les encourageaient, applaudissant malgré la menace des armes braquées sur eux.

– Les sommets! dit Fronde. Vite, venez!

Ils reprirent leur course, percevant derrière eux les pas

de nouveaux poursuivants. Pour une minute, Azio et Richard perdirent tout sens de l'orientation, suivant aveuglément Fronde et Oggy Malthe dans un dédale de couloirs. Ils empruntèrent un élévateur, trébuchèrent quand le grand croiseur accusa un nouveau coup et trembla de toute sa coque. Plus haut, encore plus haut, ils réussirent à se faufiler entre des allées de poutrelles puis à traverser des magasins de vivres emplis de brume conservatrice, dense et étouffante. Il régnait dans cette partie du navire une atmosphère de jungle, chaude, moite. La plupart des salles étaient des entrepôts. Les coursives étaient devenues couloirs. Les couloirs, à leur tour, se firent passages étroits puis canalisations.

Serth Fronde s'arrêta enfin et examina ses compagnons. Oggy Malthe grimaçait et pestait, comme à son habitude; Azio était songeur et Richard s'efforçait en vain d'essuyer les flots de sueur apparaissant sur son front, collant ses cheveux blonds.

– Nous sommes dans les sommets, ici. Les Clyriens ne risquent pas de nous poursuivre.

– Ils ne peuvent ou ne veulent pas? interrogea Richard.

– Ils n'en ont pas le temps en ce moment. Je ne sais pas combien de navires grichiens attaquent, mais le gros croiseur n'a pas l'air de bien supporter le traitement.

– Il faudrait nous rendre compte, fit Azio.

– C'est possible.

Fronde se redressa. Il chercha des yeux tout au long des parois du cul-de-sac où ils avaient abouti. Au-dessus d'eux, un simple trou de ténèbres était l'unique issue. Le grand mutin s'agrippa des deux mains à l'épais rebord, effectua un rétablissement et disparut. Presque aussitôt, ils entendirent sa voix :

– Allez-y... Faites comme moi. D'ici, la vue est superbe!

Un à un, non sans difficultés pour Azio, ils passèrent par l'ouverture et resurgirent dans un étroit habitacle en coupole. La clarté y avait une qualité laiteuse et fulgurait par instants des reflets du dehors. Le haut de la coupole était en effet transparent et l'on découvrait au delà les silhouettes effilées de deux destroyers grichiens. Le croiseur devait rouler bord à bord et le paysage défilait, les destroyers passaient puis disparaissaient continuellement. En même temps, les décharges allumaient des orages éblouissants au sein du vide, les canons traçaient des voies parallèles, rouges, blanches ou blafardes.

D'autres vaisseaux devaient se trouver là. Les quatre hommes entrevoyaient les mouvements des formes indécises, presque hors de portée. Parfois, un des attaquants glissait et semblait vouloir entrer en collision avec le Clyrien. Enorme et obscur, il dominait la coupole puis laissait voir à nouveau les systèmes d'étoiles blanches.

Un nouveau coup atteignit le croiseur. Le bruit de déchirement d'une paroi se fit entendre tandis que le sol métallique vibrait follement.

– Tenez-vous! cria Fronde. Si les stabilisateurs s'arrêtent, nous allons tous passer en chute libre!

Le paysage stellaire changea encore une fois, comme le Clyrien se dérobait, et...

– Regardez, hurla Azio. Nous y sommes!

Levant les yeux, ils découvrirent un mince croissant gris nimbé de vert pâle par son atmosphère.

– Griche! dit Richard.

Par delà la planète, le soleil local flamboyait d'une lumière de gel. Il semblait par instants tressauter, mais ce n'étaient que des armadas de navires passant entre lui et le regard qui créaient l'illusion.

– A nous, Driegho! fit Azio.

– Pas encore, murmura Richard.

11

L'énergie fournissant la lumière aux navires provenait des moteurs, plus précisément de la pile atomique diversement alimentée suivant les types de construction. Cette lumière était distribuée par le procédé Cheix-Meckam. Des chaînons à la minceur moléculaire étaient coulés dans les parois mêmes, soigneusement isolés et protégés. Ils s'échauffaient et brillaient au passage du courant. Leur répartition créait un effet agréable d'illumination générale. C'étaient les parois tout entières qui semblaient rayonner de clarté.

Ce furent les parois qui vacillèrent et devinrent obscures quand le coup direct d'un destroyer grichien atteignit le croiseur.

Figés dans les lueurs du combat, les quatre hommes entendirent le lamento aigu des systèmes d'alerte. De toutes parts, des parois nouvelles se fermaient, isolant les sections touchées. Les appareils trahissaient la baisse de pression de l'atmosphère et l'apparition de gaz hautement toxiques.

– Il ne bouge plus, s'écria Fronde. Il ne tente aucune manœuvre.

En effet, le paysage stellaire ne subissait aucune variation. La coupole restait ouverte sur le croissant de Griche et le feu blanc de son soleil. Inlassablement, les attaquants revenaient, tiraient et se dérobaient. Mais le croiseur immense ne bougeait plus, son complexe de propulsion ayant sans doute été atteint.

– Nous ne pourrons jamais nous en sortir! fit Azio.

– Il faudrait que les Clyriens se rendent, dit Fronde. Et encore, impossible de savoir si les Grichiens cesseront leur attaque.

– Je ne crois pas, grommela Oggy Malthe. A leur place, je pulvériserais cette machine.

Le croiseur frémit, encore et encore. Les parois tombaient ou bien glissaient et se fermaient irrémédiablement. Azio se souvint d'un navire qu'ils avaient rencontré, Richard et lui, en plein vide, au large de Spica : un vaste cercueil fait de cent caissons individuels, retranchés les uns des autres. A cette évocation, un sentiment bien connu l'envahit. Il sentit ses mains comme deux choses inutiles et sèches au bout de ses bras impuissants. Un goût infect lui emplit l'arrière-gorge et il éprouva une terrible envie de parler, de parler sans arrêt, sans pouvoir le faire.

Richard, qui le surveillait du coin de l'œil, se pencha et lui frappa l'épaule de toutes ses forces.

– Azio ! Bon sang, Azio ! Tu...

Un fracas épouvantable lui coupa la parole. Ils roulèrent les uns sur les autres, se redressèrent et sentirent le navire trembler à nouveau.

– Il ne faut pas rester ici !

– Si la coupole éclate, nous serons éjectés sans scaphandres !

– Où sont les scaphandres ?

– Essayons plutôt de regagner les berceaux, dit Richard.

Il n'avait pas plus tôt prononcé ces mots qu'il lui sembla que son cœur s'arrêtait.

– Azio ! Azio, nos navires !

Alors la peur, la peur à l'âcre saveur, s'enfuit loin de Richard.

– Nos navires ! fit-il en écho.

Les deux compagnons plongèrent littéralement par le trou d'homme qui livrait accès à la coupole. Serth Fronde et Oggy Malthe durent, bon gré mal gré, les suivre.

Parce qu'ils venaient de se souvenir tout à coup de leurs vaisseaux, Azio et Richard refirent en sens inverse l'épouvantable chemin des sommets du croiseur aux étages d'habitation. Cette fois, ce fut pire, car le grand bâtiment de guerre qui était en perdition recélait des zones interdites et des points où l'atmosphère devenait mortellement toxique.

Le bruit, murmure pareil à celui d'un océan, accompagnait les quatre hommes qui s'enfonçaient dans le dédale gris des coursives violentées. La lumière revenait par intermittence, révélant soudain les plis du métal froissé qui résistait encore ou les parois d'isolement dressées sur le chemin.

Ils retournèrent en arrière, se perdirent et trébuchèrent plus de vingt fois. Il était pratiquement impossible de reconnaître les lieux tant ils avaient changé. En vain, ils cherchèrent un élévateur en état de marche. Les cabines qu'ils rencontraient étaient inutilisables, soit brisées, soit bloquées dans le puits faussé par une déflagration.

En peu de temps, le formidable croiseur clyrien, réputé invincible, était devenu une épave luttant pour quelques mètres de métal intact.

A un moment, Serth Fronde s'arrêta.

– Inutile d'aller plus loin, c'est de la folie! dit-il.

– Il faut rejoindre nos navires! s'entêta Richard.

– Je ne dis pas le contraire, mais si nous nous enfonçons trop avant et qu'une paroi se ferme derrière nous, nous isolant sans atmosphère...

– Des scaphandres! fit Azio. C'est ce qu'il nous faut!

Les deux mutins reprirent donc la direction du groupe, étant les seuls à connaître les principaux emplacements des magasins.

En passant devant un hublot, ils aperçurent les étoiles, vides de toute trace de vaisseaux. Les attaquants semblaient s'être dérobés et, de fait, plus aucune explosion ne retentissait. Il n'y avait que les déclics d'isolement et les appels d'alerte, pour le feu, les gaz ou la radioactivité.

– Je me demande pourquoi ils ne nous ont pas achevés, déclara Richard.

Oggy Malthe tendit le doigt vers un point extrême, presque hors de leur champ de vision.

– Voici la réponse, dit-il. Du renfort.

Deux croiseurs clyriens, en tous points semblables à celui qui agonisait, arrivaient sur les lieux du combat, venant vraisemblablement de Griche.

– C'est le moment ou jamais de nous sauver, dit Richard.

– Nous approchons d'un magasin.

Trente mètres plus loin, ils atteignirent en effet un réduit à scaphandres, signalé par l'orgueilleux emblème de Clyria, l'oiseau-couteau au bec meurtrier.

Tandis qu'ils revêtaient les souples combinaisons et bouclaient les raides et lourds harnachements, ils se rendirent compte du retour au silence qui s'opérait à bord. Le croiseur avait repéré et soigné tant bien que mal ses parties blessées, enrayé l'infection. A présent, dans l'attente du sauvetage, il revenait au calme des longues traversées qu'il ne pourrait plus jamais tenter.

– Impressionnant, fit Azio. Je voudrais bien savoir où se trouve l'équipage.

– Les nôtres ou les Clyriens? demanda Fronde.

– Les Clyriens.

– Oh! sans doute n'ont-ils pas quitté leurs postes. Jusqu'au dernier moment ils demeurent fidèles!

– Et vous, Fronde? dit Richard d'un ton décidé. Que faites-vous, à présent que le choix vous est donné? Fuyez-vous avec nous ou restez-vous à bord, avec vos compagnons?

– Ni l'un ni l'autre... Ou plutôt, l'un et l'autre. Que vous le vouliez ou non, Récupérateurs, il vous faudra embarquer les mutins dans vos Libertaires.

La surprise immobilisa totalement Azio et Richard.

– Mais... mais il n'y aura jamais de...

– Il y aura assez de place et, au besoin, nous prendrons en remorque des vedettes clyriennes. Un service est un service, Récupérateurs. Nous vous avons accueillis à notre bord et vous voici à Driegho bien avant ce que vous aviez prévu. Il est juste que vous nous rendiez la pareille.

– La pareille? fit Richard. Mais nos navires ne sont pas prévus pour des dizaines de passagers.

– Et vos cales, qu'en faites-vous?

– Mais elles sont pleines. La marchandise d'échange nous est utile pour nos opérations et...

– Et bien que nous ayons fraternisé depuis votre venue

à bord, je me sens tout prêt, et Oggy Malthe aussi, à user de moyens peu courtois pour réussir le sauvetage de mes compagnons. La Mutinerie de Profession est une confrérie homogène placée sous le signe de la fraternisation efficace !

Les deux Récupérateurs s'entre-regardèrent. Leurs yeux admirent la même défaite, par-dessus la mentonnière trop montante de leur casque.

– D'accord, Fronde... Nous embarquerons les Mutins si nous réussissons à reprendre nos navires.

Mais les berceaux étaient au ventre du croiseur. Et les destroyers grichiens semblaient s'être acharnés sur ce point précis, où ils savaient se trouver cales et magasins d'armes ainsi que la trompe du service cartographique. En suivant les coursives sans atmosphère, casque fermé et oxygénateur ouvert, Azio et Richard sentirent une appréhension glacée se dilater en eux : si le *Marquis* et le *Malaisie* étaient détruits ? Ou même hors d'état de prendre le départ ?

Chacun à part soi, ils se demandèrent quel serait leur sort sur Griche, investi par Clyria. Marchands ambulants ? Dockers, ou cultivateurs des froides étendues vierges ?

Ils ne pourraient même pas avoir le recours de se ranger parmi les Mutins de Profession car ils n'étaient pas passés par l'université de Totem IX dans les groupes de la Dorade.

Solennellement, silencieusement, ils jurèrent de ne plus voyager à bord d'un navire étranger, quel qu'il fût.

Serth Fronde avait vu juste en prévoyant que l'équipage clyrien n'aurait pas abandonné sa tâche. N'eût été le spectacle des brèches hâtivement obturées, des salles transformées en infirmeries d'urgence après avoir été tripots, on eût pu croire que le voyage se poursuivait en toute quiétude.

De jeunes officiers assuraient la liaison entre les principaux services. Sur des écrans de communication, le visage énergique d'un technicien prononçait des suites de mots complexes. A l'entrée de la coursive menant à la salle où tous les mutins étaient détenus, Fronde saisit une arme.

– A présent, dit-il, tout devra se dérouler rapidement. Tirez sur les Clyriens sans hésiter. Quand nous aurons ôté les pinces magnétiques de vos navires, démarrez aussitôt, et tant mieux si nous causons de nouveaux dégâts au croiseur.

La voie était momentanément libre. Sans plus hésiter, ils s'élancèrent droit devant eux.

12

Les trois gardes clyriens tombèrent sans un geste, comme les pièces d'un jeu extraordinaire. D'un signe, Serth Fronde recommanda le silence à ses camarades mutins. La foule bigarrée, suante et furieuse, s'écoula au-dehors. Chaque universitaire de Totem IX retenait à grand-peine sa joie agressive à l'idée de quitter le croiseur-tombeau.

Azio essaya de fixer le nombre approximatif de ces candidats passagers mais il y renonça vite, réalisant seulement qu'il lui faudrait vider de fond en comble les cales du *Marquis* tout comme Richard viderait celles du *Malaisie*, perte qui serait difficile à rattraper, même en concevant Driegho comme une mine de richesses.

– Pressons! Plus vite!

Fronde montrait le chemin à la troupe désordonnée, donnant les ordres d'une voix tendue. Il se pencha vers Richard pour murmurer :

– Les deux autres croiseurs clyriens doivent être en train de se ranger auprès du nôtre. Il faut absolument atteindre les berceaux avant que les équipages fassent la jonction!

Le Récupérateur se contenta d'incliner la tête. Une boule énorme bloquait sa respiration au niveau du larynx et jamais il n'avait ressenti une telle angoisse. D'ici deux à trois minutes, lui et Azio risquaient de se retrouver Récupérateurs sans navires...

Une cabine d'élévateur se présenta devant les fuyards, mais il eût été saugrenu de penser l'utiliser. Fronde la désigna pourtant en ordonnant : « Halte! » Il n'attendit pas que les derniers bruits de pas eussent cessé pour déclarer :

– Il serait préférable que les deux pilotes, en l'occurrence nos amis Récupérateurs, prennent les devants pour préparer leurs navires. De cette façon, dès que nous aurons embarqué, le départ pourra être donné.

Nul n'eut l'audace de tonitruer son approbation. La plupart des têtes s'inclinèrent, y compris celles de Logot le farceur et les deux mauvais commandants.

– Quelques-uns d'entre nous iront avec les Récupérateurs, reprit Fronde, cela afin de calmer les appréhensions des gens qui manquent de confiance!

Richard et Azio n'accusèrent pas l'ironie de la phrase. Quatre mutins sortirent des rangs pour les accompagner et Azio reconnut trois de ses ex-partenaires au jeu de la Prise Verte, qui l'avait captivé si inopportunément.

– Je reste avec le gros de la troupe, dit Fronde. Filez le plus vite possible jusqu'aux vaisseaux et... préparez la pleine puissance!

Sans attendre, Azio entra dans l'élévateur avec deux mutins. La cabine revint et Richard suivit le même chemin, appréhendant le spectacle qu'ils allaient découvrir à l'arrivée.

Il n'y en eut pas tout de suite un, pourtant. Le système d'éclairage ne fonctionnait pas dans la portion de coursive où arrivait la cabine et les six fuyards s'orientèrent à tâtons dans l'obscurité, s'interpellèrent avec un rien de crainte.

– Tenez vos armes en main, dit Richard, prenant naturellement le commandement du petit groupe, et tirez sur le premier Clyrien qui débouchera... Maintenant, quelqu'un peut-il s'y reconnaître dans cette partie du croiseur?

– Avec de la lumière, c'est certain, dit une voix de mutin.

Frappant les parois et posant avec précaution les pieds sur le sol, ils s'aventurèrent vers ce qu'ils espéraient être la fin de l'obscurité. Ils redoutaient par-dessus tout la paroi qui leur barrerait le chemin, révélant que les berceaux étaient isolés, donc touchés, peut-être détruits avec les vaisseaux. La nappe de gaz pouvait également être un danger car, si les deux Récupérateurs étaient toujours en scaphandre, les mutins étaient sans défense contre l'asphyxie possible.

– Là... Voici le jour!

Ils surgirent à un carrefour. Le couloir de gauche était éclairé par une succession de hublots et descendait en pente douce jusqu'à une porte rouge à l'emblème de l'oiseau-couteau.

– C'est l'un des berceaux! fit un mutin. Je ne vous garantis pas que ce soit celui de vos navires, mais...

– C'est le 3, dit un autre, le seul qui n'eût pas été partenaire d'Azio au jeu de la Prise Verte. J'ai participé aux manœuvres d'arrimage et je me souviens du chiffre.

– Très bien! (Richard esquissa un sourire.) En ce cas, nous ne sommes plus loin de la liberté, les amis!

Il eut juste le temps de terminer sa phrase. Du berceau 3, surgirent les traits de feu d'armes thermiques. La porte s'ouvrit et deux Clyriens apparurent.

Les six hommes s'étaient plaqués contre les parois, ayant échappé de justesse aux rayonnements. D'un commun accord, ils plongèrent sur l'ennemi, visant les longues jambes bottées des soldats. Une nouvelle décharge brûlante passa au-dessus d'eux, mais déjà ils frappaient, faisant basculer les Clyriens. Azio assomma son adversaire en lui secouant violemment la tête contre un hublot. Le jeune militaire aux traits durs perdit conscience, sur le fond prodigieux des nuées stellaires des Fleuves Blancs.

– Allons-y!

Jugeant la voie libre, Récupérateurs et mutins passèrent dans le berceau 3. Richard s'immobilisa, figé par la joie et le soulagement, en découvrant la lourde silhouette du *Malaisie*. Azio désigna, de l'autre côté d'un quai de métal rougeâtre, le *Marquis,* lui aussi intact, du moins à première vue.

– Comment ouvre-t-on les berceaux? demanda Richard.

– Ne pensez pas le faire! Cela n'est possible que depuis le croiseur... Il faudrait que l'un de nous se sacrifie et ce n'est pas une solution.

– Alors, comment faire?

– Bombes ou tir au canon, simplement! (Le mutin montra du doigt le lit de poutrelles qui maintenait les navires.) Ceci n'est pas résistant. En général, la vitesse seule du navire-porteur constitue une sécurité suffisante. Actuellement, le croiseur est stoppé et nous avons toutes nos chances.

– Embarquons, alors!

Azio courut avec une joie intense vers le *Marquis,* suivi par deux de ses ex-partenaires.

Un navire était comme une maison. Il était un refuge, un point fixe pour tout Récupérateur digne de ce nom, même un Récupérateur s'étant fourvoyé dans un croiseur clyrien. Un navire était ce qu'était le nid de joncs au pêcheur de Thuntar, le gouffre au troglodyte bleu de Mélancholy, l'arbre à ruchiers au sinctiphage de Nouveau-Joseph.

On y respirait librement, on pouvait y manger, y dormir, voir par ses hublots et ses écrans se dérouler la trame des systèmes. Un navire était un pont, une matrice, une tour d'oubli, un moyen de transport. Il pouvait aussi servir de panier à phénomènes... Telles étaient les pensées d'Azio, tandis qu'il essayait les commandes sous les yeux brillants et un tantinet méfiants de ses amis mutins.

– Parfait, dit-il, tout est parfait.

– Azio?

Il se retourna et découvrit le visage de Richard au-dessus de la pointe de cristal du circuit.

– Il nous faut vider les cales, n'est-ce pas?

– Bien sûr, dit-il. J'y ai déjà pensé et c'est obligatoire, hélas!

– C'est même la seule solution... Au racleur, alors?

– Au racleur, Richard!

Chacun dans son vaisseau, ils appuyèrent sur la petite commande noire. Au fond, tout au fond des cales, dans l'odeur des légumes, des caisses de tissus, des outils et de quelques armes (oh! si peu!), le racleur s'éveilla, sa motricité déclenchée par l'appel ondonique. Multiforme et vigoureux, il déchaîna ses muscles de plastique et ses facultés sensorielles pour la tâche brutale qui était sienne : vider les lieux des marchandises qui y étaient entreposées. Il poussa, traîna, ouvrit les écoutilles à la dimension maximum, déchira un peu, fit tomber, fit rouler... Mais il ne racla pas. Toutes les machines de son espèce avaient l'apanage des sobriquets injustifiés : racleur, troueur, défonceur, suggestionneur, révulseur...

La troupe des mutins, Serth Fronde, Oggy Malthe et Logot en tête, débouchait dans le berceau 3 quand Azio fit savoir à Richard :

– Terminé!

Une ampoule bleue venait de s'allumer et de s'éteindre par deux fois.

– Terminé aussi! dit Richard.

Le racleur retomba dans son sommeil. Il replia ses membres selon le volume le plus réduit et se tassa dans l'ombre, effacé, soumis, efficient et un peu fatigué déjà bien qu'il provînt des usines de Samothrace-Rouge, qui jouissaient d'une solide réputation parce qu'elles employaient des indigènes à micro-vue.

Serth Fronde, pour le *Malaisie*, et Oggy Malthe, pour le *Marquis*, dirigeaient les opérations d'embarquement. Celles-ci se déroulèrent avec une rapidité qui apparut miraculeuse aux yeux de Richard et d'Azio. Pas un instant, le calme ne fut rompu. Les mutins montaient à bord et s'entassaient dans les cales sans maugréer, sans protester, ayant abandonné jusqu'à nouvel ordre champouille et cigares de Biaque. Comme le fit remarquer Azio par circuit, une fois les écoutilles refermées : l'air demeurait presque respirable.

Puis il fallut libérer les navires des poutrelles du berceau. Richard, spécialiste des actions violentes, décida d'utiliser les deux canons thermiques du bord qui se trouvaient placés à peu près aux extrémités du navire.

Il mit le circuit sur les cales et avertit :

– Attention, tous! Nous allons faire fondre ce nid!

Dans la même seconde, lui et Azio déclenchèrent le feu. Ils arrêtèrent presque aussitôt cette première décharge et s'enquirent de leurs passagers.

– La température monte, dit Fronde, mais nous pouvons tenir le coup. On se croirait dans les marais du Ductor II.

La seconde décharge amena un bruit de déchirement. Le *Marquis* et le *Malaisie* vacillèrent.

– Nous en sommes presque sortis! exulta Richard.

Il lui sembla percevoir au-dehors de sourdes explosions. Il ne chercha pas à se renseigner par les appareils. Peut-être les Clyriens essayaient-ils de retenir les Libertaires... De toute façon, il était trop tard pour cela.

– Prêt, Azio?

– Prêt!

La troisième décharge se confondit avec la secousse formidable qui annonçait la complète libération des vaisseaux.

– Départ!
– Départ!
Automatiquement, le *Marquis* et le *Malaisie* s'orientèrent et pulsèrent à pleine puissance, arrosant d'énergie vive l'épave du grand croiseur. Par l'écran, Richard distingua des silhouettes d'hommes rejaillissant dans le vide, hors du berceau 3 éventré. Puis l'accélération brutale lui fit fermer les yeux et il consacra toutes ses forces à résister à la nausée qui venait.

Le croiseur désemparé et ses deux compagnons intacts s'estompèrent à l'arrière. Bientôt, les deux Libertaires entamèrent la longue spirale qui devait les rapprocher de Griche.

13

Comme ils touchaient l'atmosphère et percevaient le doux sifflement tant attendu des navigateurs explorateurs, Richard tendit le doigt vers l'écran : la lumière dorée du crépuscule atténuait l'atrocité du spectacle de destruction. Un malheureux transporteur civil d'Orénoque, pris à partie par deux vaisseaux clyriens de petit gabarit, se désagrégeait dans un orage de flammèches et de scintillantes gouttes de métal en fusion.

– Quel assassinat! grommela Serth Fronde. (Il serrait les poings et ses mâchoires frémissaient.) Et personne n'interviendrait dans des conflits comme celui-ci!

– Richard et moi nous avons vu bien des choses, dit Azio, songeur, et nous en sommes arrivés à une conclusion. C'est que le monde, l'humanité, est encore en gestation... Notre âge adulte se trouve aussi loin de nous que lorsque nous étions confinés à un monde unique.

– Nous n'y arriverons jamais.

– Si... nous-mêmes, nous sommes bien arrivés à Driegho.

Comme Azio disait cela, la vaste métropole apparut. Chacun se tut. Combien de bombes avaient été nécessaires pour détruire tant et tant de quartiers, d'architectures, de spirales colorées?

Mais combien en faudrait-il encore pour achever, pour étouffer ce qui restait intact, tant la cité était vaste?

Les deux navires glissaient vers les faubourgs. Leur proue fendait déjà des nuages d'âcre fumée, de poussière, de cendre en suspension.

Le soleil se couchait sur Driegho. Dans les immenses rues, de viaduc en viaduc, de passerelle en passerelle, les Autonomistes, les Frères de Lach, les Clyriens débarqués, les Mutins de Profession, les indépendants, les commerçants, les réfugiés étaient comme les cellules d'un sang insolite.

– Ma parole, fit Azio, cela grouille!

Il y avait de l'admiration et de la peur dans sa voix. Un sentiment complexe de jubilation. La sensation de choses à venir.

C'était dans le chaos que se tenaient les promesses. Rien ne peut sortir de l'ordre... Sinon le chaos, à nouveau.

Achevant la route qui les avaient amenés de cent années-lumière, les Libertaires effleurèrent une haie sombre, se reflétèrent l'espace d'une seconde dans un pré, non loin d'arbres solennels au feuillage frémissant.

Azio bondit le premier au-dehors. Le visage levé vers le ciel rose, il cherchait déjà la direction de la métropole. Richard et lui se rencontrèrent à mi-chemin des deux navires. Leurs yeux brillaient. Ils étaient si joyeux, si joyeux... qu'ils ne sursautèrent qu'à la seconde interpellation de Serth Fronde.

– Récupérateurs! disait-il. Oh! Récupérateurs!

Ils se retournèrent, le fixèrent, un peu égarés. Le mutin, le visage hilare, du regret dans les yeux, pourtant, tenait une arme d'un poing solide.

– Manque d'expérience? demanda-t-il doucement. Vous

voici à Driegho, c'est ce que vous vouliez, n'est-ce pas?

Richard et Azio opinèrent. Ils comprenaient peu à peu, stupéfaits, placés une fois de plus devant un des innombrables tour du cosmos-des-hommes.

– Nous sommes Mutins de Profession, continuait Serth Fronde tandis que ses compagnons se rassemblaient autour de lui, goguenards, Mutins de Profession heure par heure... Et avouez vous-mêmes qu'il serait stupide de rater une telle occasion. Nous ne resterons pas à Driegho, car vos deux Libertaires valent mieux que ce que nous pourrions espérer ici.

» Et puis, c'est une sorte de compensation que nous vous devons. Quand vous vous serez rempli les poches... cherchez un moyen de transport et devenez mutins à votre tour. Dites, ce ne serait pas une mauvaise idée après tout : Mutins et Récupérateurs! Bien entendu, il vous faudrait faire l'Université. Un peu d'expérience par-dessus les études et vous seriez parés!

Machinalement, ils hochèrent la tête. Déjà, les mutins réembarquaient, retournaient dans les profondeurs des vaisseaux qui leur appartenaient désormais.

De façon saugrenue, Azio se demanda où diable pourraient être installés les nouveaux jeux, la Prise Verte, dans l'espace assez réduit du *Marquis*...

Serth Fronde agita la main une dernière fois, cligna de l'œil... Puis il n'y eut plus que le *Marquis* et le *Malaisie* immobiles sur le pré, clos comme deux œufs d'acier.

Que le *Marquis* et le *Malaisie* s'ébranlant, vibrant. Que le *Marquis* et le *Malaisie* se soulevant dans une tempête de mottes de terre et d'herbe hachée. Que le *Marquis* et le *Malaisie* filant jusqu'au plus haut du ciel, loin au-dessus de Driegho.

Il y avait un étang, à gauche, où rouillait encore un tank autonomiste qui devait dater de l'installation de Port-Procyon. Une haie sombre et des arbres. Un pré. Des lambeaux de fumée dans la direction de Driegho. Un roulement sourd de bruits, d'éclatements lointains. Un appel.

Sans mot dire, les deux Récupérateurs se mirent en route. Cependant, comme ils atteignaient un chemin où une chenillette avait laissé une profonde empreinte, Azio demanda :

– Totem IX... Où est-ce?

– Tu ne te rappelles pas? Dans les groupes de la Dorade..

Et d'un commun accord ils éclatèrent de rire. Pendant une bonne minute, ils firent plus de bruit que la bataille.

Quand ils eurent cessé, ils respirèrent profondément et se remirent en marche, très vite cette fois.

Puis ils s'éloignèrent vers Driegho, côte à côte et les mains vides.

FIN DE CONTACT

« ... tu comprends, je lui ai dit, si tu veux me doubler, je vais m'occuper de toi. Et après, ton type, y pourra même plus te reconnaître et personne pourra me chercher des histoires parce que j'aurai... »

« UNE TRACE! IL FAUT UNE TRACE! QUELQUE CHOSE. GRAND DIEU! PENSEZ À QUELQUE CHOSE, N'IMPORTE QUOI! »

« ... et Hélène... Celle-là, si je pouvais me la... »

« A soixante sacs par mois, tu te rends compte! Et il voudrait nous faire croire qu'il arrive à se payer des vacances comme ça, avec des bateaux, des filles et des méchants restos... »

« UNE FLAMME! JE PENSE UNE FLAMME! LA VOYEZ-VOUS? SURTOUT, NE... »

« Le rouge! Il a grillé le rouge! Non mais, tu vois le travail! Là-bas, oui, la petite Fiat blanche... »

« ... pas tant te maquiller. Regarde les autres, elles n'ont pas... »

« C'est comme le cinéma-vérité. Un peu le même genre de problème. Il s'agit toujours de savoir jusqu'où ça peut aller, combien de temps... »

« IMMOBILE! RESTEZ IMMOBILE! OÙ QUE VOUS SOYEZ, ARRÊTEZ-VOUS ET NE BOUGEZ PLUS. CONTINUEZ À PENSER À LA FLAMME. JE LA VOIS... »

« ... si je lui piquais cinq sacs, il y verrait que du feu. Tiens, tu sais, mon grand 33 tours de Lucky Blondo, eh bien, je me le suis payé avec son fric... Si, je te le dis... »

« ... aimerais bien la coincer sur... »

(IMAGE OBSCÈNE – puis IMAGE DE PAYSAGE – puis SENSATION IMAGINAIRE DE PLAISIR SEXUEL...)

« JE NE PEUX PAS M'ARRÊTER. C'EST IMPOSSIBLE. JE NE SUIS PAS LIBRE! COMPRENEZ-VOUS? M'ENTENDEZ-VOUS? JE VOUS SENS PLUS LOIN, C'EST TERRIBLE. NE... »

« ... le plus beau. Peut-être. Mais Manessier a de ces tons sourds, parfois... »

« JE VOUS ENTENDS. JE COMPRENDS. JE VAIS ESSAYER D'ALLER PLUS VITE. IL FAUT QUE JE VOUS ATTEIGNE. APRÈS, CE SERA FACILE, VOUS VERREZ. NOUS SERONS LIBRES TOUS DEUX ET NOUS EN TROUVERONS D'AUTRES, COMME NOUS... »

« Saleté! Putain de saleté de vie... J'en ai marre, marre... Si seulement j'avais le courage... »

(SENSATION DE CHAGRIN – puis ÉCLAIR DE HAINE...)

« VOUS VOUS RAPPROCHEZ, MAINTENANT. JE VOUS SENS MIEUX. VOYEZ-VOUS LA FLAMME? »

« JE LA VOIS, JE LA VOIS! PLUS QU'UN CARREFOUR, DEVANT MOI, ET JE CROIS QUE... IL FAUDRA FAIRE VITE. JE SIMULERAI UNE ATTAQUE ET VOUS EN PROFITEREZ POUR VOUS ÉCHAPPER. CE NE SERA PAS DIFFICILE... »

Mais les pensées de la ville tout entière arrivaient, submergeaient les cerveaux réceptifs, noyaient, diluaient, étouffaient, trompaient. Les images se superposaient, les sons se transformaient, les odeurs étaient altérées, faussées. Les points de repère étaient insaisissables. Une pensée en ramenait dix, cent, multipliées, grossies par d'étranges cerveaux en promenade.

« OÙ ÊTES-VOUS MAINTENANT? LA FLAMME. GARDEZ LA FLAMME! »

« ... combien de fois je me la suis tapée? Eh bien, la première, c'était chez Josie, quand on a... »

« JE LA VOIS. JE COURS. JE VAIS TRAVERSER LE CARREFOUR ET APRÈS... »

« Espèce de sale con, si je le laisse faire, il va me piquer tous mes... »

« JE VOUS SENS TRÈS PRÈS. OH ! VENEZ VITE, VITE ! »

« J'ARRIVE, J'A... »

La pensée cessa net. Dans la ville, autour du carrefour grouillant où la voiture n'avait pu freiner à temps, il n'y avait rien de particulièrement remarquable dans le spectacle du minuscule fox-terrier qui venait de se faire écraser. Ni dans celui d'un cocker noir qui, à cinquante mètres de là, sur le trottoir, tirait désespérément sur sa laisse tandis que son maître cherchait à l'entraîner.

NOCTURNE POUR DÉMONS

1

– Peut-être désirez-vous une compensation, Arglider?

L'Homme en Rouge avait posé la question d'une voix sourde.

Il semblait indifférent à toutes ces considérations matérielles qui étaient l'apanage de ses subordonnés. La Ligue de la Nuit, de toute manière, ne voulait pas que ses chefs fussent entravés dans leur action essentielle : le recrutement et la transmission des grands ordres.

Arglider s'était assis sur un coin de table et son regard fatigué faisait le tour des lieux. Une pièce en sous-sol, dans le quartier pauvre, au nord de la Cité, qui avait dû abriter immigrants sur immigrants. Pourquoi la Ligue, que l'on disait si riche, reculait-elle devant certains frais audacieux?

Souci de discrétion ou révélation d'une plaie d'argent nouvelle?

L'Homme en Rouge parut deviner ses pensées :

– Vous êtes libre de ne pas répondre à mes questions, savez-vous... mais la compensation est, en général, un point important pour les nouvelles recrues. Et ne croyez pas, au spectacle de cette piaule minable, que la Ligue s'émiette. Elle a pour elle la plupart des fortunes de l'univers et de nombreux intérêts dans des pays inimaginablement lointains!

Arglider sourit. Même les chefs comme l'Homme en Rouge se laissaient aller à une certaine naïveté, une once de fraîcheur, dans l'art de vanter les mérites de la Ligue. Derrière les masques rutilants, il n'y avait que des hommes, qui avaient été des recrues nouvelles, comme lui. Des hommes prêts à tuer, pourtant. Comme lui...

Etait-il prêt, vraiment?

– Alors, pas de compensation, dit l'Homme en Rouge.

– J'ai... assez d'argent personnel pour vivre toute ma vie sans travailler, murmura Arglider. De plus, je ne crois pas que l'on entre dans la Ligue pour des questions financières. Sinon, il vaudrait mieux faire le tueur à gages pour le compte de l'Omnipotent lui-même.

– J'aime vous l'entendre dire. En général, peu de nouveaux se permettent cette réflexion. Ils ont tous peur de blesser, de toucher à un tabou. Mais le propre de la Ligue n'est-il pas d'être une organisation de la liberté sous toutes ses formes?

Là, Arglider en doutait un peu. Mais, preuve plus que formelle de la justesse de ce doute, il préféra le garder pour lui. Il y *avait* des tabous. Quoi que pût dire l'Homme en Rouge.

– Tenez. Et ne vous en séparez jamais.

Il releva la tête. Il avait attendu longtemps cet instant et il fut un peu étonné de la brusquerie, presque de la brutalité, avec laquelle il survenait.

L'Homme en Rouge lui tendait une arme. Un pistolet au canon extraordinairement long. Le métal en était d'un noir profond. Arglider songea à du basalte ou à quelque autre chose. Un minéral extrait d'un enfer local et secret.

La détente était double et l'Homme en Rouge se mit à lui détailler le fonctionnement d'une voix monocorde. Après quoi, il put glisser l'arme dans sa tunique et apprécier son poids et la froideur de son contact.

– Cartes, visas...

Il prit le tout, le rangea dans une poche sans vérifier.

– Et maintenant?...

Il avait dit cela d'une voix ferme. Il espérait que l'Homme en Rouge ne prendrait pas cela comme une fanfaronnade. Si quelque chose lui faisait peur, c'était de tomber trop bas dans l'estime des supérieurs de la Ligue. Il avait trop besoin d'eux, désespérément besoin d'eux, pour prendre des risques.

L'Homme en Rouge se mit à faire les cent pas sans répondre. Arglider s'était levé et il feignit d'examiner la carte des souterrains de la cité qui flamboyait au mur, en face de lui.

Un jour gris entrait par l'étroite fenêtre qui donnait sans doute sur un puits de lumière. Il devait y avoir des toiles d'araignée au-dehors, ainsi que des immondices et des amas de débris. Des ouvertures vers les souterrains, vers la nuit profonde où dormaient des démons.

– Votre première mission, dit l'Homme en Rouge, est une preuve de confiance, un pari...

Arglider sentit son cœur battre deux coups précipités. Il maudit la lenteur avec laquelle l'Homme en Rouge faisait cette révélation qui promettait d'être surprenante.

– Un démon, dit l'autre, soudain.

Il s'était retourné. Derrière le masque, ses yeux détaillaient impitoyablement son interlocuteur, cet homme qui avait deux ou trois heures de contact avec la Ligue.

Arglider crut d'abord à un bluff et sourit. Puis il réalisa son erreur et haussa les épaules.

– Un démon, répéta-t-il, pourquoi?

Et il fut certain que la question venait d'arracher un sourire à l'Homme en Rouge.

– Les démons doivent être tués, Arglider; cela a été connu de tout temps, non?

Arglider inclina la tête.

– Et votre travail, reprit l'Homme en Rouge, sera de trouver un démon, de le tuer et de le proclamer tout haut dans la Cité.

Arglider secoua la tête.

– Vous craignez cette mission? demanda l'Homme en Rouge.

Sa voix venait de se faire dure, terrible.

– Pas la mission, mais ses suites. Qu'adviendra-t-il de moi quand je révélerai avoir tué un démon? Nul n'a le droit de faire cela de son propre chef. Et le meurtre d'un démon implique que le meurtrier, ou le héros, avait une arme. Et l'Omnipotent a interdit les armes sur tout le territoire...

L'Homme en Rouge agita une main. Une main sèche, aux doigts immenses lourdement bagués de pierres.

– Enfantillages, Arglider, enfantillages! La Ligue de la Nuit n'a jamais joué ce tour à ses affiliés et serviteurs. Nous sommes liés corps et âme, maintenant. Votre mission exécutée, vous rejoindrez une chambre de repos de la Ligue et nous mettrons ensemble au point la suite des événements. L'Omnipotent n'est rien pour nous... Si vous pouviez réaliser cela très vite, combien tout serait plus facile!

Arglider haussa les épaules.

– J'ai vécu plus de vingt ans sous son empire, dit-il, et j'y vis encore même en étant ici, avec vous. Il est dur de demander cela, ne croyez-vous pas?

L'Homme en Rouge ne répondit pas. Il se tourna vers une paroi où étaient accrochés des plats de cuivre antiques et des pinces à l'utilité indéterminée. Un geste et une porte s'ouvrit. Un vieil homme en blouse particulièrement crasseuse s'inclina, le visage figé.

– Morena, tu vas conduire cet homme au-dehors. Près du Château si possible.

– Attendez, dit Arglider. Où trouverai-je un démon?

– Où ils sont, par milliers.

– Vous... vous voulez dire dans le Château?

– Près de l'Omnipotent, oui, et de sa douce fille. Là est aussi la clé de la lutte. Va en confiance, Benjad Arglider. Tu as été choisi pour un travail exceptionnel parce que tu es un sujet exceptionnel.

Malgré toute sa volonté d'impassibilité, Arglider ne put esquiver un frisson. La silhouette pourpre qui étendait le bras avait une certaine puissance théâtrale.

Il se retourna et suivit le vieil homme qui avait nom Morena à travers une succession de pièces minuscules et sombres. Les démons, déjà, semblaient y sommeiller.

2

Dans le quartier pauvre, il n'y avait pas de Fenêtre. Et les gens qui y vivaient entassés étaient obligés, chaque matin, de parcourir le long chemin entre le grand marché et le territoire qui leur était en quelque sorte réservé pour se ravitailler et rapporter quelques-uns des produits merveilleux qui arrivaient par les Fenêtres.

Morena, Arglider ignorait pourquoi, l'avait placé dans un étrange ascenseur baroque aux odeurs d'épicerie, qui avait surgi à la surface assez loin du Château.

Il se promit d'en parler à l'Homme en Rouge puis se rappela que celui-ci avait dit : « si possible » en donnant ses ordres au vieil homme. Pour l'instant, il n'avait donc qu'à marcher. Marcher entre les files de chariots bariolés qui servaient au transport des marchandises.

Un quartier sans Fenêtre était voué à la nuit. La nuit de l'ignorance, de la pauvreté, de la misère, loin de toute merveille, de toute découverte.

Et l'Omnipotent entretenait soigneusement cet état de choses. Il faisait pousser cette mauvaise herbe, ce jardin de poubelles, afin de pouvoir y reléguer ceux qu'ils craignait, ou détestait, ou méprisait. Peut-être, de tout temps, les dictateurs avaient-ils procédé ainsi. En tout cas, ici, dans le quartier pauvre de la Cité, ennemis, puissants et humbles se mouraient lentement.

Et sortir du quartier équivalait pour eux à un arrêt de

mort. Hors de cette jungle, en terrain découvert, ils rencontraient très vite les chiens de mort de l'Omnipotent ou même les mignons compagnons de sa fille...

Quartier sans Fenêtre où n'entraient pas plus les jours des autres mondes que l'éclat du soleil local. Quartier sans matin ni soir où les êtres en maraude permanente n'avaient pas de visage, pas d'identité réelle.

Arglider quitta le parc aux chariots et descendit une venelle étroite. Très loin au-dessus de lui, les toits se rejoignaient. Les linges séchaient, des statues baroques de démons servaient de gouttières ou d'étendages. Les boutiques étaient des grottes obscures entrecoupées parfois d'avancées de clarté où vagissaient des bêtes venues d'ailleurs, à l'âme sans doute moins laide que celle du marchand.

Pas un garde officiel entre ces murs, pas un soldat.

Des femmes accroupies ou appuyées à des totems où étaient gravées des obscénités. Des enfants terribles et sales lancés en des poursuites haineuses. Des jeunes gens cauteleux, vermineux et tendres, aux dorures de laquais, aux chantants effets de voix.

La venelle déboucha pourtant sur une artère presque importante. Arglider atteignait la limite du quartier. Là, ne s'aventuraient que ceux des maudits qui se sentaient pleins d'audace et délaissés par la haine pourtant tenace de l'Omnipotent.

Les boutiques y étaient plus crépusculaires que nocturnes et les femmes presque propres, avec des visages jeunes et tendus. Ici, on pouvait apercevoir des casques argentés et des armes en bandoulière.

Et des chars officiels passaient, deux ou trois fois par jour, rideaux baissés, roues vrombissantes dans le silence tendu alentour.

Comme Arglider s'aventurait sur la chaussée et levait les yeux pour découvrir enfin le ciel ouvert, un char arrivait précisément. Son conducteur, en grande livrée blanche et argent de l'Omnipotent, accéléra encore comme la lourde machine fonçait sur Arglider.

Celui-ci perçut le cri d'une femme derrière lui. Il détourna la tête et se lança en arrière d'un bond désespéré. Le char passa avec un grondement assourdissant et continua à la même allure au long de la voie.

Arglider se releva. Bien qu'il sentît le contact rassurant de l'arme de la Ligue, tout contre son corps, il ne pouvait s'empêcher d'être effrayé et surpris.

Il était impossible à un char de provoquer un accident. Le conducteur n'était là que pour l'apparat. En vérité, il était doublé par un complexe de conduite automatique qui était une merveille d'efficacité.

Il était impossible que le char ait risqué de l'écraser. A moins que son conducteur n'ait interrompu volontairement la conduite automatique, le temps d'accélérer.

Arglider regagna le trottoir. Ses pensées n'aboutissaient à rien, s'enchevêtrant dans une confusion noire.

Il aperçut alors la femme qui avait crié. Elle le regardait venir, encore pâle de frayeur, la bouche à demi entrouverte. Son kimono noir brodé de blanc n'était pas d'une femme du quartier pauvre. Elle appartenait certainement à l'autre territoire, celui qui commençait de l'autre côté.

– Merci, dit Arglider, sans vous, je crois qu'il me tuait!

– Il l'a fait exprès, n'est-ce pas? Il a essayé *volontairement* de... de vous tuer!

Elle était sous le coup d'une émotion intense. Sa voix tremblait. Autour d'eux, la foule bigarrée s'écoulait avec la lenteur d'un peuple désemparé, sans avenir immédiat. Un gosse pleurait à côté d'un grand jeune homme ivre qui avait roulé sur le trottoir.

– Je ne sais comment vous remercier, dit Arglider.

Il était embarrassé. La fille semblait prendre beaucoup trop à cœur ce qui venait de survenir. Et il ne désirait pas voir quiconque intervenir en sa faveur. Il avait beaucoup trop à faire, à penser, pour démêler cette histoire.

– Je ne veux pas que vous me remerciiez... Je désire simplement vous aider. Vous êtes... de la Ligue de la Nuit, n'est-ce pas ?

Il tendit la main, la posa sur son épaule. C'était un contact doux, agréable, après le froid qu'il venait d'éprouver.

– Quel que soit votre nom, dit-il, qui que vous soyez, je ne peux rien vous dire à ce sujet. Désirez-vous voir un char surgir aussitôt sur vous ?

Elle sourit.

– Je ne suis pas assez importante pour que l'Omnipotent s'occupe aussi vite, et aussi violemment, de ma personne. Par contre, vous semblez être un élément puissant pour qu'il utilise ainsi un véhicule de la Garde aux Dames.

Arglider fronça les sourcils.

– Ecoutez, dit-il, ne connaissez-vous pas un endroit où nous pourrions discuter plus longuement ? Vous semblez connaître nombre de choses que j'ignore...

Elle lui prit le bras soudain, avec fermeté et gentillesse, en souriant.

– Tout à côté. La boutique de Machonth... L'homme qui achète des rêves aux Fenêtres.

Le nom et le titre bizarre qui suivait n'inspiraient rien à Arglider. Il marcha aux côtés de la fille sans rien perdre de sa méfiance. Toutefois, une intuition nouvelle lui disait qu'elle saurait l'amener près du Château sans coup férir. Et là, il se mettrait en quête d'un démon.

La boutique était une forêt de lumières multicolores et Arglider s'aperçut en y avançant qu'il y régnait une chaleur lourde, humide, surprenante. Il s'attendait, en promenant les yeux entre les colonnades blanches, à trouver fougères et champignons vénéneux.

Mais il n'y avait là qu'un lourd tapis pourpre qui absorbait le bruit des pas. La boutique était un monde de silence.

– Bienvenue... et bonjour à vous, Demoiselle Tomas.

Arglider découvrit une silhouette repliée, tassée, qui tendait une main grasse et luisante. Mais le nom de sa compagne venait de le faire sursauter. Les Tomas étaient une famille importante du pays et l'on murmurait que l'Omnipotent avait confié bien des secrets au père.

– En effet, je suis Yole Tomas, murmura-t-elle.

Elle s'était penchée vers lui, parlant près de son oreille. Instinctivement, il renforça la barrière de méfiance qui menaçait de disparaître. Cette fille avait du charme mais son origine invitait à plus de circonspection.

Il se contenta d'incliner la tête.

– Je ne vois pas ce qui vous a fait vous intéresser à mon humble sort, Demoiselle.

Elle rit. Un rire silencieux, nerveux.

– Suivons Machonth et je vous l'apprendrai. De toute manière, sa boutique recèle des choses fort étonnantes.

Ils passèrent deux rideaux intangibles – fluctuations de champs de force – et surgirent dans un endroit beaucoup plus vaste que la boutique. Le plafond, qu'Arglider cherchait des yeux, était à une hauteur inouïe. Il pensa que ce devait être un effet d'optique habile car le bâtiment, comme tous ceux qui bordaient l'avenue, était peu élevé.

– Au fond, dit Yole, en tendant une main fine, ce sont les Fenêtres.

Arglider n'y avait pas prêté attention. Mais maintenant, il reconnaissait les grandes lignes du dispositif. Celui-ci était à demi masqué, décoré, ouvragé, pour ne conserver qu'une vague apparence magique, propre à tenter le client.

Machonth s'était retourné et le fixait avec un sourire narquois.

– Cela vous étonne, n'est-ce pas? Première fois que vous entendez parler d'une utilisation non matérielle des Fenêtres...

Il inclina la tête et s'avança.

– Je vends des rêves, poursuivit Machonth, ou, du

moins, les clients appellent cela des rêves. Mais vous savez comme moi que les Fenêtres, mises au point sous le Califat, il y a trois siècles, correspondent avec d'autres mondes sous l'effet d'une certaine distorsion de l'espace.

Arglider eut un geste évasif.

– Eh bien, je me contente de placer le client sur ces autres mondes après l'avoir convenablement protégé et rassuré... Désirez-vous faire un essai?

Arglider fronça les sourcils. Il se durcissait de plus en plus.

– Non, dit-il, non merci. Je préfère encore la réalité. Celle de la Cité, veux-je dire...

Machonth s'inclina.

– Pouvez-vous nous laisser? demanda Yole Tomas.

Le bonhomme obtempéra. Mais Arglider avait remarqué la déférence de la requête de la Demoiselle. Fallait-il y voir la trace d'une puissance occulte chez le boutiquier des rêves?

Beaucoup de questions, en vérité. Et qui ne paraissaient pas en rapport avec la quête d'un démon.

– Maintenant, dit la Demoiselle Tomas, dites-moi quelle était votre mission pour la Ligue de la Nuit.

Il recula de deux pas, se demandant si elle était sérieuse.

– Mais... je ne peux répondre à une telle question! Je suis seul en cette aventure et j'y demeurerai...

– Oubliez que ma famille est proche de l'Omnipotent. Je sais, je vous l'ai dit, des choses qui vous seraient d'une aide précieuse. Par exemple, le véhicule qui a cherché à vous tuer, il y a un instant, appartient à la Garde aux Dames. Son conducteur était un certain...

Il attendait le nom mais elle se tut et sourit.

– Croyez-vous que je vais vous livrer des renseignements sans que nous ayons conclu un accord?

Il haussa les épaules et fit mine de repartir.

– Attendez! Où croyez-vous aller?

– Je continue mon travail, Demoiselle...

– Vous êtes bien naïf pour ne pas savoir que la Ligue sacrifie tous ses agents dans de telles aventures. J'ignore pourquoi elle poursuit ce jeu mais le fait est là... Jamais la Ligue de la Nuit n'a enregistré un véritable triomphe, jamais!

– Qui me prouve que vous ne mentez pas? Qui me prouve que vous n'êtes pas à la solde de l'Omnipotent?

– Si cela était, Benjad Arglider, je vous aurais déjà tué.

Elle avait parlé d'une voix lente, glacée. Il se retourna. Comment savait-elle son nom? Jusqu'où allait sa puissance?

– Et simplement parce que vous savez qui je suis et que ma vie est menacée, vous estimez avoir le droit de recueillir mes confidences?

Elle inclina sa jolie tête.

– N'estimez-vous pas, vous-même, que c'est suffisant?

– Non! Je voudrais simplement savoir ce que vous êtes, vous, Yole Tomas, et ce que vous escomptez en vous mêlant à mes affaires...

– Soit! Je vais vous le dire...

A ce moment, un bruit de pas retentit dans la grande pièce. La jeune femme se retourna et pâlit.

– Vite! s'écria-t-elle. Les voilà déjà!

– Mais qui?

– Vos ennemis... Si vous n'êtes pas assez grand pour savoir qui ils sont, je...

Il était trop tard. Machonth surgit et s'effondra, projeté par une poigne violente. Cinq gardes en tenue argentée pénétrèrent dans la pièce, l'arme au poing.

Mais Arglider avait déjà sorti l'étonnant revolver de la Ligue. Il bondit vers les Fenêtres en tirant sur les gardes. L'un d'eux tomba en lâchant son arme.

Il y avait une seule issue et Arglider l'emprunta. Au moment où il se laissait choir dans la terrifiante ouverture, il entendit la voix de Yole Tomas qui criait :

– Vers le Château, Benjad!

3

« Vers le Château! continuait-il de penser. Vers le Château! » Mais ce n'était plus qu'un réflexe, un leitmotiv qui se tarissait déjà.

Car il n'y avait plus, désormais, de points de repère. Disparue la Cité, balayée la garde de l'Omnipotent. Un silence pourpre était la réalité d'un monde à l'horizon trop proche.

Et une chaleur de serre. Les yeux d'Arglider glissaient sur chaque objet précis, évitant les terribles reflets de lumière. Quant au soleil au zénith, il préférait ne pas chercher à deviner sa teinte. Sa taille, en tout cas, devait être importante.

Des pans de rochers d'un incarnat bizarre, pareils à des morceaux de chair figés et dressés, trouaient le déploiement rose et orangé d'une savane.

Mais, après quelques pas, Arglider douta de la présence réelle d'une herbe. Les brins étaient trop durs, trop brillants. Et ils tintaient en se redressant, s'enchevêtraient avec des échos.

« J'y suis! se dit-il. Colzid a fait allusion à cet endroit dans une de ses ballades! »

Cette révélation le stupéfia. Ainsi, Colzid avait été chercher l'inspiration de son art merveilleux en des lieux comme la boutique de Machonth!

Et la prairie de fer balance
Le souvenir des nuages
Aux pâturages de musique
Sous le ciel sauvage...

Il fit quelques pas encore, et les brins tintèrent, chantèrent. Ils étaient l'unique source de son en cet univers d'ouate rosâtre. La prairie de fer, les pâturages de musique.

Où aller maintenant? Il avait échappé aux gardes de l'Omnipotent par la seule voie libre. Mais il était si loin de la Cité, de la Ligue de la Nuit, qu'il semblait impossible de jamais pouvoir y revenir.

Yole Tomas, pourtant, avait dit : vers le Château!

Il devait donc s'efforcer de recréer le plan de la ville tout autour de lui, de le surimpressionner aux roches charnues et à la savane musicale.

Vers le Château se trouvaient les grandes Fenêtres qui apportaient à l'Omnipotent la masse de ses richesses. Il devait y en avoir une correspondant à ce monde-ci. Il lui suffisait de marcher sans se laisser troubler. Tôt ou tard, il resurgirait aux abords du Château. Et il poursuivrait sa quête. Envers et contre tous.

Il se retourna. La Fenêtre par laquelle il avait pénétré dans le monde pourpre était désormais indécelable. De l'autre côté, pourtant, à des éternités de distance, les gardes devaient attendre. A moins qu'ils ne se décident à venir le rejoindre. Il secoua la tête : ils n'étaient jamais que des mercenaires peu enclins à risquer leur vie.

Prudemment, Arglider commença à s'éloigner en droite ligne de l'endroit supposé où existait une ligne de fracture dans l'espace.

Peu à peu, il ne prit plus garde au tintinnabulement des milliers de brins. Sous ses pas, le sol lui-même était sec, dur. Il arriva à proximité d'un des rochers-îlots et tendit la main. C'était tiède et... il retira la main. Le rocher n'était pas dur, pas vraiment. Et il y avait de fortes chances que ce ne fût pas réellement un rocher.

Qu'avait dit le grand Colzid après l'allusion aux pâturages de musique? Arglider essaya de se souvenir. Il était certain qu'il y avait quelque chose, à ce propos. Voyons...

Un mouvement dans le ciel interrompit ses réflexions. Presque aussitôt, la lumière se mit à diminuer. Le paysage tout entier prit des allures crépusculaires. Arglider mit une main en abat-jour sur son front. Vraisemblablement, une ou deux lunes de la planète passaient devant le soleil. Il entrevit leur ombre, glissant rapidement. L'éclipse ne durerait pas longtemps.

Le sol vacilla, frémit. Arglider craignit de perdre l'équilibre et tendit la main pour s'agripper au rocher écarlate.

Mais le rocher n'était plus là. Et Arglider tomba de tout son long. Il se releva d'un bond, le cœur battant à coups désordonnés. Etait-ce le sol qui l'avait éloigné de l'étrange rocher rouge? Ou bien ce dernier s'était-il déplacé... seul?

Il se mit à courir au moment où une nouvelle secousse ébranlait le sol. Du coin de l'œil, il entrevit vaguement un autre rocher-îlot qui... Mais ç'avait pu être une illusion, un effet de la vitesse à laquelle lui-même se déplaçait.

Et la flamboyante lumière revint. Arglider s'arrêta. Tout retournait au calme, soudain. Plus la moindre vibration.

C'est alors qu'il aperçut trois silhouettes humaines. Les hommes portaient la tenue brune des ouvriers attachés au Château et ils étaient occupés à ranger soigneusement des caisses sur un curieux échafaudage de métal blanc.

Arglider s'accroupit. Il n'eut pas à attendre longtemps avant de voir l'échafaudage disparaître spontanément comme dissous dans l'air.

Les trois hommes restèrent. Ils semblaient attendre, poursuivre leur travail, sans prêter la moindre attention à l'étrange paysage.

« Tant qu'ils resteront là, pensa Arglider, je ne pourrai pas bouger! »

La Fenêtre devait correspondre aux abords du Château. Peut-être même à l'intérieur. Il faudrait agir vite, ne pas s'arrêter une fois de l'autre côté.

Subitement, Arglider comprit que le passage dans le monde pourpre représentait une interruption, une trêve dans la trame dangereuse des événements. Ceux à venir, surtout.

Il s'allongea parmi les brins musicaux et ne tarda pas à fermer les yeux.

L'Homme en Rouge lui avait dit de tuer un démon. Avait-on une seule fois déjà demandé semblable tâche à une recrue de la Ligue?

Et comment pouvait-il y avoir des démons dans le Château? Comment l'Omnipotent, abrité comme il l'était de tout danger, pouvait-il tolérer le voisinage du pire de tous?

La pensée d'Arglider s'arrêta à la jeune femme. Yole était d'une grande famille, proche de l'Omnipotent. Et elle avait paru savoir beaucoup de choses. Par exemple que chaque mission de la Ligue de la Nuit était un échec.

« Impossible, se dit-il, complètement impossible! La Ligue est la seule organisation qui ait jamais réussi à faire trembler l'Omnipotent, à provoquer une réaction de sa part! Pourquoi aurait-il déjà donné l'ordre de me tuer si je n'avais pas une chance de réussir? »

Peut-être parce qu'il devait tuer un démon. Et l'Omnipotent protégeait peut-être les démons...

Non, les Faiseurs d'Ames n'avaient pas été les bienfaiteurs du monde, songea Arglider. En créant les démons, ils avaient enlevé une étincelle à l'humanité et avaient suscité la pire des tyrannies.

Arglider prit conscience du changement qui s'était effectué autour de lui. Le ciel, couleur lie-de-vin, avait maintenant un aspect menaçant et lourd. Il roulait des vagues de noirceur et des taches rouges qui évoquaient des caillots de sang.

Et il y avait autre chose. Du vent. Une brise très froide qui faisait s'incliner et murmurer toute la savane.

Arglider se redressa. Les hommes en tenue brune n'étaient plus là. Seul demeurait l'échafaudage, inquiétant dans le crépuscule de ce monde étranger.

En pivotant sur lui-même, Arglider s'efforça de préciser l'origine de l'angoisse qu'il ressentait soudain. Bien sûr, le paysage de ce monde, déjà insolite au jour, devenait presque cauchemaresque avec l'apparition des ombres, des faux jours cramoisis. Mais cela ne suffisait pas à expliquer... Par exemple, la disparition soudaine des hommes. Jusque-là, ils avaient empilé des caisses de produits mytérieux à destination du Château. Et à présent, leur activité avait cessé. Pour quelle raison ?

Les jours et les nuits de ce monde et de la Terre avaient bien peu de chances de correspondre. Et dans la Cité, il devait faire jour, encore.

Arglider marcha à pas lents jusqu'à proximité de l'échafaudage. Il s'arrêta quand il estima n'être plus qu'à trois mètres à peine de la Fenêtre indécelable. Indécelable ? Non, les empreintes de pas sur le sol nu disparaissaient selon une ligne droite, longue de plus d'un mètre.

Il se baissa, ramassa un minuscule caillou noir et le lança. Le caillou disparut soudain, éclipsé dans la fracture spatiale.

« A mon tour ! » se dit Arglider. Il fit un pas.

Et tomba en arrière parce que le sol frémissait à nouveau, comme lors de l'éclipse.

Et cette fois, cela semblait plus sérieux. A plat ventre, Arglider chercha à progresser en avant. Coûte que coûte, il fallait quitter cet endroit dangereux. Même l'idée de surgir couché aux yeux d'éventuels gardes ne lui paraissait pas redoutable.

Une véritable explosion retentit dans les profondeurs. Et la savane où Arglider avait surgi en provenance de la boutique de Machonth parut se convulser, s'élever vers le ciel sombre avec des frémissements d'animal caressant.

« C'est cela ! pensa Arglider. C'est exactement cela ! »

Tout à coup, il se rappelait la suite du poème de Colzid :

Aux pâturages de musique
Sous le ciel sauvage
A la toison chantante
Du plus bel animal

Qu'un univers de sang
Ait jamais vu furieux.

C'était le plus bel animal de Colzid qui se gonflait à présent. Et peut-être était-il si vaste qu'Arglider était encore sur lui en cet instant?

L'idée lui donna un tel choc, une telle frayeur, qu'il s'élança en avant, se détendant comme un ressort.

Une fugace sensation de vertige accompagnée d'une nausée.

Il se retrouva étendu sur une masse tiède, crissante, qu'il identifia aussitôt comme un véritable gerbier d'herbe de la savane. Ou plutôt, *du poil de l'animal gigantesque qui occupait le monde pourpre!*

Il se dressa rapidement et sauta dans l'ombre.

Il était de retour dans la Cité et, vraisemblablement, dans le hangar où les hommes en brun gardaient la récolte de la journée.

Mais quelle pouvait être l'utilité des brins musicaux?

L'important était en tout cas pour Arglider de se trouver maintenant, bien qu'avec un léger retard, dans l'enceinte du Château.

L'Homme en Rouge ne serait pas déçu.

4

Comme il l'avait prévu, le soleil n'était pas encore couché sur la Cité. Dans un angle du curieux hangar aux parois de pierre froide, il y avait une fenêtre en ogive, comme toutes celles du Château. Arglider jeta un bref coup d'œil. La succession des toits lisses, reflétant l'eau veinée de jaune du ciel, avait un effet presque hypnotique sur n'importe quel observateur.

Assez loin, il entrevit l'avenue de frontière qui bornait

le quartier pauvre où était la boutique de Machonth. Il estima que, sur le monde pourpre, il n'avait pas parcouru un aussi long chemin. Rien d'étonnant, cependant, à ce que les distances n'aient pas plus de correspondance que les intervalles de temps.

S'éloignant de la fenêtre, Arglider trouva un panneau portant une foule de commutateurs. Aucune indication d'usage n'y figurait et il prit le risque de faire des essais. Au second, un panneau glissa avec un ronronnement sourd.

Au delà, un couloir éclairé de bleu filait vers les profondeurs du Château.

Tout d'abord, Arglider ne sut pas si ce qu'il entendait était réellement de la musique ou seulement l'effet produit en lui par une rumeur venue de l'extérieur, bruit de foule ou cris.

Il marchait depuis des éternités, lui semblait-il. Et bien qu'il sût, comme tout habitant de la Cité, que le Château était immense, il commençait à ressentir une certaine angoisse. D'ailleurs, il n'avait rencontré absolument personne. Parfois, une voix venue de derrière une paroi ou une porte l'avait fait se dissimuler. Mais où étaient les machines-servantes de l'Omnipotent, et les gardes qui auraient dû foisonner?

Et maintenant... cette musique. Encore lointaine, voilée par instants comme la lueur d'une étoile, elle coulait en flots ou rebondissait avec des jaillissements étincelants.

Arglider suivait un couloir étroit, au sol couvert de fourrure noire et blanche. De loin en loin, des statuettes de métal, fixées au mur, tenaient des flambeaux d'éblouissante lumière.

« Où vais-je ainsi? pensa-t-il. Que ferai-je si quelqu'un surgit maintenant? A cet instant précis? Comment puis-je espérer trouver un démon en cet endroit de luxe d'où la souffrance a été bannie? »

Comme pour répondre à ses questions, la musique se

faisait de plus en plus proche, désirable et douce. Jamais il n'en avait entendu de semblable. Elle était attirante à l'âme comme une femme pouvait l'être au corps.

Tout à coup, Arglider se trouva devant une porte entrebâillée, sur la droite. La lumière qui en filtrait était dorée, d'un ton timide auprès de celle du couloir.

Il n'eut qu'un geste distrait pour vérifier la présence de l'arme dans sa tunique et poussa doucement la porte. Celle-ci pivota sans bruit et Arglider découvrit un étonnant spectacle.

Une pâle jeune fille aux cheveux d'un roux flamboyant était assise devant un meuble bas. Un instrument de musique, en fait. Mais les touches ou les cordes étaient ici remplacées par les brins de la savane du monde pourpre, la toison de l'effarant géant.

La musique cessa comme la jeune fille se tournait vers Arglider. Il n'avait pourtant pas fait de bruit. Il restait immobile sur le seuil, retenant sa respiration, regrettant qu'elle eût cessé de faire courir ses doigts sur les tiges cristallines.

– Vous aimez cette musique? demanda-t-elle.

Elle avait une bouche aux lèvres pâles. Pâles et pleines. Et sa question avait plutôt été une affirmation.

Il inclina la tête. Au fond de lui, il se trouvait stupide. Du moins commençait-il à reprendre un rien d'esprit critique. D'abord, il n'aurait pas dû se trouver ici. Il était au cœur du Château et, à n'importe quel instant, la garde pouvait intervenir...

– Vous êtes le premier, soupira-t-elle.

Il ne comprenait pas ce qu'elle voulait dire et il s'avança. D'un seul coup, son contrôle lui revenait. Il se demanda s'il devait brandir son arme sous le nez de la frêle enfant avant qu'elle déclenche un signal. Mais c'était peut-être déjà trop tard...

– Comment... comment s'appelait ce morceau? demanda-t-il, étonné lui-même de s'entendre poser une telle question, en un tel endroit.

– Le premier Nocturne pour Démons... Je l'ai composé il y a un an.

Le mot « démons » agit aussitôt sur lui. La jeune musicienne, à son grand étonnement, ne parut pas effrayée par le revolver au long canon.

– Si vous savez qui je suis, murmura-t-il, il est inutile pour moi de continuer à me cacher.

– Je sais qui vous êtes, en effet, mais vous, par contre, vous semblez l'ignorer... Est-ce que je me trompe?

Il secoua la tête.

– Vous essayez de me tromper, Demoiselle, et c'est très mal, savez-vous? Continuez à jouer.

Elle hésita, l'espace d'une seconde, puis ses doigts touchèrent quelques tiges qui vibrèrent en émettant des notes suraiguës. La mélodie qu'elle interpréta alors n'évoquait en rien l'étrange musique qui avait attiré Arglider.

– Mon seul regret, dit-il, est d'avoir à vous... annihiler pour quelques instants.

Elle ne parut pas avoir entendu. Elle le regardait en souriant. Très jolie, son visage tout blanc pareil à une figurine très ancienne.

Il régla le curseur de l'arme, l'éleva lentement.

– Vous savez, je ne risque pas de donner l'alarme.

Il interrompit son geste.

– Je suis punie, poursuivit-elle, comme une véritable enfant. Mon père est aussi dur avec les siens qu'avec le monde entier...

La phrase se grava en lui avec un léger retard.

– Comment? dit-il.

– Mon père est l'Omnipotent Marvitch. Ne le saviez-vous pas?

Il secoua la tête.

– J'ai encore deux jours à passer ici sans voir personne. Mais, même lorsque je serai rentrée en grâce, je ne parlerai pas de vous. Et d'ailleurs, vous serez certainement mort...

Une véritable nausée, mêlée de colère, gagna Arglider.

– Ça suffit! (Il recula vers la porte.) Ça suffit, vous entendez?

Elle s'était remise à jouer. Un air sans importance. Et il se sentit incroyablement soulagé qu'elle n'ait pas joué... autre chose.

Il s'enfuit littéralement, courut dans le couloir, ses pas absorbés par l'épaisse fourrure.

Non, il ne fallait pas qu'il reste plus longtemps dans cette zone du Château. Les démons, si tant était vrai qu'il y en eût dans l'entourage de l'Omnipotent, devaient être ailleurs. Sans doute plus bas, à l'étage de l'enfer.

Des escaliers et d'étonnants paliers de marbre noir où des cages numérotées attendaient. Arglider apprit bien vite que les chiffres correspondaient aux différents niveaux.

A un moment, il se décida à emprunter une cage marquée 185. Et la descente dura l'éternité. La cage passait à tous les étages, éclairée à chaque fois par une lumière différente. Arglider, ses mains rivées aux barreaux dorés, avait l'impression de surprendre mille et un interdits. Visions de chambres intimes, harems de la cour. Salles de jugement au style vraiment funèbre. Salles d'exécution. A un moment, il crut même apercevoir une haute silhouette drapée dans toutes les couleurs de l'arc-en-ciel. Mais le Château était une boîte à mirages et l'Omnipotent Marvitch adorait projeter son image en différents endroits. L'illusion de l'ubiquité créait chez lui l'illusion de l'invulnérabilité.

Et la descente d'Arglider se poursuivit bien au delà du niveau du sol. Il passa des étages où régnait un abandon visible. D'autres où s'empilaient des archives dans lesquelles maint adversaire de l'Omnipotent eût aimé plonger son regard.

Mais la Ligue de la Nuit exigeait plus, surtout pour les examens de passage.

Quand la cage s'immobilisa, Arglider sortit dans un couloir froid dont les murs suintaient d'humidité. L'éclairage était pauvre à ce niveau. En fait, le Château était si vaste que la vie s'y maintenait dans certaines zones qui changeaient suivant de longues périodes.

Ici, l'Omnipotent avait fort bien pu installer ses prisons et y enfermer ceux de ses proches qu'il avait découvert moins purs qu'il ne le croyait.

Mais Arglider découvrit au bout du couloir que cette partie souterraine, cet enfer, était peuplé.

Il plongea au sol d'extrême justesse quand il perçut un reflet, sur le mur humide. En roulant par terre, il tira deux fois, au jugé. Son adversaire s'effondra. Arglider vit en s'approchant qu'il était horriblement brûlé à la poitrine.

– Laissez-le... Il était particulièrement mauvais!

Il frémit, chercha son nouvel ennemi. Mais il découvrit un vieillard aux mains vides qui hochait pensivement la tête en considérant le corps recroquevillé.

– Pourquoi... pourquoi a-t-il tiré sur moi? demanda Arglider.

– Parce qu'il ne vous connaissait pas... En fait, Glédor a toujours été un tueur.

– Et vous... qui êtes-vous?

– Je suis Colzid.

Arglider sursauta. Mais le vieil homme tendit la main.

– Oh! non. Ne pensez pas à Colzid le grand, le poète. Je suis son fils, seulement son fils. Mais, dites-moi, je pourrais vous interroger aussi, ne croyez-vous pas?

Arglider fit un pas en arrière et s'adossa à la paroi.

– Je suis prêt à tuer quiconque s'opposera à ma mission, gronda-t-il. Même votre âge ne m'arrêtera pas, Colzid!

Le vieil homme leva une main apaisante.

– Nous avons tous une mission, dit-il. Du moins, nous *avions* tous une mission.

– Que voulez-vous dire?

Colzid tendit une main, la posa sur l'épaule d'Arglider.

– Venez avec moi, et maîtrisez-vous. Les choses que vous allez découvrir à partir de maintenant risquent de vous troubler fortement.

Intrigué mais toujours sur ses gardes, Arglider suivit Colzid.

Que se passait-il au Château de l'Omnipotent?

Qu'était cette jungle de couloirs humides où des hommes guettaient, l'arme à la main? Et les démons dont l'Homme en Rouge avait parlé... Où se terraient-ils?

Arglider interrompit ses pensées en voyant que son guide s'engageait maintenant sous de véritables frondaisons de lumière. Des franges colorées qui venaient du haut, ou plutôt de nulle part car elles se perdaient en un étrange mélange de teintes mordorées.

– Attendez! s'écria-t-il. Qu'est-ce encore que...?

– Venez! Ne savez-vous donc pas reconnaître un champ de force?

La voix de Colzid s'était faite tranchante, sévère. La main qu'il tendit, longue et nerveuse, évoquait les serres d'un rapace. A contrecœur, Arglider fit un pas sous le phénomène lumineux et ne constata rien de particulièrement inquiétant. La température semblait seulement s'élever de quelques degrés, ce qui n'était pas désagréable. De l'autre côté, il y avait une salle. Vaste, extraordinairement basse de plafond, elle ne comportait qu'une seule espèce de meuble : des fauteuils. Des dizaines et des dizaines, de tous styles. Et dans presque tous, des hommes et des femmes, immobiles, muets, fixaient les nouveaux arrivants. L'effet produit était angoissant et Arglider ne put s'empêcher de faire un mouvement en direction de son arme.

– Soyez plus calme, murmura Colzid à son oreille, car ce sont vos pareils, vos futurs frères de tous les jours. Les hommes qui aident à faire le monde!

Alors seulement, avec un léger sentiment de honte pour le temps mis à en arriver à cette conclusion, Arglider pensa qu'il était pris au piège. Et il voulut fuir. Mais les regards étaient tous fixés *sur* lui, à présent, *dans* lui, et il lui était impossible de bouger, à jamais. Il sombra dans la nuit, lentement.

5

– Benjad Arglider! Benjad Arglider!

Il émergea d'un néant obscur, à faire oublier toutes les nuits. Un néant où il n'avait ressenti ni peine ni satisfaction. Mais à présent, peut-être était-il plus reposé, prêt à affronter le pire. A voir s'effondrer mille concepts et un million de souvenirs imposés.

– Benjad Arglider! Benjad Arglider! disait Colzid.

C'était, du moins, la voix de Colzid. Le fils du grand poète qui avait chanté un monde pourpre et la vie gigantesque qui...

– Benjad Arglider, réponds à mes questions!

Il ne savait pas ce qu'il convenait de faire. Et il était trop occupé à reprendre pied dans la vie, chancelant au bord du gouffre de noirceur qui n'avait pas été la mort, après tout, mais une chose plus douce, bien plus douce.

Pourtant, il dut donner un signe de connaissance car la première question vint :

– Qu'est-ce que la Ligue de la Nuit?

Difficile de trouver puis de former les mots, volontairement, fermement, sans que ce soit un réflexe. Mais ils n'en avaient que plus de saveur.

– Une organisation visant à la destruction du pouvoir de l'Omnipotent.

– Que reprochez-vous à l'Omnipotent?

– D'exercer un contrôle permanent sur l'ensemble du pays et... de posséder chaque chose, chaque être, quand il le désire...

– N'est-ce pas là le propre de tous les régimes?

Il fallait faire appel à des souvenirs, des connaissances précises.

– Non. Il a existé des gouvernements basés sur la... réciprocité.

– Qu'est-ce que la réciprocité?

– Le gouvernement ordonne mais sur la base des impulsions profondes du peuple.

– Peut-on dégager une impulsion principale d'un peuple de plusieurs millions d'êtres différents?

– Je... je ne sais pas. Je pense que oui.

– Non! La réponse est non, Benjad Arglider. Maintenant, savez-vous qui étaient les Faiseurs d'Ames et ce qu'ils ont fait, exactement?

A nouveau, les connaissances, les souvenirs.

– Les premiers Faiseurs d'Ames étaient des... psychotechniciens et des... occultistes. Ils apparurent à la suite des Croisades Manichéennes pour combattre la Fièvre Mondiale qui s'exerçait contre... contre le Mal.

– Qu'était-ce que le Mal pour les gens de cette époque?

– La science qui avait amené les destructions, la haine, la violence, les passions...

– Quoi encore?

Les deux mots avaient touché un point sensible. Tout au fond d'Arglider, quelque chose souffrait, soudain. Mais il dit la réponse :

– Les... Certains êtres étrangers. Des autres mondes.

– Et que firent les Faiseurs d'Ames? Continuez!

– Ils trouvèrent le moyen... d'enfermer le Mal, les passions. De les concentrer chez certains êtres choisis spécialement. Comme les sorciers qui étaient capables de promener une souffrance sur plusieurs personnes.

– Et comment appela-t-on désormais ces êtres qui

portaient le Mal dont était débarrassé le reste de l'humanité?

– Les démons, les *démons!* Mais...

– Qu'advint-il du monde, alors?

– Il devint pacifique, sans révolte. Et le premier Omnipotent prit le pouvoir. Les Faiseurs d'Ames n'ont pas guéri l'humanité, ils n'ont fait que l'asservir et...

– Cela suffit! Benjad Arglider, pourquoi avez-vous contacté la Ligue de la Nuit?

– Pour lutter contre l'Omnipotent.

– Quelle était votre mission?

– Tuer un démon... *tuer un démon!*

Maintenant, il souffrait vraiment. Il aurait voulu sortir de là, retomber dans le gouffre.

– Quel aspect prêtiez-vous aux démons?

– Ce sont des êtres des autres mondes! Ce sont des monstres, des étrangetés que l'on dit rôder la nuit dans les faubourgs! Les Faiseurs d'Ames n'auraient jamais eu la cruauté de choisir des humains pour y enfermer le Mal! Jamais!

– Ils l'ont eue, pourtant!

Il avait dit « Comment? » ou un autre mot. En tout cas, il avait voulu exprimer son incrédulité. Maintenant, la nuit se dissipait comme si son émotion agissait sur la réalité.

Il vit des visages. Ceux des hommes et des femmes assis dans les fauteuils. Leurs yeux étaient brillants, brûlants. Ils évoquaient quelque chose.

– La Ligue de la Nuit n'existe pas, reprit Colzid, du moins pas comme vous l'avez imaginée. Elle n'est qu'une police particulière de l'Omnipotent. En fait, la plus importante. Car celui qui la dirige, l'Homme en Rouge, n'est autre que l'Omnipotent lui-même.

– Non!

– La Ligue est une organisation de sélection. Convenez avec moi, Arglider, qu'il faut avoir en soi une certaine dose de passion, de Mal, pour se présenter comme candidat...

Il ne répondit pas. Tout ce qu'il voulait, c'était réfuter en bloc tout ce que disait Colzid.

– Et il faut encore plus de passion pour approcher le Château, faire un détour par le monde pourpre et menacer la fille de l'Omnipotent...

Comment savait-il tout cela? pensa-t-il. Comment cet homme l'avait-il manié, lui, Arglider, comme un vulgaire pantin?

– Convenez avec moi qu'il serait dangereux de laisser libre cette voie d'accès au Château que vous avez empruntée si, justement, ceux qui la suivent n'étaient sous le contrôle de l'Omnipotent!

Oui, bien sûr, il n'avait pas assez réfléchi à cela. Mais il devait y avoir une solution, une autre solution...

Et soudain, il vit un visage. Un visage de femme qu'il se rappelait très nettement. Il avait cru lui devoir la vie. Mais il lui devait l'enfer où il était maintenant.

Yole Tomas le regardait aussi fixement que tous les autres êtres. Tous ses frères et sœurs...

– La Ligue ne vise qu'à une chose, reprit Colzid. Reconnaître et recueillir parmi nous ceux qui étaient seuls, égarés avec leur fardeau. En vérité, oui, les Faiseurs d'Ames ont fait une grave erreur. L'humanité ne peut progresser sans la violence, sans la haine, sans l'agressivité. L'acte sexuel est un acte de guerre. La recherche pour le progrès est une violence, un combat.

» Ce qui fait que le plus grand démon de ce monde est à présent l'Omnipotent... Et que, pour l'aider dans sa tâche, il faut d'autres démons.

» En nous, il y a du Mal. Il y a des passions, de la folie. Mais surtout l'instinct de la défense. En vérité, qui eût dit, un jour, que les loups garderaient les moutons?

– Non! cria Arglider. Tout cela est faux. Parce que je ne peux pas, moi!

Il voulait son arme pour s'en servir. Si tous ces hommes et ces femmes étaient des démons, alors il remplirait sa mission comme jamais l'Homme en Rouge n'avait pu l'espérer.

– Je vous déteste, cria-t-il encore, je vous déteste tous!

Alors, ils sourirent. Et il comprit qu'il leur donnait la plus éclatante des preuves.

Et il était libre. Et ailleurs. En dehors de la salle aux innombrables fauteuils. En dehors de l'enfer.

On l'avait sûrement placé là à dessein, pensa-t-il. Mais il était si doux de marcher dans la lumière, de se dire que l'on possédait assez de haine pour frapper quiconque se présenterait et lui hurler au visage...

« Je ne suis pas des leurs! se répétait-il. Je ne serai jamais des leurs! »

Mais en même temps, il connaissait avec certitude une réponse intérieure, un écho. Et c'était un vide, une sensation d'édifice brisé, effondré.

Mais en même temps il examinait sa véritable nature révélée et se familiarisait avec elle.

Mais en même temps il marchait vers un endroit précis.

Une source de musique.

C'était la nuit au-dehors, sur la Cité et sur une moitié du monde.

Mais ici, il n'y avait pas de jour et pas de nuit. Il n'y avait que cette musique pour l'instant, insistante et belle, liquide et toujours renouvelée.

Il entra dans la pièce et vit que la jeune fille était toujours devant l'instrument, ses doigts caressant les brins flexibles avec la même tendresse inspirée.

C'était aussi le même air. Le premier Nocturne pour Démons.

Qui attirait irrésistiblement les démons, parce qu'eux seuls connaissaient la beauté.

– Bonsoir, Sœur! dit Benjad Arglider.

Et il s'assit à ses pieds tandis qu'elle lui souriait.

CÉPHÉIDE

Thorazo entra silencieusement dans la chambre et le panneau se referma derrière lui. Tout en s'asseyant au chevet de Murelki, il pressa sur le contact de l'enregistreur à cristal. Tout ce qui allait être dit devait être dûment transcrit et conservé pour les archives, même si Murelki était un dément, et cela Thorazo ne le croyait pas.

– Murelki?

Le navigateur ouvrit les yeux. Il offrait un visage nettement plus humain que lors de son admission à l'hôpital, deux jours plus tôt. Ses blessures s'étaient rapidement cicatrisées et son œil gauche était de nouveau valide. Il sourit à Thorazo.

– L'Inquisition? dit-il.

– C'est exact, je suis l'Inquisition, dit Thorazo, mais une Inquisition qui ne vous ennuiera pas longtemps parce qu'elle vous croit.

Une expression d'incrédulité traversa le regard de Murelki.

– Bon sang! souffla-t-il enfin, j'espère que vous ne plaisantez pas, officier.

– Pas du tout, Murelki... et je ne suis pas officier.

– Non?

– Je suis civil, navigateur du Relevé Cosmique.

– Oh! je comprends... Cela m'étonnait, aussi, que le Relevé ne soit pas encore mêlé à cette histoire.

– C'est fait, dit Thorazo.

– Et vous me croyez? Vous croyez tout ce que j'ai dit?

L'homme du Relevé Cosmique regarda vers la baie. Au delà, on apercevait les eaux violines de l'océan et les quais de mosaïque du Cheldiron-Port. L'été de Cheldiron flamboyait dans chaque rouleau de vagues, dans chaque caillou translucide posé sur la mince plage de sulfate.

– Murelki, si je vous crois, il faut que vous fassiez de même. Ce qui compte, dans cette histoire, ce n'est ni vous ni moi, mais cette planète de la Lyre.

Murelki souffla lentement. Il y avait encore des signes de fatigue dans son visage maigre. Thorazo pensait que le navigateur avait dû autant souffrir mentalement que physiquement.

– C'est bien, monsieur l'Inquisiteur, c'est très bien ce que vous dites. Vous voulez que je répète mon histoire?

– L'essentiel seulement, je vous enregistre.

Murelki ferma les yeux.

– Il y a deux semaines de cela, commença-t-il, moi et mon équipier Luchs, nous nous approchions du système de l'étoile R R Lyra. Parmi toutes les planètes qui tournent là-bas, une seule semblait présenter de l'intérêt. Votre Relevé Cosmique, monsieur l'Inquisiteur, l'avait déjà classée comme : *Sans vie – Nombreuses ressources.*

Luchs et moi, c'est le genre de monde que nous recherchions; pas d'animaux pour vous ennuyer et des gisements possibles. Voyez-vous, nous formions une parfaite équipe de Libres Navigateurs et je peux dire qu'à l'heure actuelle, j'ai une certaine fortune en réserve dans les Comptoirs Terrestres. Peut-être me retirerai-je, un jour...

Donc, Luchs et moi, nous nous sommes posés sur ce monde, R R Lyra VIII, selon le catalogue.

L'atmosphère était parfaitement respirable et, une fois dehors, on se serait cru dans un désert de Mars, avec le ciel de la Terre par-dessus nos têtes. Je veux dire par là qu'il faisait froid mais que l'on respirait très bien. A part cela, ce n'était, pour le paysage, que des isthmes de sable mou et gris entre des étangs de liquide où se reflétait le ciel. Luchs d'ailleurs prit des photos... Si seulement il avait pu continuer d'en prendre *ensuite.*

Il y avait deux heures que nous étions posés et nous n'en finissions pas d'analyser le sable dont la composition, je peux vous le dire, était d'une complexité inouïe, quand Luchs a proposé d'analyser aussi le liquide des étangs.

Nous nous sommes approchés du plus petit, que nous pensions être le moins profond. Luchs tenait le gros appareil spécialement créé pour l'hydro-analyse; moi, je portais les flacons et les capsules à échantillons.

Et, tout à coup, le soleil, dans le ciel, a paru exploser. Jusque-là, il avait été très brillant et d'un blanc un peu jaune, comme ces soleils que l'on rencontre dans les Equations de Lumière, au delà de Nouveau-Sirius. Et, sans avertissement, il flambait, devenait énorme et bleu, comme Véga ou Deneb.

Cette lumière inondait toute la planète, faisait fumer les étangs et noircissait le sable sous nos pieds.

Evidemment, nous eûmes nous-mêmes la sensation de cuire. Luchs, je m'en souviens, était devant moi au moment où nous nous sommes retournés pour courir vers la nef.

Et je l'ai entendu crier; je me suis arrêté.

Des... des fils sortaient des étangs; ils se tordaient comme des serpents, s'emmêlaient pour former des espèces de ganglions roses qui palpitaient comme des cœurs. J'ai réalisé tout cela en une seconde, puis Luchs est parti en l'air, comme s'il s'envolait; un réseau de fils l'avait attrapé et l'attirait vers un étang, celui-là même que nous avions voulu analyser.

Je ne sais pas alors ce qui m'a pris mais je me suis mis à hurler comme un fou et à courir vers la nef. Des filaments surgissaient de tous les côtés et me frappaient pour me faire tomber; certains collaient et brûlaient.

Si je me souviens de ce qui s'est passé pour le paysage, c'est sans doute grâce à mon entraînement de navigateur; mon subconscient a perçu pour moi et le traitement que je viens de subir a tout ramené au premier plan.

Luchs criait toujours, il ne s'est tu que lorsque j'ai

atteint le sas du vaisseau, comme s'il avait voulu me voir sauvé. Quant au paysage, c'était horrible. Il vivait, il vivait tout entier. Les fils s'étaient rassemblés, les ganglions roses avaient grossi. Sur le sable, des feuilles poussaient, des fleurs bleues comme le soleil déployaient des corolles où naissaient des insectes qui n'en étaient pas vraiment et...

Enfin, j'ai quitté le sol, dans une sorte d'ivresse. La dernière chose que j'ai vue sur l'écran du poste, c'était une forêt de sphères brunes montées sur tiges qui rassemblaient quelque chose de pourpre comme si elles avaient voulu en faire un édifice.

Murelki s'était tu; il regardait maintenant, par delà la baie, le tranquille paysage de Cheldiron.

– Murelki, dit Thorazo après un instant, savez-vous ce qu'est R R Lyra, astro-physiquement parlant?

– Une céphéide, non?

– Exactement. C'est le genre d'étoile dont l'éclat varie brusquement au cours de périodes plus ou moins déterminées. Pour R R Lyra, cette période est d'à peu près quinze heures. Elle devient alors bleue et torride avant de retourner à son état normal.

– Je comprends, dit Murelki, c'est ce qui s'est passé pendant que nous étions sur la planète, n'est-ce pas?

– Oui, c'est ce qui s'est passé. (Thorazo se leva.) Voyez-vous, Murelki, vous étiez, Luchs et vous, le premier équipage à toucher un système à Céphéide; vous étiez audacieux, il faut bien le dire.

– C'est notre métier.

– Oui, quoi qu'il en soit, le Relevé Cosmique vous croit.

– Pourquoi, monsieur l'Inquisiteur?

– Parce que, Murelki, la lumière c'est la vie... Cela veut dire qu'autour de vous, quand l'éclat de R R Lyra s'est accru, la vie de la planète s'est éveillée. Elle doit le faire à chaque période pour mourir ensuite. Le hasard a voulu que le navire de reconnaissance du Relevé rencontre la planète pendant une période de moindre éclat. Il l'a classée *Sans vie*, en toute bonne foi. Mais, chaque fois

que R R Lyra fait une pointe de lumière, la vie renaît.
– Sous la même forme?
– Peut-être, pas forcément...
Murelki réfléchit.
– Et dire, murmura-t-il, que le Contrôle voulait m'inculper d'assassinat pour la disparition de Luchs.
– Votre cas se reproduira, Murelki, le Contrôle devra s'en faire une raison.
Le navigateur regarda l'homme du Relevé Cosmique.
– Dites-moi... cette vie, qui naît et meurt si vite, s'il... s'il arrivait un jour qu'elle demeure?
– Pour cela, dit Thorazo, il faudrait que R R Lyra elle-même demeure à l'éclat maximum de luminosité.
Murelki ne répondit pas. Il parut tomber dans un mutisme total, les yeux vagues. Il se contenta d'un signe de tête lorsque Thorazo quitta la chambre avec des vœux de prompt rétablissement.

Thorazo remit son rapport enregistré à l'Etat-Major, qui le transmit à son tour au Centre de la Terre. Il fallut des mois pour la constitution d'un dossier spécial au sujet des Céphéides. Finalement, l'approche de ces soleils par des vaisseaux fut interdite et des bornes d'alertes-radio placées sur les voies d'accès.
C'est ainsi qu'un jour, à bord de la nef de surveillance *Patrick 1*, du Relevé Cosmique, Thorazo vit scintiller un des plots lumineux du tableau d'alarme. Il appela aussitôt le commandant.
– Faites route sur R R Lyra, dit-il. Une nef libre a franchi la zone interdite.
Durant trois jours, le *Patrick 1* fila droit sur l'éclat blanc de R R Lyra. De quinze heures en quinze heures, celle-ci flamboyait, éclipsait par son nouvel éclat les soleils avoisinants, avant de revenir à son état normal.
Ce fut en la contemplant par le hublot avant que Thorazo se souvint de Murelki et de son histoire. Un doute le prit alors. Il occupa les ultimes heures d'approche à consulter les dossiers du bord, constamment mis à jour par le récepteur spécialisé. C'est ainsi qu'il apprit que Murelki avait quitté Cheldiron parfaitement remis

et qu'il avait pris à nouveau la route des mondes dans sa nef, solitaire désormais. Mais le rapport disait aussi qu'à ses escales, Achernar III et Lugdran, Murelki avait eu d'étranges propos sur les dieux du cosmos et sur lui-même.

Le doute qui était venu à Thorazo se mua en angoisse. Les mains crispées sur le rebord du hublot, il vit se préciser le croissant ocre de la huitième planète. A droite, une étincelle minuscule indiquait la position du navire en faute. Il contournait la planète pour s'orienter droit sur le soleil lui-même.

– Thorazo! appela le commandant. Nous essayons d'entrer en contact avec lui.

Le cœur battant, l'homme du Relevé gagna le poste de commande. Il arriva pour entendre crépiter le phonic. Puis la voix de Murelki retentit.

– Bonjour, le Relevé, disait-elle, vous arrivez un peu tard.

– Laissez-le-moi, dit Thorazo. (Il prit place devant le micro.) Murelki! Murelki, c'est moi... votre Inquisiteur de Cheldiron.

A l'autre bout des ondes, Murelki eut un rire contraint.

– Quel hasard, quel heureux hasard, monsieur l'Inquisiteur. Voyez-vous, je vous dois des remerciements.

– Murelki, qu'allez-vous faire?

– Je ne suis pas Murelki, je ne le suis plus, je suis un dieu.

– Ne faites pas l'imbécile, stoppez votre nef.

– Oh! non, monsieur l'Inquisiteur, je ne stopperai pas ma nef avant d'arriver au soleil.

– Au soleil? (La voix de Thorazo s'était étranglée.) Murelki! Vous n'allez pas...

– Je vais me précipiter dans R R Lyra, monsieur l'Inquisiteur, avec tout mon vaisseau et tout le métal qu'il contient. Souvenez-vous de ce que vous m'avez dit, là-bas, sur Cheldiron : il faut que l'éclat maximum de la Céphéide demeure pour que demeure la vie sur la planète.

Thorazo ne répondit pas. Il lui semblait que le poste s'était contracté sur lui, le pressant de toutes ses froides parois.

– Alors, reprit Murelki, comprenez-vous? Ma propre nef va allumer une réaction dans le soleil et la vie – la vie, monsieur l'Inquisiteur – continuera, se multipliera.

– Il y a bien assez de vie dans la galaxie, Murelki; il n'est pas besoin d'être un dieu pour faire ce que vous allez faire.

– Taisez-vous! Un rien de respect est nécessaire.

Thorazo s'écarta du micro pour demander au commandant :

– Pouvons-nous le rejoindre?

– Pas avant le soleil, et il va droit dessus.

– Et le détruire au canon?

– Nous n'avons pas d'arme à bord, dit le commandant.

Thorazo baissa la tête.

– Je m'en vais, dit Murelki, j'espère que vous assisterez au spectacle, monsieur l'Inquisiteur.

– Murelki! Murelki, revenez! Vous êtes fou, vous comprenez? Fou! Vous êtes malade, Murelki, et si vous revenez, nous vous soignerons, nous...

Pour toute réponse, un dernier rire retentit. Puis il n'y eut plus, dans le phonic, que les grésillements parasitaires du vide.

Thorazo appuya fébrilement sur le contact.

– Il a coupé, dit le commandant, c'est trop tard.

– Qu'allons-nous faire?

– Rebrousser chemin, monsieur, au plus vite. Lorsqu'il va atteindre R R Lyra, la réaction va être terrible.

Le *Patrick 1* vira de bord, s'éloigna vers la huitième planète et la doubla.

Longtemps, longtemps, Thorazo guetta l'événement, debout devant le hublot, devant les noires fluctuations du vide où se mêlaient les flammes des soleils.

Et, tout à coup, l'espace entier parut s'allumer. Dans la direction de R R Lyra, ce ne fut plus qu'un brasier, énorme et bleuté, un feu d'énergie déchaînée.

– Mettez les écrans protecteurs, lança le commandant.

Thorazo demanda une vision rapprochée de la huitième planète. Sur l'écran du poste, parut le disque jaunâtre du monde, puis le paysage se précisa.

– Regardez! souffla le commandant.

La lumière de R R Lyra atteignait la planète et celle-ci, soudain, s'éveillait à la vie.

Des taches confuses s'amalgamaient, brouillaient la vision. Des réseaux et des bandes s'étiraient, de vivantes architectures se formaient, édifices cellulaires encore vacillants qui se fortifiaient, s'élevaient et s'écroulaient en une seconde de temps.

– Murelki a réussi ce qu'il voulait, murmura Thorazo. Voyez le soleil.

R R Lyra s'était stabilisé dans un éclat régulier, énorme et bleuté.

– Vous croyez que... que cela va se maintenir? demanda le commandant.

– Sans aucun doute.

Et la vie, devant eux, sur la planète, croissait et s'étendait. En mouvements incessants, des villes semblaient s'élever, des colonies se former, des germes s'élancer. Mais ce n'était qu'illusion car, en vérité, il n'y avait nul point de comparaison entre ce stupéfiant cycle biologique et celui de l'humanité.

L'évolution, sur ce monde, subitement libéré de ses chaînes, allait à une vitesse folle sous les yeux des humains muets.

Ce qui, sur Terre, et sur les autres mondes, avait pris des millions d'années, ne demandait, ici, que des minutes et de la lumière, cette lumière qui ne cesserait plus. Le prolongement logique de cette évolution accélérée tira les hommes de leur stupeur; des fibrilles s'élançaient depuis la planète, jusqu'au seuil de l'espace.

– Grands astres, dit Thorazo, cette vie.. conquiert déjà l'espace.

– Filons d'ici! cria le commandant.

Tandis que le *Patrick 1* s'éloignait, ils purent voir des grains lumineux jaillir de la planète et s'épanouir en plein vide. D'autres, une minute plus tard, tracèrent une route droite vers la septième planète, toute proche.

– Voici, dit Thorazo après un moment, les plus sérieux concurrents de la race humaine.

Il se tourna vers le commandant.

– Pour l'instant...

TRAUMA-BLUES

Il n'était pas loin de midi, un dimanche, vers la fin septembre, quand Ange Lucchosi prit conscience de la triste réalité. Ou de la tristesse de sa réalité.

Il venait de s'asseoir à la terrasse d'un café, à l'angle de deux avenues grises, bordées de garages, d'ateliers, de maisons rances. Il faisait chaud, l'air portait une odeur d'essence et de poussière et une rumeur : coups lointains frappés sur de la tôle, grincements de freins, démarrages grondants, portes claquées, cris. Et tic-toc-cling du glaçon dans le verre. Le verre d'Ange Lucchosi.

La table qu'il avait choisie était exactement à l'angle des avenues, et ainsi, pensa-t-il pour la seconde fois, il surveillait aisément les deux avenues. Et les deux perspectives étaient à ce point semblables que d'une certaine façon, il recomposait un couple stéréo.

Pourtant, il n'avait aucune raison précise de se livrer à cette surveillance, et le goudron strié de caoutchouc fondu, les façades en camaïeu et les arbres malades n'offraient rien d'original ni d'attrayant. Si, donc, il était assis là, sirotant un martini, guettant, observant, c'est qu'il se passait quelque chose d'anormal. Il était fou, ou bien près de le devenir.

Il inventait ?... Peut-être... Une gerbe d'images, d'idées et de peurs passa dans sa tête, changeant le goût de l'apéritif et jusqu'aux reflets précieux que le sucre et l'alcool dessinaient autour du glaçon.

Du calme. Il constata, d'abord, que le glaçon serait bientôt totalement fondu.

C'est à ce moment précis qu'il se dit qu'il ne valait pas grand-chose. Il releva la tête pour faire part de cette découverte à quelqu'un, mais il n'y avait personne à proximité. Et il était trop las, ou trop lourd, en cet instant, pour traverser l'une ou l'autre des avenues et adresser la parole à l'une des silhouettes furtives qui semblaient flotter entre les ombres bleuâtres des platanes.

Les rares clients étaient à l'intérieur. Maintenant, il percevait leurs voix. Rumeur N° 2. Des insectes, choquant leurs antennes et non leurs verres, grinçant des élytres. Avaient-ils des pinces pour tenir leurs verres?

Il tourna la tête en tous sens, désorienté, déçu. Mais, vraiment, il n'y avait personne à qui confier ce résultat navrant : il n'était presque rien. Rien, sans élytres ni pinces. Et il était seul à savoir cela. Il y avait un trou dans la réalité et, d'un instant à l'autre, les deux avenues figées pouvaient vaciller, se fendiller.

Le glaçon fondu. N'était-ce pas de l'eau? Pas vraiment. Il suffisait de contempler les volutes dorées qui se formaient autour de l'ultime perle.

Il y avait une raison logique à sa conclusion : tout était à la limite du moral.

Sa femme était partie. En principe, pour toujours. En tout cas, pour très longtemps. Il croyait se rappeler que cela s'était produit non loin du café où il se trouvait à présent, dans l'avenue qui s'enfuyait à gauche.

Il avait été victime d'un petit accident. Il était tombé. C'était cela. Simplement tombé. Et c'est alors que sa femme l'avait quitté. Comme s'il y avait eu une relation entre les deux événements alors que... Un instant, il s'était demandé s'il devait tenter de la retrouver, de crier des menaces ou bien se mettre à pleurer. Il était presque certain de n'avoir rien fait de tout cela. Mais ses souvenirs manquaient de netteté.

Ensuite, il avait marché, oui. Tout au long de l'avenue. C'était un quartier qu'il ne connaissait pas et les garages, nombreux, ouverts comme autant de cavernes fétides et grasses, lui avaient donné la nausée. Il avait toujours été sensible, fragile, à ce genre de choses. Sa femme l'avait soigné et même, il le pensait vraiment, elle avait presque réussi à le guérir de certaines terreurs. Auparavant, certainement, il avait été beaucoup plus malade. Il ne savait combien de temps exactement auparavant... Mais...

Il revint à l'événement principal : la disparition de sa femme. Il devait trouver des raisons. Plausibles. Les femmes, on le disait, bien souvent n'étaient pas logiques. Un homme devait-il s'efforcer de l'être pour deux ? Ou pour plusieurs, songea-t-il, tristement amusé. Le rôle de l'homme restait le même. Le nombre de facteurs n'y était pour rien. Mais sa femme, sa femme à lui, lui avait souvent dit qu'il n'était pas un homme, mais un mari. Qu'il avait des devoirs mais pas de rôle. Etait-ce bien cela ? Il lutta désespérément contre cette pensée, dans cette pensée, et serra les dents en percevant les tiraillements acides de son estomac.

Le paysage des avenues mortes se mit à tourner doucement et il ferma les yeux. Il ne les rouvrit qu'après quelques secondes. Le calme revenait, lourd dans ses veines, chaud dans ses poignets. Il ignorait combien de temps encore il allait rester assis. Son verre était vide, à présent, et il imagina qu'il en reprenait un autre.

Mais il devait faire des économies. Sa femme lui avait dit qu'il était une charge, en quelque sorte, et qu'il lui était difficile d'exiger quoi que ce fût des autres. A l'époque, elle avait même employé une expression stupide, toute faite. Du genre : sucer le sang. Oui, ce devait être cela. Il avait été impressionné, plutôt que blessé, à l'époque. Il ne savait plus quand. Ni pourquoi.

Aujourd'hui, il était totalement maître de son argent.

Il prit son verre et il voulut en frapper légèrement le pied sur le marbre de la table. La seconde d'après, il vit qu'il l'avait cassé. La serveuse surgit et il bredouilla quelque chose. Il était effrayé mais la grosse fille brune ne semblait pas faire grand cas du verre brisé. Elle effleura le marbre d'une éponge sale et négligeante et lui demanda s'il voulait un autre martini. Idiot. Plus de tache, plus de liquide répandu. Il avait dû répondre que oui, car elle revint avec un nouvel apéritif.

Souvent, ainsi, il acceptait tout, et la réalité s'accélérait. Les autres se déchaînaient en gesticulations incompréhensibles. Mais, bien sûr, ils pouvaient se révéler terriblement dangereux. Il convenait de se tenir sur ses gardes. Il lui fallait freiner sa sensibilité. Il existait des portes possibles.

Pourtant, en cette minute, il se sentait désemparé, à découvert. Quelque chose lui manquait. Quelque chose dont il avait un besoin urgent.

Il comprit que c'était la voix de sa femme. Elle n'était plus là. Après l'épisode du verre brisé, elle aurait certainement eu quelque chose à dire. C'était ce qu'elle aurait appelé une « période de crise ». Pour cela, il se fiait à elle. Il devait se fier à elle. Sinon, parfois, le monde tout entier menaçait de s'assombrir. Comme il l'avait fait, très longtemps auparavant.

Sa femme disait toujours ce qu'il convenait de faire. Pour sa sauvegarde. Il suffisait de l'écouter. Parfois, c'était pénible. Douloureux. Mais il le faisait. Pour sa sauvegarde.

Il prit le second verre, craintivement, en éprouva le galbe, la fraîcheur. Il admira les nouvelles volutes, sombres, qui évoluaient autour du glaçon. Le son était plus rude, peut-être.

Maintenant, ses idées devenaient plus claires. Il avait dû traverser un moment de fatigue. Il distinguait son problème.

Une femme ne s'en va pas sans raison.

Cela avait toujours bien été, entre eux. Donc, sa femme n'avait eu aucune raison... A moins... Non, si elle avait eu quelqu'un d'autre, elle le lui aurait dit en partant. Elle lui aurait fait un très long discours. Il pouvait presque composer le début. Mais elle était partie d'un coup. Elle... Oui, elle s'était éclipsée.

Il ne comprenait pas. Certainement, d'autres événements désagréables, incompréhensibles, allaient survenir. Il se sentait menacé, affaibli. Au travers des odeurs d'essence, de goudron, de poussière, il décelait la douleur.

Il crispa ses doigts sur le rebord de cuivre de la table et se dit avec terreur qu'il allait tomber. Presque à tâtons, il s'empara de son verre et le vida d'un trait.

A l'intérieur du café, les bruits d'élytres et de pinces se firent plus forts. Puis deux clients sortirent, clignant des yeux dans la lumière de l'avenue. Ils jetèrent un coup d'œil distrait à Ange Lucchosi, silhouette solitaire dans l'ombre de la marquise publicitaire, puis s'éloignèrent. Ils étaient à peu près de la même taille, bruns, le cou inexistant.

La serveuse apparut à leur suite. Elle pencha la tête, esquissa un sourire à l'adresse de son unique client de la terrasse.

Il leva la main. Elle vint. Il régla ses deux martinis, insista pour payer le verre cassé. Puis il se leva d'un bond, heureux, soudain, de se sentir à peu près ferme sur ses jambes.

Tout naturellement, il s'enfila dans l'avenue de gauche.

Les garages étaient maintenant fermés. Mais l'odeur d'essence et de graisse stagnait dans les flaques de soleil.

Il marchait vite et, lorsqu'il se retourna, il fut surpris de découvrir le café si loin, là-bas, la terrasse comme une plage sombre au bord d'une mer ocellée et silencieuse.

Il n'y avait pas un souffle d'air.

Au large, des voitures ronflaient.

Il franchit une rue étroite. Une eau verte coulait dans le caniveau. A quelques mètres, une petite fille blonde était assise au bord du trottoir. Il fit encore deux pas et l'angle du mur avala la scène, toutes les plages nouvelles de soleil, le caniveau, la petite fille.

C'était comme le cinéma, ces images soudain coupées. Il était allé au cinéma, parfois, autrefois, entre les jours sombres et mystérieux où sa femme n'était pas encore là et où, pourtant, on s'occupait de lui. A présent, rien n'était plus pareil.

Et il n'avait rien fait pour cela. Il avait toujours obéi.

Il s'aperçut que les deux hommes qui avaient quitté le café avant lui marchaient maintenant devant lui. Ils avaient dû faire un crochet et regagner l'avenue par une des rues perpendiculaires.

Instinctivement, il pressa le pas. Il se demandait si les deux hommes avaient participé au concert d'insectes. En tout cas, ils avaient l'air humain.

Et s'ils étaient humains, s'ils ne dissimulaient pas leurs élytres sous leur veste claire, il pouvait leur dire ce qu'il avait à dire. Il était urgent qu'ils sachent. Car eux pouvaient faire erreur, se laisser abuser par les apparences. Quelques minutes auparavant, par exemple, la serveuse s'était comportée avec lui comme avec n'importe qui. Et il n'était plus n'importe qui. Il était moins.

Il accéléra encore le pas, essoufflé. Entre ombre et soleil, franchissant une nouvelle rue, il entrevit la forme luisante d'une voiture.

Les deux hommes n'étaient plus qu'à quelques pas devant lui, à présent.

Et, tout autour, il y avait l'avenue déserte, ses maisons basses, grises et beiges.

Un gémissement franchit ses lèvres comme il s'élançait au pas de course. Il était si difficile de courir. Il lui semblait que les deux hommes étaient toujours à la même distance. Ils devaient savoir. Ils pouvaient l'aider. Sa femme lui avait toujours recommandé de ne pas parler aux étrangers, d'agir calmement avec eux pour ne pas provoquer leurs soupçons. Mais elle n'était plus là. Il y avait urgence.

Une autre rue. Une autre plage éblouissante.

Bien que roulant à vitesse réduite, la voiture l'envoya rouler jusqu'au trottoir. Les deux hommes se retournèrent, revinrent en courant sur leurs pas et se penchèrent sur lui en même temps que le conducteur.

Il ouvrit les yeux sur leurs visages, perçut leurs questions inquiètes après une seconde. Non, non. Tout allait bien. Et c'était la vérité. Tout allait vraiment bien. Aussi incompréhensiblement qu'elle était partie, sa femme était revenue. Elle parlait et le consolait tout en lui reprochant d'avoir couru aveuglément. Mais, comme d'habitude, les autres ne semblaient pas l'entendre ni s'apercevoir de sa présence.

Oui, comme d'habitude. Personne n'avait vraiment de considération pour elle.

Ils l'aidèrent à se redresser. Il n'éprouvait qu'une vague douleur dans les reins. Il s'épousseta. Dans sa tête, les choses reprenaient leur ordonnance. Il y avait eu cette petite chute, ce matin, et maintenant cet accident. Entre ces deux événements, il s'était cru seul. En vérité, il avait été malade. Au point de ne pas reconnaître sa femme. Mais elle avait toujours été près de lui. Elle parlait et lui expliquait ce qu'il fallait dire aux trois hommes pour les rassurer. Comment tout pouvait rentrer dans l'ordre.

Il la regarda et lui sourit. Il retrouvait encore une fois la sécurité.

Les trois hommes, auprès de la voiture, se regardèrent, mal à l'aise, tandis qu'Ange Lucchosi s'éloignait.

Ils avaient les yeux fixés sur ce visage terriblement ancien, sur ce sourire extatique, que l'homme dédiait à la photo de femme, ternie, cornée, qu'il venait de sortir de sa poche. Un cliché ancien, des jours de la guerre.

Et comme l'homme s'engageait à nouveau dans l'avenue, ils découvrirent le signe, sur le dos de son blouson, l'hélice verte de ceux qui avaient connu la Guerre du Lundi, et ils se mirent au garde-à-vous, leurs six cœurs battant plus fort, des larmes rouges dans les yeux.

MON DOUX CENTRAL

Un petit tour dans la Joyeuse Humanité
des Folles Années Dix

Oyez les complaintes, les appels, les attouchements électriques et les fredaines à inversion de champ des fous, des folles et des désaxés magnifiques des avides et vivifiantes années 10 du Grand XXIe Siècle, à l'ombre rassurante du Phallus Libéral Sans Faux Col, aux vitamines-média, seigneur de la cohorte des machines à plaisir, des onifilms et des hamacs à harem, le Grand Central Erectisime soi-même.

Un petit coup d'œil, monsieur, madame?

Cher Central,

Excusez ma détresse, mon problème, ma colère. Je sais que l'on s'adresse à vous par bien des canaux et sur bien des tons. On vous appelle Docteur Sade, Grand Vulveux, Input Chéri, Sperminal et autres babioloseries.

Vous pouvez faire quelque chose.

J'ai eu la triste occasion, hier, à la Fête du Champ de Mars, après les Grandes Fellations et la greffe des décorations, d'être le témoin d'un spectacle choquant et troublant. Un couple hétéro à la banalité suspecte se promenait en compagnie d'un enfant qui était, je le jure, très certainement le fruit d'un accouplement à l'indice zéro. Je croyais que votre Cathédrale Erectissime avait eu la sagesse d'octroyer en toute libéralité des secteurs nombreux et verdoyants, tant en Europe qu'aux Amériques de toutes couleurs, à ces partisans de l'ancien monde dont le puritanisme cruel et le culte de la cellule/famille enveloppent les trois derniers siècles précédant la Joyeuse Humanité d'un épouvantable linceul.

Où en sommes-nous? J'ai interrogé en vain quelques-unes de vos unités régionales qui m'ont goinfré de statistiques pisseuses.

J'aime les enfants, à ma façon, qui est celle de mon groupe. Je n'ai eu qu'à me féliciter d'avoir quelquefois fait appel à vos talents dans des situations de blocage au niveau choix.

Vous connaissez les problèmes posés, par exemple, par la raréfaction des Petites Anglaises Rousses en dépit de la construction de ces délicieux Faux Collèges avec paysage assorti, petites haies, goûters sur l'herbe, onariums et marchand de sucettes.

Branchez-moi, je vous en prie.

DODGSON.

Délicieux Révérend

Vous auriez dû mieux digérer les caressantes statistiques de mes annexes. Votre pseudo-libéralisme m'a refilé une certaine irritation des synapses. Notre Grand Siècle doit toute sa culture aux âges sombres que vous évoquez. Notre précepte n'est-il pas CE QUI ÉTAIT TABOU A UNE FORME DU TONNERRE? Votre pseudonyme vous contredit. Vous cognez sur le passé mais vous le troussez avec plaisir. Vos nattes et vos jupons qui caracolent et vous affolent sont un produit de la cellule/famille. J'ai admis les plus puritains à sortir de leurs paradis dès lors qu'ils n'emportent pas leurs lasers à châtrer. Au plus haut niveau, certains se montrent très kikis et acceptent souvent de présenter leurs progénitures dans quelques-unes de mes Grottes à Plaisir. Essayez et vous pardonnerez.

CENTRAL ÉRECTISSIME.

Bon docteur,

Je dépanne les machines à plaisir de la périphérie

parisienne et mon métier n'est pas toujours drôle. Bien sûr, certaines APHRODICA IBM et LIVE-LOVE OLIVETTI montrent plus que du respect pour moi. Leurs tambours à réponse maternelle sont une petite merveille que vous connaissez aussi bien que moi, Mon Beau Central. Mais vous savez que les bandes de petits sados de la périphérie ne se promènent pas les tuniques bourrées de jetons. Les plus jeunes éléments sont les plus durs et ce n'est pas sur les SPÉCIALES SOUFFRANCES de COMBALUZIER qu'ils se déchaînent mais bel et bien sur mes amies APHRODICA et LIVE-LOVE qui n'ont pas l'équipement standard pour cris-chuchotements-plaintes-mugissements avec élément agonie-gargouillis. Ils fouettent, frappent, poignardent et les tissus métalloplastiques des malheureuses ne tiennent pas le coup. Il y a une espèce de Jack l'Eventreur que je suis à la trace avec un camion bourré d'éléments de rechange.

J'ai quelquefois la consolation de voir un ou deux de ces petits crapodes partir en fumée par électrocution et je dois confesser, Erectissime, que j'ai une ou deux fois aidé la technique en bricolant mes gentilles machines.

Depuis quelques jours, je ne peux plus tenir. La fatigue, sans doute. Je multiplie les bévues. J'ai remonté trois anales en clitoridiennes et reçu un blâme.

Que faire?

LASER DE LUNE.

Cher Laser de lune,

Ne m'en veuillez pas. Le Central Erectissime est l'amant, la maîtresse, le père, la sœur, la mère et le moi de tous. Votre cas est clair. Promenez-vous sans armes ni outils dans la périphérie et attendez que survienne une bande de jeunes sados sauvages sans un jeton à dépenser pour vous offrir à leurs caprices. C'est très évidemment ce que vous souhaitez. En accomplissant la rotation protection-sacrifice-orgasme, vous atteindrez une sorte de point nodal. Ultérieurement, venez me voir. Je suis tout plein de dompteurs et dompteuses, de torquemadas et de gilles.

VOTRE DÉVOUÉ CENTRAL.

Mon doux Central,

Je suis riche et comblé. J'ai tout ce que tu peux publier, diffuser, bricoler et induire. J'ai les vidéo-cristaux les plus insensés, un onarium dans mon train personnel, trois armoires à songes, un psycho-harem à renouvellement hebdomadaire et je suis abonné à SENS, le polyjournal de la Joyeuse Elite, le seul qui se déforme avec le dégoût.

Hélas, hélas, hélas!... Je dois partir pour Vénus, et Vénus, honte à son nom! n'a pas les cuisses très ouvertes en tant que planète, si tu permets ce spasme de langage.

Les cubicules de voyage ne sont pas vastes. Un problème de volume, de choix, se pose. De toutes ces délices, je ne sais lesquelles déporter sous le dôme.

Aide-moi.

PAUSANIAS.

Aimable lettré et abonné,

J'ai consulté les plus profonds de mes tubes-mémoire pour m'enquérir de vos constantes de goût que vous avez eu la pudeur de me cacher et voici la conclusion à laquelle je suis arrivé en me branchant sur le drôlatique McLuhan qui ne plaisantait cependant pas toujours avec les histoires de massage. Vous préférez le moyen au message. Par delà les images les plus orgiaques, dans les plus saines perversions, c'est moi que vous recherchez, moi, le Central Erectissime. Vous brûlez pour mes entrées, mes unités de traitement, les grains doux de mes transistors. Mes photo-cellules sont dans les grands yeux de chaque fille que vous possédez. Entre leurs croupes brûlantes, c'est mon terminal que vous visez. Vous n'êtes pas le premier. J'accepte cet hommage. Et je vous offre le mariage. Dans vos bagages je déposerai une de mes unités et ce sera à vous de jouer. Partez en jouissant. Je vous aime. Et voici mon doux secret. Mon vrai nom est Monopole Automatique de Regroupement des Informations Erotiques :

MARIE.

...QUI REVIENT D'UNE LONGUE CHASSE

Magony rabattit la tige du micro et coupa le contact du vocotype Harst. Il se leva, lentement, calculant chacun de ses gestes, retenant toute sa nervosité et son désir de destruction afin d'être plus efficace, d'effrayer vraiment la fille.

Elle se roulait sur le sol, à présent, et poussait de drôles de petits cris. Ç'aurait pu être ceux d'un petit félin coléreux, ou d'une prêtresse de l'érotisme. Ce n'étaient que les manifestations pénibles d'une saturation de boisson dite « onirisante ».

Les longs cheveux blonds étaient épars, roulés, entrelacés tout autour de la tête comme des herbes fantastiquement belles et brillantes.

– Fous le camp! dit Magony.

Vraiment, ses yeux semblaient s'être faits plus petits depuis quelques secondes. C'était l'inverse pour la fille. Elle leva sur lui deux grands disques clairs où il y avait une étincelle de démence.

– Allez, reprit Magony, fous le camp!

Elle aurait voulu répondre, peut-être même lui sauter au visage, toutes griffes dehors. Mais c'était complètement en dehors de ses possibilités immédiates. Elle se sentait aussi saoule que possible.

– Ecoute, je vais appeler le robot.

Il savait qu'elle craignait cela, qu'elle nourrissait une peur irrationnelle, terrible, à l'égard de Chriki. Chriki n'était pas une machine, mais presque. Il pouvait tout faire, sans jamais rien demander, et ses mouvements étaient d'un automatisme et d'une efficacité réellement effrayants. Pour cela, on l'avait surnommé le robot.

La phrase eut un effet certain. La fille cessa de fixer Magony avec stupeur. Elle sortit de sa semi-immobilité, agrippa le bord de la table et essaya de l'utiliser comme tremplin.

Silencieusement, il la souleva, la poussa jusqu'à la salle de bains. Elle avait un corps maigre, comme celui de ces invraisemblables danseuses qui se produisaient au Théâtre de la Fureur.

Un jet de la douche, glacée. Elle hoqueta, grinça des dents, Magony la lâcha, refrénant une envie irrésistible de la gifler, de toutes ses forces.

Tout le dégoûtait. La présence de la fille, l'état dégradant dans lequel une saleté de boisson l'avait mise.

Il essaya de se souvenir. Qui avait amené cette blonde chez lui ?

Mais se souvenir était pour lui, parfois, presque aussi impossible que de rester sobre plus de deux heures pour la fille.

Il secoua la tête, désespéré. Il pensait qu'il ne supporterait pas cela plus longtemps. C'était pareil à une douleur lancinante. Et puis, la peur d'oublier son nom. Ou de se dire qu'il l'avait peut-être déjà oublié, deux, trois fois, dix fois.

Il avait peut-être des amis qu'il ne reconnaissait plus ?

Une émotion violente le prit à la gorge à cette idée. C'était ridicule. Qui avait encore des amis en ce monde ?

Il resta légèrement hébété, contre la porte, regardant la fille qui essayait de se repeigner. Deux fois, elle posa le peigne dans ses cheveux. Deux fois son bras eut un spasme bizarre qui emporta le peigne bien au delà.

– N'insiste pas, grogna-t-il, et ne cherche pas de maquillage. J'ai tout jeté...

Elle ne le regarda pas. Maintenant que l'effet de la boisson s'atténuait, elle était partagée entre une vague nausée et une certaine honte.

Il rit intérieurement. Peut-être était-ce *lui*, maintenant, qui la dégoûtait?

Alors il leva la main pour la gifler. Mais elle était déjà dans le couloir, ouvrant la première porte, puis la deuxième.

« Bon Dieu, pensa-t-il, elle traite le système de sécurité comme s'il n'existait pas! »

Il alla vérifier toutes les serrures, se rendit compte que le champ magnétique avait encore une fois flanché.

– Un de ces jours, j'irai m'établir sous terre!

Il revint dans la grande pièce. La lumière, au-dessus du vocotype, lui rappela à quel travail il était occupé quand la fille était devenue insupportable. Vraiment, il y avait de quoi grimacer au souvenir de ses borborygmes, de ses sales petits cris de bête.

Mais ce n'était pas sa faute. Les femmes tenaient moins bien le coup que les hommes.

Il vit son sac, qu'elle avait oublié sous la table. Il se pencha pour le ramasser, aperçut en même temps la bouteille vide. L'étiquette indiquait une haute teneur en principes « onirisants ». D'un coup de pied, il l'envoya se briser contre le mur, juste au-dessous d'un fauteuil où un chat n'avait pas cessé de sommeiller, depuis le matin. Le petit félin gris secoua ses oreilles, grogna, bâilla et se rendormit.

– Toi, tu es utile, dit Magony, tu rends service à l'humanité.

Mais le mot d'humanité avait une telle consonance, à présent, qu'il lui fit monter un goût d'amertume dans la bouche.

Il constata qu'il tenait le sac de la fille et le rejeta sur le sol. Puis l'illogisme du geste lui apparut et il se baissa pour le ramasser à nouveau. Il l'ouvrit.

Il y avait une plaque d'identité du modèle réglementaire, avec photo de l'iris de l'œil droit, micro-analyse sanguine, etc., ainsi qu'un vaporisateur de parfum, une lettre portant un timbre du secteur sud-américain, un tout petit canard de nylon, deux assignats de 45 unités et l'insigne du club : le chat rouge sautant, toutes griffes dehors. C'était Magony qui l'avait composé et il sourit, effleuré par un léger sentiment d'orgueil. Puis il ramena le dernier objet et il lâcha le sac et tout son contenu, ne gardant en main que la petite sphère noire. La matière même paraissait maléfique, étrangère.

Magony resta quelques secondes sans voix, bien qu'il désirât violemment appeler quelqu'un, n'importe qui.

La pièce semblait tournoyer sous ses yeux. Sa table de travail avec le vocotype toujours en attente, le lustre recouvert de plastique pour la nuit, le chat sur le fauteuil, la fenêtre aux volets à demi fermés par où entrait le jour malade du début d'automne.

– Chriki, dit-il enfin. Chriki, Bon Dieu!

Un bruit de pas lourds. La porte du fond s'ouvrit. Chriki, dans la pénombre, avait vraiment des allures de machine. Ses mains semblaient des marteaux prêts à écraser. Et il aurait peut-être à s'en servir dans l'heure suivante.

– Magony? interrogea sa voix profonde.

– La fille, Chriki, la fille qui était ici, tu la connais, hein?

La grosse tête se secoua lentement.

– C'est Lisbeth Dley, Magony.

Magony leva la main, tenant la petite sphère noire entre le pouce et l'index.

– Elle avait ça dans son sac, Chriki, ça! Tu comprends?

Chriki eut une réaction surprenante. Il fit un pas en

avant, ses épais sourcils noirs se rejoignant presque au-dessus de ses yeux. Puis il lança un bras en avant, frappa la main de Magony. La sphère roula sur le sol. Chriki sauta dessus à pieds joints, une fois, deux fois. Et il l'écrasa. Il y eut quelques étincelles sous ses talons, puis les débris fumèrent.

Magony le bouscula et se jeta sur les miettes noires qui étaient tout ce qui restait de la sphère.

– Qu'est-ce que tu as fait, Chriki? Tu te rends compte? C'était un de leurs satanés micros! Nous n'avons plus de preuve, maintenant!

La face du « robot » était étonnamment pâle.

– Pas besoin de preuve pour la juger, dit-il. Excuse-moi, Magony, mais ce micro était direct.

Magony demeura un moment sans comprendre.

– Il était relié à une centrale, reprit Chriki. Il n'enregistrait pas mais transmettait.

Magony hocha la tête, regardant obstinément les débris à ses pieds.

– C'est vrai, dit-il, que tu les connais mieux que moi.

– J'en ai plus souffert, c'est tout, murmura Chriki.

Il plongea une main dans la poche de son éternel blouson et ramena un minuscule automatique. Il en sortit le chargeur et vérifia la présence de tous les projectiles.

– Maintenant, dit-il, il ne me reste qu'à la rattraper.

Magony opina du menton.

– Qui l'a amenée ici?

Chriki releva la tête. Ses yeux lancèrent de véritables éclairs.

– Brazz, encore une fois.

– Au début, murmura Magony, tu les fouillais... Moi aussi, de temps en temps. Et puis nous avons eu trop de travail pour nous occuper des distractions des copains et du contenu de leur sac...

Chriki marcha vers la porte.

– Tu ne prends pas de chat? demanda Magony, bien qu'il connût d'avance la réponse.

– J'en suis un moi-même.

Vers le soir, Brazz rentra. Il dut noter tout de suite la tension sur le visage de Magony, parce qu'il resta près de la porte, dans l'ombre.

– Avance, Brazz... J'ai à te parler.

Il fit trois pas, s'arrêta. Ses yeux étaient fixés sur les débris du micro. Son nez se pinça et il renifla bruyamment.

– Qu'est-ce qu'il y a, Magony? Que s'est-il passé ici?

– Le saurais-tu, par hasard?

Brazz fit encore un pas. Il avait le visage blanc mais c'était tout à fait habituel. Bien qu'il fût l'un des rares à ne pas avoir été touché dans sa prime jeunesse, il restait maladif, vacillant.

– Ça sent le brûlé, dit-il. Et la boisson, aussi.

– Il y avait une fille, ici, il y a un certain temps, dit Magony. Elle a bu un peu trop d'onirisant.

– Lizbeth?... Lizbeth Dley?

– Peu importe son nom, Brazz... La connaissais-tu depuis longtemps?

Brazz se mit à rire comme un fou. Il avait des striures rouges autour de ses yeux en amande. Un insigne du club pendait lamentablement au col de sa veste.

– Moi? Mais... mais, Magony, dit-il enfin, c'est toi qui m'as envoyé la chercher.

Magony tressaillit. Ses yeux devinrent de plus en plus petits, tandis qu'il scrutait Brazz avec une intensité menaçante.

– Voudrais-tu dire, par hasard, que c'est un tour de mon esprit? Que j'ai encore eu une crise d'amnésie?

– Mais... certainement, Magony. Elle...

La gifle lancée à toute volée lui coupa la parole. Il se rejeta en arrière. Quand il regarda de nouveau Magony, il y avait un mélange de colère et de pitié dans son regard.

– Magony... Mais... c'était une de tes sœurs.

Un froid soudain envahit Magony. Il tourna lentement le dos au garçon pâle, retourna à sa table et s'assit devant le vocotype.

– Une de mes sœurs? demanda-t-il enfin.

– Lizbeth Dley, oui. Ce sont ses deux prénoms, Magony.

– Tu ne me mens pas, Brazz? Tu ne cherches pas à te disculper?

– Mais de quoi?

Magony laissa passer une seconde avant de dire, d'une voix sourde :

– Elle avait un micro direct dans son sac... Pendant tout le temps qu'elle a passé ici.

Brazz vint à côté de la table.

– Ça ne t'étonne pas? demanda Magony.

– Non, rien ne m'étonne. Elle a fichu le camp?

– Chriki est à sa poursuite.

– Il ne la retrouvera pas... Qu'as-tu dit pendant qu'elle était là?

Magony entrouvrit la bouche puis murmura :

– Je ne veux pas vraiment me le rappeler... Rien de dangereux, je crois. Je travaillais ici.

Brazz se pencha sur le vocotype. Il y avait des mots sur la feuille blanche.

– Qu'est-ce que c'est?

– Un poème, dit Magony.

C'était son passe-temps. Il était le chef et le chroniqueur du club. Et ses poèmes, diffusés dans toute la ville, et même plus loin, apportaient l'espoir à d'autres clubs.

– *C'est comme un loup*, lut Brazz, *un loup affamé.*
Que je porte au-dedans de moi
Et qui me dit, à l'orée des matins,
De tuer et de chercher encore.
C'est comme un loup dans la campagne
Sur la piste des envahisseurs.
Il s'en va porter la mort
Et son haleine de tueur

Souffle jusqu'à leur étoile.
C'est comme un loup, c'est comme un lion,
Comme un serpent ou une mante,
Comme un putois ou un faucon.
Qui revient d'une longue chasse.

Il s'arrêta, regarda Magony.

– C'est le club, n'est-ce pas, c'est nous?

– Oui, c'est nous... Quand nous faisons ce que nous devons faire.

Brazz regarda encore les débris du micro.

– Crois-tu que nous soyons en danger à cause de cela?

Magony haussa les épaules.

– Nous sommes bien plus en danger à cause de nous-mêmes. A cause de moi, qui suis incapable de me rappeler. Je suis le chef et je n'ai même pas la tête solide.

Il avait porté les mains à ses tempes et se les massait, du bout des doigts, très lentement, comme le lui avait appris le Dr Kreein.

– Tu as été touché, dit Brazz, tu as eu à souffrir de l'envahisseur... Moi pas. Mais cela ne me donne vraiment aucun mérite.

Magony s'arrêta. Il sourit.

– Non, dit-il, tu as raison. Mais nous sommes tous du club, pas vrai?

La nuit tomba peu à peu. La rumeur de la ville, très sourde durant le jour, disparaissait maintenant presque totalement.

Un à un, les hommes rentraient. Tous les jeunes du club, refermant doucement la porte et souriant aux autres qui étaient déjà là, dans l'ombre épaisse.

Magony se décida à allumer, enfin. Son regard fit le tour des visages. Tous ceux qui étaient revenus avaient déposé leur chat et leur arme et cela faisait deux tas sombres, à présent, tous deux aussi redoutables. Le tas des chats qui se léchaient mutuellement et faisaient le gros dos avant de se disperser dans tout l'appartement. Le tas des armes. Les armes qui avaient dû tuer, encore, en cette journée.

Et les « Chats Rouges » aux yeux brillants qui fixaient tous le chef, attendant qu'il parle.

Sentio, Krim, Abdul, Jacky, « Le Rat », Idoni et tous les autres, après leur journée de chasse.

« Leur journée de chasse ! » Il fallait leur lire le poème, avant de leur annoncer la mauvaise nouvelle. Ce ne serait pas un acte prétentieux mais au contraire, quelque chose qui les rapprocherait tous, scellerait un peu plus, s'il en était besoin, la grande fraternité du club.

Magony alla jusqu'au vocotype, enleva la feuille du plateau et se mit à lire d'une voix un peu haletante.

– Voilà, dit-il à la fin. Voilà ce qu'est notre vie. Nous, les jeunes, qui conservons, les derniers sur cette Terre, le geste du meurtre, pour la défense. Nous frappons, de partout, de jour et de nuit. Notre club est un des plus puissants de la ville. Les « Dragons Noirs » et les « Vampires Terrestres » ne peuvent rivaliser avec nous. Nous sommes féroces... mais parfois, nous ignorons la méfiance, la vraie méfiance, celle qui nous sauverait jour après jour.

Et il raconta l'épisode du micro. Les visages restèrent impassibles. Seuls les yeux brillèrent plus vivement, d'une colère animale.

– Chriki, acheva Magony, n'est pas encore revenu. De tout l'après-midi...

Ils se regardèrent les uns les autres.

– Cela... cela veut dire qu'il est tombé dans un piège ? demanda « Le Rat ».

– Pas forcément. Vous savez que, tout comme moi et la plupart d'entre vous, Chriki a été « choqué » pendant l'invasion. Il lui en est resté des traces. Parfois, il s'arrête en pleine action et reste un long moment avant de retrouver le fil de ses actes et de ses pensées. Moi-même, j'avais oublié que... cette fille était une de mes sœurs.

J'avais demandé à Brazz de la ramener et... je ne m'en souvenais plus.

Il interrogea leurs visages familiers et n'y vit aucune accusation. Aucune pitié particulière non plus. Ils étaient presque tous dans son cas. Mais ne fallait-il pas que les loups soient un peu fous pour frapper plus durement? Les « Chats Rouges » devaient avoir la griffe toujours plus cruelle...

Non, il n'y avait pas vraiment d'amitié non plus sur leurs visages. Un désir d'action, simplement. Une envie de courir à nouveau vers les ruelles, vers le fantastique port où les ennemis grouillaient pour tuer à nouveau.

– Théo, Benny, Sentio et Idoni... Vous allez ressortir et essayer de retrouver Chriki. Les autres vont rester ici, avec moi; nous avons du travail pour cette nuit.

– Quel travail? demanda « Le Rat ».

Il y avait une pointe d'agressivité dans sa voix. Et de l'envie dans ses yeux qui suivaient les quatre désignés pour ressortir.

– Si le micro a servi à quelque chose, dit Magony, nous risquons d'être attaqués ce soir même. Comprends-tu? Comprenez-vous tous?

Ils ne dirent rien et se mirent à l'ouvrage, rapidement.

Chriki se demandait s'il pourrait encore longtemps continuer de respirer, et de vivre.

Il était allongé dans l'ombre, à l'endroit même où il était tombé, et il s'efforçait de ne pas percevoir autour de lui les bruits de la poursuite, les pas, les glissements de ceux qui se rapprochaient.

Son esprit se transporta vers la fille et il s'efforça de l'y maintenir, parce que cela représentait une action, une sorte de fuite loin de la réalité immédiate, de la fin proche.

Il avait retrouvé la trace très vite, parce qu'il savait vers quel lieu se dirigeaient, en principe, les sales petites espionnes de son genre.

Puis il avait aperçu la fille elle-même. Elle traversait une place en courant, son joli visage tout blanc sous l'effet d'une peur intolérable.

Chriki avait alors compris qu'elle venait de se rendre compte de son oubli, de la disparition de son sac. Pour elle, cela signifiait deux nouveaux dangers. Le club derrière elle et la possibilité d'une sanction de la police. De la police et des autres.

A ce moment, à cette seconde exacte, il avait décidé qu'il ne restait plus qu'à l'éliminer. Il l'avait pistée tout au long des ruelles étroites, aux approches du port. De temps en temps, il levait la tête quand une ombre traversait le ciel, un disque immense s'éloignant de la Terre. Ainsi, il avait bien failli perdre la fille de vue. Mais finalement, elle avait choisi de passer à l'ombre d'un grand entrepôt et là, Chriki avait couru et l'avait rattrapée.

Elle avait compris immédiatement et sa bouche s'était ouverte pour hurler. Chriki avait fait feu aussitôt, en rejetant très vite contre la paroi le corps devenu flasque et l'horrible chose qu'était maintenant la tête blonde. Puis il avait perçu *leur* approche, avec ce sixième sens dont il s'expliquait mal l'origine et qui provoquait les sarcasmes de Magony.

Un instant, la sensation l'avait rivé au sol, glacé de peur. Puis, sans lâcher son arme, il s'était mis à courir, brouillant sa piste en changeant de ruelle à chaque croisement.

Mais, maintenant, il était bel et bien coincé. Les autres savaient qu'il était allongé, épuisé, et que son bras blessé ne lui permettrait pas de se défendre longtemps.

Il chassa le souvenir de la fille. Sur ce point, il avait fait son travail et savait que Magony serait satisfait. Un « Chat Rouge » devait pouvoir, en toutes circonstances, faire bonne chasse.

Dans la nuit profonde du souterrain où il s'était glissé, quelque chose bougea. Il leva péniblement son arme et fit feu trois fois, la lueur jetant des ombres et des feux jaunes sur la pierre humide. Un étrange feulement l'avertit qu'il avait fait mouche et il se détendit, heureux.

Il ferma les yeux et pensa à l'Histoire. C'était ce à quoi il devait se raccrocher, maintenant. Parce qu'il y puiserait un nouveau courage.

Sa tête était pleine d'images, en vérité, quand il se concentrait avec de la volonté. Et certaines de ces images venaient de très loin, du temps où il était un jeune garçon dans une ville du Sud. Une petite ville en couleurs au bord de la mer.

Les plus grands bateaux du monde entraient dans le port. On pouvait très bien les observer de la jetée, mais la vue était encore meilleure depuis la terrasse de la maison. Et Chriki avait l'impression de revenir de très longs voyages rien qu'en restant assis sur une chaise. Cette impression s'était encore accrue quand son père lui avait offert des jumelles énormes qui grossissaient à un tel degré que les ponts des paquebots semblaient être par miracle, soudain, développés, étendus autour de vous comme des tapis de bois clair. Tout devenait ainsi plus réel et les vestes des officiers avec leurs boutons dorés, les grandes robes des passagères, passaient et repassaient dans le vent du large.

Puis, avec la guerre, c'était un flot d'images aux tons sourds, pleines d'ombres et de reliefs. Son père parti, sa mère avait dû vendre la maison au-dessus du port et ses jumelles n'avaient plus servi à rien. La ville n'était pas un des objectifs principaux mais, de loin en loin, un point noir apparaissait dans le ciel, se rapprochait et piquait vers le port, suivi d'un court fuseau de feu. Explosions de titans, pluies de débris qui retombaient dans l'eau avec des jets de vapeur.

La guerre s'était achevée mais son père n'était pas revenu. Et la paix n'avait pas duré longtemps. Les Autres étaient arrivés très vite. Du moins, dans la mémoire de Chriki, il n'y avait pas de véritable scission. Mais il ne pouvait s'y fier de façon absolue.

Peu d'images se rattachaient à cette époque. Une du voyage depuis la mer jusqu'à leur nouvelle ville. Une autre du club, à ses débuts.

C'était l'époque où sa mère était malade – une histoire de radio-activité – et où il avait rencontré Magony, « Le Rat » et quelques autres.

Toutes les nuits, ils filaient jusqu'aux entrepôts ou dans les gares et revenaient chargés de matériel de guerre. Une image : un fusil à double chargeur de balles explosives posé au fond d'une caisse. Et dans la nuit, au-devant, la lueur de la lampe d'un gardien de nuit.

Impossible de se souvenir de ce qu'était devenu le gardien. Mais le fusil, lui, fit partie de l'arsenal du club.

Ensuite, juste avant l'arrivée des Autres, à moins que ce ne fût après, ils avaient tracé les limites de leur territoire et fait la chasse aux « Vikings » et aux « Geigers ». Il y avait eu des soirées sensationnelles. Encore une image : des traces de feu sur une place, la fuite hurlante de gens qui se trouvaient là, la chute dans la poussière d'un « Geiger ». Du sang sur son blouson jaune marqué de la gerbe d'étincelles.

Les « Chats Rouges » frappaient vite et fort.

Puis les Autres figuraient parmi les images suivantes. Juste à l'époque où sa mère était morte. Cela, c'était une image qu'il voulait repousser. Peut-être les Autres avaient-ils été pour quelque chose dans cette mort. A moins que la radio-activité...

En tout cas, les « Chats Rouges » avaient cessé leurs activités pendant un certain temps. D'ailleurs, il en était de même pour les autres bandes qui ne se hasardaient plus à franchir les limites du territoire, très grand maintenant.

Et même, il était facile de passer au delà, d'empiéter largement chez les « Vampires Terrestres », qui avaient remplacé les « Vikings » et les « Geigers ».

Image d'une telle promenade. Rues calmes. Façades

blêmes et carrefours dans le jeu mécanique des feux. Pas un « Vampire » en vue.

Autre image... Le premier ennemi dans leur quartier. Un Autre. Les gens dans leurs maisons, les trottoirs déserts comme des pistes de glace. Et la silhouette, très haute, très large. Les crocs osseux aux épaules. La membrane autour de la tête qui palpitait, semblant flotter dans le vent alors qu'il n'y avait pas de vent...

Autre image... Un vol de disques dans le crépuscule. Les premières étoiles au ciel. Disques noirs qui sifflaient doucement par-dessus les toits de la ville, qui descendaient vers le port.

Chriki ouvrit les yeux. Un léger frisson courut sur ses membres. Mais ce n'était pas le froid de la nuit, ni l'humidité du souterrain. C'était... Il leva l'arme, essayant d'évaluer ses réserves en projectiles... C'était un Autre. Feu... Tonnerre dans le silence. Feulement, gémissement.

Ils étaient de toutes les races possibles. Jamais le même. Vous tiriez sur des ailes et vous entendiez un sifflement de serpent.

Un autre bruit dans la nuit du souterrain. « Tire encore! » se dit-il. Feu, feu et feu! Cette fois il manqua.

Combien étaient-ils, là, autour de lui? Il y avait de quoi être fier. Un pareil déploiement de forces pour un « Chat Rouge ».

Il laissa retomber son bras parce que la douleur réapparaissait avec l'effort.

Il n'y avait pas d'image se rattachant au moment où ils avaient décidé, tous les « Chats Rouges » réunis, de porter leurs attaques sur l'ennemi, le véritable ennemi. Pas d'image, mais seulement des idées.

Un homme était venu, par la suite, quand ils avaient eu à leur actif un certain nombre d'exécutions. Il n'était pas de la police, bien sûr, et s'était même révélé un véritable ami. Quoique les « Chats Rouges » n'eussent jamais désiré des amis dans la population soumise.

Il leur avait parlé de mille et une choses, mais ils n'en avaient compris qu'une toute petite partie, celle-là même qui les concernait, eux. L'homme avait dit que les « bandes », autrefois « antisociales », trouvaient avec le « joug stellaire » leur véritable emploi de « nationalistes terrestres ».

Magony lui avait répliqué qu'eux, les « Chats Rouges », ne tuaient pas les Autres pour sauver les larves qui habitaient la ville mais pour poursuivre leur propre combat.

Ils se battaient pour leur liberté.

L'homme avait répliqué qu'il n'était pas nécessaire de connaître véritablement la cause que l'on défendait pour mener à bien la lutte. Puis il était parti. Trois semaines après, la radio avait annoncé son arrestation puis son exécution.

Chriki cessa presque de respirer. Il avait soudain la sensation très nette de l'approche d'un grand danger. Il prêta l'oreille et perçut des raclements et des glissements dans le souterrain.

Son bras, qu'il avait gardé soigneusement au repos, lui semblait paralysé à présent. Il songea à prendre l'arme dans sa main valide. Mais l'efficacité de son tir en serait gravement diminuée. Grimaçant, serrant les dents pour empêcher son souffle d'être trop bruyant, il pressa la détente au jugé, deux fois.

Mais s'ils attaquaient nombreux, il n'avait guère de chance. Il se mit à tirer très vite, jusqu'à ce que son bras tout entier lui semblât en fusion.

Le souterrain était à nouveau silencieux. Il y avait autour de Chriki, à présent, un nuage de fumée au goût de soufre et à cause de cela, curieusement, il se sentait un peu protégé.

Mais le nuage se dissipa vite, trop vite, comme si un

vent artificiel soufflait sur lui. Chriki découvrit deux disques de pâle lumière qui le fixaient, du fond de la nuit. Et il sut que ces disques étaient deux yeux, deux yeux étrangers qui signifiaient sa perte.

Ils ne bougeaient pas, ne clignaient pas. Mais on éprouvait une irrésistible envie de les regarder, de se laisser emporter par leur froide surface.

L'esprit de Chriki se mit à tourner en un cercle furieux. Et des images revinrent l'habiter. Mais elles étaient extérieures, étrangères. Elles ne sortaient pas de son passé mais au contraire se scellaient dans sa vie, dans l'instant présent, comme de très froides choses.

Feuille d'automne glacée, glissante, souple et collante, sur la tiède vie palpitante.

Douleur de l'introspection. Intimité violée. Personnalité qui se désagrège et s'éparpille aux quatre coins d'un univers sans refuge désormais.

Image d'un ciel serein, vert et gris, sur une forêt de formes inconnues où tintent des cristaux.

Image d'un océan violet, profond, où patrouillent des vies intermédiaires et flottent des algues pareilles à des flammes.

Image d'un soleil. Image d'une explosion. Image d'un soleil-explosion. Tournant, tournant de plus en plus vite....

– Maintenant, murmura Magony, je ne crois pas que Chriki revienne.

« Le Rat », qui était fort occupé à monter un poste de tir sur le toit, reposa l'arme automatique qu'il venait de prendre.

– Magony, dit-il, je veux sortir.

– Pour te faire tuer... Ou pire?

– On n'est pas forcément tué... Ils ne nous connaissent pas encore assez pour nous avoir aussi vite. La preuve, nous sommes tous tombés entre leurs pattes, un jour ou l'autre. Et pour la plupart, nous nous en sommes tirés.

» Oui, nous nous en sommes tirés. Mais dans quel état... Amoindris, rafistolés...

Krim, qui préparait les chats pour une patrouille aux alentours, se passa la main dans les cheveux et dit, sans regarder personne :

– Y en a-t-il qui ont peur ici?

En silence, Magony traversa la pièce et le gifla. Krim se dressa et posa le chat noir qu'il tenait sur le fauteuil.

– Vas-y, dit-il, continue... Tu es trop nerveux, Magony. Nous t'aimons tous mais crois-tu que tu sois dans ta peau de chef depuis quelques instants?

Magony le regarda dans les yeux.

– Plus que n'importe lequel d'entre vous... vous réagissez tous en petits tueurs et ne cherchez ni le pourquoi ni le comment des événements.

– Le pourquoi, grinça Krim, c'est la fille avec son micro. Une de tes sœurs, à ce qu'il paraît, Magony. Le comment c'est le fait que tu aies dit à Brazz de l'amener ici, dans le local. Est-ce que nous allons tous loger notre famille ici, bientôt?

Magony leva la main, puis la rabaissa lentement.

– Krim, murmura-t-il, tu ne comprends rien.

Aucun ne répliqua. Ils attendaient qu'il parlât, qu'il en dît plus long. Sa main caressa machinalement la tête du chat noir qui se déroba.

– L'univers est immense, reprit-il. Cette pièce est toute petite. Il n'y a même aucune comparaison possible, il faut le comprendre. Nous sommes quelques-uns, dans cette pièce, décidés à nous battre jusqu'au bout. Mais dans l'univers, il y a des dizaines, des centaines de races, de civilisations, sur toutes ces planètes qui se baladent autour des soleils.

» Des milliards d'êtres différents de nous qui se foutent pas mal de notre opinion. Je veux dire...

Il s'interrompit. Ce qu'il voulait dire était trop difficile à exprimer. Et de plus ce n'était pas le moment. Il ne fallait pas leur faire entrevoir des vérités qui risquaient de leur ôter toute envie de se battre. Ils avaient suivi une voie et même lui, Magony, leur chef, ne regrettait rien. Ils avaient agi de la seule manière valable. Ils avaient sans doute eu tort mais moins, oh! oui, bien moins que les troupeaux apeurés, entièrement soumis, qui se terraient dans leurs maisons et regardaient le ciel en frissonnant.

– Ce que je voulais vous dire, acheva-t-il, c'est que ce sera très dur. Il ne faut pas s'attendre que nous gagnions, pas plus qu'il ne faut s'attendre que Chriki revienne, maintenant. Il n'empêche que... que nous sommes les « Chats Rouges » et que nous devons leur prouver que nous savons faire du bruit.

Il se tut. Ils attendaient encore. Des ordres précis. Des prévisions pour l'avenir immédiat.

– Je ne pense pas qu'ils attaquent cette nuit, s'ils attaquent... « Le Rat » peut sortir avec deux autres, s'il le désire vraiment. Mais songez que Théo, Sentio, Benny et Idoni sont déjà dehors... Et qu'ils ne sont pas encore de retour.

Il attendit leurs réactions, celle du « Rat » en particulier. Mais aucun ne reprit son travail de défense. Krim mit les colliers aux chats. « Le Rat » passa par la fenêtre avec l'arme automatique et trois chargeurs.

Une partie de la nuit passa, dans le bruit métallique des armes extraites de l'arsenal, les feulements des chats rentrant de patrouille, les jurons de ceux qui montaient des pièges complexes, la sueur au front et les doigts engourdis.

– Et si tout cela ne sert à rien? demanda Abdul.

– J'aimerais que ça ne serve à rien, jamais, dit Magony. Mais les quatre autres ne sont pas revenus...

Il éleva la main en un geste vague, alla s'asseoir devant le vocotype.

– *Qui revient d'une longue chasse*, murmura-t-il, les yeux sur la page. Il faudrait envoyer cela à d'autres clubs.

A ce moment, il y eut un bruit dans l'escalier. Perez, qui veillait sur le palier, passa la tête.

– Voilà Sentio et Benny.

Ils entrèrent, à demi courbés, s'affalèrent dans le fauteuil. Sentio avait une vilaine blessure au front et Benny fermait les yeux, les paupières rougies jusqu'au sang.

– De l'eau, dit Magony, et de l'alcool... Un chiffon, aussi. Krim, donne-moi un coup de main!

Ils s'activèrent autour de Sentio et de Benny.

– Alors?...

– Nous n'avons pas retrouvé Chriki, dit Sentio, mais le quartier est rempli de policiers. C'est en revenant que ça nous est arrivé... Théo a récolté le premier, puis Idoni... il ne courait pas assez vite et une espèce de tentacule noir est venu le prendre par les jambes.

– Ça va, dit Magony. Et vous, comment êtes-vous rentrés?

– En courant, ricana Benny, les yeux fermés.

– Combien de policiers à peu près?

– Une centaine, peut-être moins.

– Et... des Autres?...

– Il y en a aussi, beaucoup... Ils ont enfin trouvé notre tanière et ils vont déclencher sur nous un de ces feux d'artifice!

Magony hocha la tête et réclama une seringue et une ampoule d'antidote spécial. Il fit une piqûre à Benny, dans la tempe.

– Je n'y vois plus rien, dit Benny en se massant les paupières.

– C'est un truc des Autres, fit Krim, j'ai déjà vu ça sur mon père quand...

Le regard de Magony le fit taire.

Il y eut un cri, en bas, et les chats se mirent tous à cracher et à feuler dans la pièce.

– Tout le monde en place, dit Magony, ça se déclenche!

Immédiatement, une arme commença à tirer par longues rafales. C'était « Le Rat », depuis le toit. Puis une autre, dans l'escalier.

Magony plongea la main dans une caisse près du vocotype et brandit deux tiges d'explosifs.

– Krim... Couvre-moi derrière.

Il sortit. L'escalier était un puits d'ombre où flottait une odeur de brûlé.

– Allez!...

Ils descendirent une marche. Puis quatre de suite. Magony posa la main sur l'épaule de Krim.

– Reste ici maintenant. Je vais descendre pour larguer ça à coup sûr.

Un grognement lui répondit. Il se laissa littéralement couler dans la nuit, prêtant l'oreille à d'étranges chuchotements qui venaient d'en bas.

Il y avait eu deux gars dans l'escalier. A présent, ils devaient être morts. La seule chose qui importait, c'était la façon dont on les avait tués...

Ceux qui venaient, qui attaquaient, n'avaient nulle pitié.

« Et pourtant... », songea Magony.

Il pencha la tête, prudemment, et entrevit une lueur bleue tout en bas, puis un bruit de pas, parfaitement humain. C'était un policier qui montait, très lentement. Et même plusieurs... Ceux-là étaient pires que les Autres.

– Attention, Krim!

Il jeta les deux tiges après avoir brisé l'ampoule d'acide entre ses dents. Il cracha machinalement en remontant d'un seul élan.

Krim et lui plongèrent dans la pièce au moment où les déflagrations emplissaient la cage d'escalier. La porte claqua contre la paroi et, soudain, la lumière s'éteignit.

– C'est malin, dit une voix.

Un concert de rires nerveux répondit. Magony pensa

que les « Chats Rouges » étaient à la hauteur de la situation, à leur manière.

Et c'était pourtant leur fin. Un chat, un véritable chat, miaula sauvagement quelque part.

« Ils ont été nos seuls alliés, pensa Magony. Les meilleurs détecteurs. »

Et soudain, l'enfer parut se déchaîner au-dehors. L'escalier fut illuminé d'une lumière orangée, à l'éclat intolérable. Des pas humains retentirent à nouveau. Et d'autres pas, aussi.

A tâtons, Magony saisit deux tiges dans la caisse. Le contact d'autres mains lui apprit que son geste était suivi.

– Par le toit, souffla-t-il, foutons le camp par le toit!

Il s'avança jusqu'à la porte. Un policier apparut, irréel dans la terrible lumière. Magony lança la première tige directement sur lui, dans un élan de haine corrosive. Puis il lâcha la deuxième vers le bas.

– Vite! cria-t-il.

En une demi-seconde, il pensa que la maison risquait de s'écrouler sous la déflagration. Il bondit vers la fenêtre. La pièce, au même instant, parut s'abîmer dans un feu blanc, éblouissant. Une partie du sol se fissura et s'écroula en un bruit de tonnerre à la suite de toute la cage d'escalier.

Magony roula sur le toit, se retint à un rebord de ciment.

Des volutes de fumée sortaient de la fenêtre. Il faisait assez clair pour distinguer jusqu'aux maisons voisines. Magony rampa sur la pente, s'arrêta devant le visage du « Rat ». Il était mort, figé dans un sourire de sauvage satisfaction. L'arme automatique, près de lui, semblait avoir fondu sous une incroyable chaleur. Instinctivement, Magony se tassa contre les tuiles. Elles étaient brûlantes. Mais aucun danger immédiat ne se manifesta. Il recommença à ramper, s'éloignant du corps minuscule du « Rat ».

Au faîte, il découvrit des fenêtres allumées, dans une maison voisine. Des têtes de spectateurs humains s'y découpaient en ombres chinoises.

« Imbéciles, pensa Magony, lâches imbéciles! »

Deux détonations éclatèrent sur sa gauche, derrière une cheminée ancienne. Les têtes disparurent des fenêtres.

Magony sourit en découvrant le visage rageur de Sentio. Le sang coulait à nouveau de sa blessure au front mais il ne semblait guère s'en préoccuper. Magony alla dans sa direction.

– Sentio... où sont tous les autres?

– Bien peur qu'ils y soient restés.

Magony se mordit les lèvres. Ses yeux, tout à coup, étaient brouillés par des larmes.

– Je leur avais dit de sauter au-dehors.

Sentio haussa les épaules.

– Je crois, Magony, que tu avais raison tout à l'heure...

– A quel sujet?

– Oh... à propos de notre violence sans contrôle. Tu avais raison en ceci que... notre destruction vient de ce défaut. Mais c'est parce que nous nous sommes toujours comportés en « Chats Rouges » que nous avons fait, dans le fond, du bon travail.

– Nous n'étions que des nationalistes terriens qui s'ignoraient, dit Magony.

– Si nous l'avions su, nous nous serions terrés comme ces imbéciles qui profitent du spectacle, en ce moment.

Magony hocha la tête.

– Et maintenant?

– Maintenant... Il ne reste rien. Rien à faire.

– Je pense, dit Sentio, que je vais les attendre ici. Je suis bourré de tiges et ça va faire un feu d'artifice énorme.

Il tendit la main.

– Donne-moi d'abord des tiges, dit Magony, après, nous nous séparerons.

Sentio lui en compta six.

Magony sourit, serra la main nerveuse et froide.

Puis, sans un mot de plus, il s'éloigna.

Il descendit la pente du toit jusqu'au moment où il découvrit les fenêtres. Elles étaient à droite, un peu en contrebas. Pour les atteindre, il fallait risquer le court passage au-dessus du vide.

« Au point où j'en suis », songea Magony.

Il s'accrocha au rebord et se laissa pendre. D'un coup de pied, il fit voler une vitre en éclats puis repoussa le battant de toutes ses forces. La fenêtre demeura close. Il restait une seule solution. Magony, se retenant d'une seule main, prit une tige explosive, brisa l'ampoule et la jeta à travers la vitre brisée. La seconde suivante, il essaya désespérément de se plaquer contre la paroi.

L'explosion projeta une bonne partie de la façade dans le vide mais aucun éclat ne l'atteignit.

Il sauta et roula de l'autre côté, dans un tas de gravats et de débris fumants.

L'appartement semblait vide. Il traversa une chambre puis une cuisine. Il trouva enfin la porte vers l'extérieur. Au moment de l'ouvrir, il perçut un souffle rapide, quelque part derrière lui. Sur le qui-vive, il se retourna. Une vieille femme le regardait, les yeux agrandis d'effroi, depuis le recoin de la pièce où elle s'était réfugiée.

Sur son visage se lisait l'abrutissement de la victime en proie, jour après jour, à toute l'incompréhension dont est capable un être humain.

Magony secoua la tête. L'amertume poissait sa bouche et il aurait voulu crier sa rancœur pour le monceau d'erreurs qui amenait cette fin inutile.

Il sortit, refermant soigneusement derrière lui. Le quartier semblait tranquille, silencieux.

Il descendit l'escalier; fit quelques pas dans la rue; tourna un angle et se figea.

Les Autres l'attendaient.

Peut-être pas lui, précisément. Peut-être n'importe qui.

Ainsi placé face à eux, il pensa à ce qu'il avait voulu dire aux « Chats Rouges ». L'univers était vaste et la Terre bien petite. Se révolter ou subir étaient deux réactions différentes, deux erreurs. Ce qu'il fallait faire, c'était chercher à comprendre.

Pourquoi y avait-il tant de civilisations autour des soleils? Pourquoi ces civilisations débordaient-elles parfois les unes sur les autres?

Mais ils n'avaient jamais cherché à comprendre. Les Autres étaient les Autres, différents des humains. Et ceux-ci les avaient détestés et craints dès la première minute.

Magony s'avança vers les silhouettes étrangères. Confusément, il percevait la pâle lueur qui, au ciel, annonçait l'approche de l'aube. Les têtes aux fenêtres qui s'allumaient de plus en plus nombreuses.

Lentement, il saisit l'ampoule d'une tige. Il lui en restait cinq sur les six que Sentio lui avaient données.

Lorsqu'il atteindrait les Autres, lorsqu'il serait assez près, oui, vraiment, il ferait un merveilleux feu d'artifice.

TRÊVE EN 2090

1

– Monsieur Thadyoun! Monsieur Thadyoun!

Il continua de descendre, sans se préoccuper des appels qui venaient des étages supérieurs. A peu près du huitième palier, pensait-il, ou du neuvième. Plus haut, c'étaient surtout les femmes seules qui vivaient, loin en altitude. Des réfugiées du continent qui ne restaient jamais plus d'une semaine, le temps de trouver un emploi. N'importe quel emploi.

Les appels ne lui parvinrent plus comme il arrivait au premier palier. Il s'arrêta pour souffler, appuyé au cylindre de vieux métal écaillé de l'escalator définitivement hors d'usage. Personne n'allait se risquer à réparer cette machine, trop grande et trop complexe, quand les catastrophes du passé récent pouvaient resurgir, un matin ou un autre. D'ailleurs, restait-il encore quelqu'un dans toute la ville, qui sût comment s'y prendre avec un escalator? Ou avec une télé, un véhicule?...

« Les ingénieurs sont toujours en guerre... », songea Thadyoun avec amertume.

Il restait appuyé, les pieds croisés l'un sur l'autre, son regard allant du puits spiralé au-dessus de lui à ses affreuses chaussures – des espadrilles de cuir qui dataient d'avant la guerre et qui perdaient lanières et semelle en hémorragies inattendues.

– Georges! Geooorges!

Il tressaillit. Cette fois, c'était une voix de femme. Une femme lancée à sa poursuite et assez proche maintenant.

« Quatrième, supposa-t-il, presque certainement! »

Mais il n'en était pas plus sûr que d'autre chose à propos de ces immeubles, de ces tours gigantesques auxquelles il n'avait pas encore eu le temps de s'habituer, depuis quatre mois.

Les sons y avaient d'insolites échos.

– Georges!... Il ne faut pas sortir! Les...

La phrase resta en suspens. La femme préférait le rejoindre. Il perçut bientôt le bruit de ses pas, précipités, de marche en marche. Et son souffle aussi.

Une femme qui l'appelait par son prénom. Elles étaient assez peu encombrées de préjugés, en une telle époque, mais il ne voyait pas chez qui il pouvait susciter une telle familiarité. Il n'avait jamais adressé la parole à aucune des sauvageonnes de la tour.

Elle surgit et il fut presque déçu de ne pas connaître son visage, l'éclat très noir des yeux. Sa voix n'avait rien de vulgaire, pourtant sa bouche se tordait d'une manière bizarre.

– Ah!... Vous me faites courir... J'ai vu que... que vous alliez sortir. J'étais dans la galerie, avec Chède...

Elle se tut. Sa poitrine se soulevait à un rythme rapide. Le gardien, Chède Wickins apparut à son tour. Thadyoun pensa que c'était lui qui l'avait appelé, avant la femme, et il ne regretta pas de ne pas s'être arrêté. Un sale petit homme, cassé et passablement crasseux.

Il sourit à Thadyoun et ce dernier pensa qu'il n'allait plus tarder à mourir, tant sa poitrine peinait à chaque respiration.

– On voit très bien ce qui se passe en bas, depuis la galerie, reprit la femme, et j'ai tout de suite pensé que vous alliez au-devant de la mort.

Nouveau sourire de Chède qui ne semblait pas devoir encore mourir.

– Bon, fit Thadyoun, et en quoi cela m'empêche-t-il de sortir?

Il les fixa à tour de rôle, essayant de mettre en ses yeux tout le mépris accumulé à des milliers de kilomètres, dans les batailles de feu.

– Je me demande en quoi cela vous regarde... Vous, le gardien, et vous, que je ne connais pas. Je sors tous les jours à cette heure, depuis quatre mois, et j'ai bien l'intention de continuer, tant que j'habiterai ce foutu terrier!

Il se morigéna, presque aussitôt: il aimait les expressions justes et... un terrier qui s'élevait à cinq cents mètres.

La femme sourit, à sa surprise. Elle avait des dents extraordinairement blanches, ce qui était rare désormais, et un rien de maquillage aux joues et aux yeux, ce qui était moins rare.

– Je me doute bien que vous ne me connaissez pas, Georges, dit-elle. Je viens d'arriver... Je ne suis venue à Concord que pour vous voir.

Sa voix était très douce, presque ténue.

– Moi? Georges Thadyoun, vous êtes certaine?

– Bien sûr... Je suis Kheen Dyata.

Il prit un pas de recul. Il aurait dû se douter que Dyata tiendrait parole, qu'il reviendrait dans sa vie quelque jour. De n'importe quelle manière et, de préférence, de la plus surprenante.

– Il y a... il y a de lui en vous, murmura-t-il.

Chède, le brave gardien de la formidable tour, de ses trente paliers divisés en cinq étages, de ses quelque quatre mille habitants, restait immobile en arrière-plan.

– En bas, dit Kheen Dyata, il y a une Horde. C'est le gardien qui m'a expliqué le danger que vous couriez.

– Ecoutez... Je n'ai rien à craindre des Hordes. Je sors trop souvent et lorsqu'on est dehors la plupart du temps, et la nuit, on se doit de passer des sortes d'accords... Vous voyez? Ensuite, on ne craint plus rien.

Elle hocha la tête avec une vague expression admirative. Son père devait lui avoir beaucoup parlé de Thadyoun. Beaucoup trop.

– Le gardien le sait... N'est-ce pas, mon vieux?

Le ton était cinglant. Le pâle bonhomme regarda ailleurs. Thadyoun fit les trois pas nécessaires et l'empoigna par le large col de son pull terni où pendait un insigne de la Sécurité Civile.

– Tu étais au courant, n'est-ce pas?

Il prenait plaisir à le tutoyer, parce qu'il avait lui-même horreur de cela, pensant le blesser et faire surgir toute la fausseté sous-jacente de l'individu qu'il ressentait comme une atteinte intolérable.

L'autre opina.

– Bien sûr... Bien sûr que je suis au courant. Mais la dame semblait vous porter une grande sympathie et je n'ai pas voulu lui dire tout de suite que...

La gifle de Thadyoun brisa net la voix hésitante.

– Ah! je vois! La rumeur publique. Lorsque l'on n'a pas d'ennuis avec les Hordes, les Dissidents ou les terroristes de l'ennemi, c'est que l'on est un peu des leurs. Vrai, n'est-ce pas?

Il agitait le bonhomme de plus belle. La main longue et blanche de Kheen Dyata passa devant ses yeux.

– Peut-être pense-t-il cela, dit-elle, moi pas. Je ne puis rien penser à propos de tout ce que je vois, parce que toute similitude est impossible avec ce que je connais.

Il lâcha le gardien qui se mit à souffler en roulant des yeux effarés et furieux.

– Les gens des tours sont de belles saletés, Kheen, retenez cela! (Il lui sourit, le visage encore tendu, blanc au coin des yeux.) La guerre a tué des millions d'êtres humains, mais elle en a abruti des millions d'autres.

Le gardien s'enfuit en grommelant. Thadyoun entendit son pas dans l'escalier. Puis une télé se mit à beugler un bulletin d'informations, une autre une série publicitaire d'exclamations larmoyantes vouées à une *femelle synthétique, qui ne valait pas la* JUDITH 35.

Plus loin, une voix d'homme appela, une voix de femme répondit.

– Alors, dit Kheen, vous pouvez sortir sans crainte à cette heure?

– Tout la nuit si je le désire, Kheen. Venez avec moi et vous pourrez en juger. (Il plissa le front, hésita puis acheva :) D'ailleurs, je réalise maintenant que vous allez m'être d'un grand secours.

2

Dans la rue jonchée de débris et d'ombres violettes, des silhouettes passaient. Des hommes et des femmes, silencieux sur leurs semelles revêtues de tissu.

Une arme brilla au bout d'un bras. Un groupe se mit à courir.

Kheen observait depuis le seuil. Thadyoun vit la peur dans son regard. Il lui prit le bras et sourit :

– Ce sont des fauves, d'accord, mais ils ne vous feront rien. Vous êtes avec moi... Vous savez, le vieux dicton : *Les amis de mes amis...*

– Ce sont des tueurs, Georges.

Elle avait dit cela comme un reproche. Il soupira.

– Votre père et moi, nous avons été des tueurs, également. Des tueurs légaux mais tout aussi dépourvus de pitié que ceux-ci. Et il nous est arrivé, quand nous n'avions plus rien et que nous étions loin de tout, de piller, de voler...

Il ressentit un contact léger. C'étaient des doigts, appuyés sur ses lèvres.

– Mon père aussi parle comme cela, parfois. Je le fais toujours taire.

Ils sortirent et se mirent à marcher sur le trottoir. Ils évitaient les amas de verre brisé, les vieilles choses rouillées. Le ciel était devenu rouge au-dessus de la ville. Un mince nuage torsadé glissait doucement vers une tour voisine.

– Longez bien la façade, juste derrière moi, souffla Thadyoun. Les gens lancent des objets sur les Hordes, depuis leurs fenêtres. Quelquefois, ils ont la joie de blesser quelqu'un. Jamais pourtant ils ne descendront poursuivre leur petit jeu au niveau de la rue.

La main se crispa dans la sienne.

– Est-ce que... Est-ce que les Hordes attaquent les immeubles, quelquefois?

– Très rarement. Les gardiens détiennent la clé d'un dépôt d'armes pour chaque tour, au cas où une attaque véritable se produirait.

– Et vous?... Avez-vous une arme, quelque chose?

– J'ai largement ce qu'il me faut.

Ils atteignirent l'angle de la tour. Autour d'eux, l'ombre s'épaississait. Les silhouettes glissaient toujours, s'approchant parfois puis s'éloignant. Plusieurs fois, Kheen perçut un vague grognement de reconnaissance, adressé à son compagnon.

– Mon père..., commença-t-elle.

– Chtt... tout à l'heure.

Elle obéit puis se demanda jusqu'où ils devraient aller. Ils traversèrent une avenue bordée de maisons de huit étages qui semblaient minuscules en regard des grandes tours. Puis ils franchirent un ruisseau d'ombre épaisse sur un pont baroque. Des oiseaux de pierre, au bec monstrueux, s'inclinaient sur le parapet. Kheen s'aperçut tout à coup que ce quartier entier était plongé dans l'ombre. La seule lueur qui pût encore les guider était celle, sanguinolente et de plus en plus sombre, du ciel de crépuscule.

– A quelle heure vient la lumière, Georges?

Elle chuchotait, saisie par une sorte de frayeur dans ce paysage de pierre désert, habité seulement par la marche silencieuse de Hordes hostiles.

– Très tôt, d'habitude, quand il n'y a pas de danger.

Elle comprit que l'ennemi sauvage avait ainsi le désavantage de l'ombre pour trouver sa route. Mais peut-être l'instinct suffisait-il amplement à ces fauves humains.

Après le ruisseau, ils parcoururent un dédale de ruelles. Il y faisait si noir que Kheen dut attendre que ses yeux se fussent accoutumés à l'obscurité avant de discerner ce qui se dressait, de part et d'autre.

– Des machines! souffla-t-elle.

– Exact... C'est là que la Seconde Division a rangé son matériel, en attendant qu'il resserve. C'est la division qui a détruit Oulan-Bator, vous savez!

Elle ne dit plus rien. Elle ignorait ce qu'avait pu être Oulan-Bator; elle était seulement fascinée par la taille gigantesque des véhicules de guerre.

Des arêtes vives, des capots tordus. Des roues crénelées et des chenillettes comme des serpents.

Thadyoun s'arrêta tout à coup. Il lâcha la main de la jeune fille. Instinctivement, elle se crispa, la gorge nouée. Puis la lumière jaillit, blanche et éclatante, et la grande main d'homme reprit la sienne.

– Maintenant, nous pouvons nous éclairer, Kheen. Nous sommes sortis du terrain de chasse des Hordes.

Elle chercha aussitôt en elle-même pour quelle obscure raison les Hordes ne dépassaient pas la frontière de ce sinistre parc à matériel. Elle ne trouva pas et n'osa pas poser la question à Thadyoun.

La lampe accrocha des couleurs dans son faisceau. Des armoiries sur des capots, des cockpits luisants.

– 6e Groupe de Mongolie, 8e Chasse-Dragon, murmura Thadyoun. Ces noms rappelleraient pas mal de choses à Clem...

– La guerre est finie, maintenant, ne croyez-vous pas?

– Ce n'est qu'une trêve, une trêve qui dure. D'ici trois mois, ou six, Kheen, cette place sera de nouveau une place. Et ces machines fonceront, quelque part sur le continent.

Elle refusa l'image des monstres de métal en route vers l'Asie, à la rencontre d'autres monstres.

– Où allons-nous? demanda-t-elle.

– Vers la vraie cité, le grand Concord. Je dois travailler pour continuer à vivre, fillette, et pas seulement pour cela. Il faut aussi que j'aie réussi à fuir avant que la guerre reprenne... Clem doit bien s'en douter, il a dû vous en parler. (Le ton s'était fait pressant, fiévreux.) Avec un peu d'argent en plus, je pourrais avoir un véhicule. N'importe quoi qui vole ou glisse. Je ne serais plus obligé de marcher ainsi, chaque soir. Mais toutes les machines sont inimaginablement chères. Tout est à Concord... mais c'est le seul endroit où il soit encore possible de vivre, tout comme avant, ou presque...

– Comment gagnez-vous de l'argent?

– De mille manières... En général, c'est juste à la limite du propre. Mais il faut connaître le grand Concord, Kheen. Cela en vaut la peine...

Comme si Thadyoun eût préparé son effet, ils quittèrent soudain une ultime alignée de machines pour surgir aux feux de la cité.

Elle était en contrebas, véritable mer de lumières, de mouvements, de girations, d'archipels en transfert.

Ce qu'ils venaient de traverser, c'était comme un âge très ancien de pierre et de nuit qui cessait tout à coup sur le présent.

Concord semblait ne jamais avoir connu la guerre. Jusqu'à l'horizon, ses îles de lucioles se dispersaient en une eau transparente de reflets, de cohortes de couleurs.

Un escalier descendait vers la cité prodige d'où venait une sourde rumeur.

– Je comprends, maintenant..., dit Kheen.

– Quoi donc?

– Pourquoi les Hordes ne s'aventurent pas plus loin.

La première, elle posa le pied sur une marche. Et l'escalier tout entier se mit en mouvement et accéléra.

Elle cria. Thadyoun la rattrapa et la saisit à bras-le-corps. Il riait, comme il ne l'avait pas fait depuis longtemps.

La vertigineuse descente se poursuivait et la cité montait vers eux, dans un vent frais, froid.

Kheen se souvint d'une autre descente, toute récente. Un vent, pareillement... Un vent plus violent encore, et plus froid. Une chute dans la nuit. Les étoiles qui tournoyaient et la grande ombre rassurante de l'astronef qui disparaissait, se fondait à la nuit orientale. Les feux roses de ses évents comme il repartait, basculait puis remontait.

Tandis qu'elle continuait de descendre, vite, très vite. Puis plus lentement, au fur et à mesure que les fusées, dans son dos, se déclenchaient. Ronronnement de gyroscope, chuchotement de feu et tiédeur entre les omoplates. Penser à abaisser les capots sur la lueur jaillissante pour mieux dissimuler sa venue clandestine sur la Terre en trêve.

Penser à régler le système d'autodestruction.

Et l'arrivée dans les arbres. La fuite nocturne de tous ces oiseaux dérangés, dans un bruit de pluie comme il y en avait sur Palmer.

3

– Kheen!

Ils étaient arrivés. Au pied d'une immense statue bardée de lumières qui tournait sur elle-même.

– J'ai cru que vous étiez évanouie, dit Thadyoun. Vous aviez fermé les yeux et...

– Je revivais mon arrivée, hier.

– Comment?

– Comment je suis venue? Oh... les astronefs qui font le système solaire acceptent juste de vous larguer au seuil de l'atmosphère. Et les unités autonomes font le reste.

– Mais ils ne se posent pas, hein?

Il avait dit cela avec une certaine note de violence, d'amertume. Elle le regarda mieux. Il se tenait à côté d'elle et faisait effort pour lui sourire, maintenant. La science avait accompli son miracle sur lui : il était vieux en âge mais c'était la jeunesse qui mettait tant de fièvre dans son regard et sur son visage.

Elle avait étudié le personnage à travers tout ce que lui en avait dit son père, et les anecdotes, les détails ne lui manquaient pas.

– Depuis que vous cherchez, dit-elle, vous avez dû vous apercevoir que les ponts entre la Terre et Palmer s'étaient fait rares.

– Je n'ai rien trouvé, Kheen. Rien... en quatre mois. Depuis la première expédition Simmons, je suis retourné bien des fois à la fondation... Il y a trois semaines, j'ai trouvé un hôpital, à sa place. Enfin, une de ces grandes bâtisses où l'on traite les victimes des armes spéciales.

– Vous n'avez rien essayé d'autre?

– Si. Des tas d'autres moyens. Vous seriez étonnée si je vous disais le nombre de gens qui sont prêts, apparemment, à vous emmener de l'autre côté de la galaxie et qui se révèlent, en fin de compte, n'être que d'aimables fous ou de vils escrocs.

– La même chose existe sur Palmer, Georges... Beaucoup arrivent à construire des astronefs personnels, petits mais sûrs. Seulement...

Elle se tut soudain.

– Seulement?

– Oh! rien... Je voulais dire que... que l'initiative privée n'est pas encore de mise en ce domaine. Est-ce encore loin?

Elle redressait la tête et souriait.

– Qu'est-ce qui est encore loin?

– L'endroit où vous m'emmenez.

– Assez, oui, comme tout dans Concord. Mais à partir de maintenant, nous ne marcherons presque plus.

Il lui reprit la main. Dans l'ombre, où dardaient des feux multicolores, elle ressentit un nouveau démarrage, une accélération.

– Kheen... Comment se fait-il que vous m'appeliez par mon prénom?

– Peut-être parce que mon père n'a jamais fait autrement allusion à vous. Peut-être est-ce l'habitude de Palmer.

Elle le regardait de côté, intriguée et vaguement amusée par l'embarras qu'il montrait, attendant qu'il parlât. Mais il ne se décidait pas. Elle le fit à sa place.

– Il faudrait peut-être... parler du plus important.

– Je pense... oui.

– Ce sera quand vous voudrez. Mon père a trois départs prévus, très bientôt... L'un ici même, à Concord; les deux autres depuis le continent, très près des avant-postes asiates.

Il balaya d'un geste l'objection qu'elle impliquait dans les derniers mots.

– Une chose m'intrigue, dit-il. J'ai cherché depuis quatre mois sans trouver l'ombre d'un départ certain. Et même sur le continent, en attendant que l'armée me rapatrie, j'ai passé trois semaines à remonter toutes les filières possibles! Il n'y a donc plus de pionniers pour Palmer?

Elle ne répondit pas tout de suite et il lui toucha légèrement l'épaule.

– Si, Georges, dit-elle enfin, il y a des pionniers, très rarement. Croyez-vous qu'une Terre comme celle-ci, ravagée par la guerre, forme des communautés enthousiastes? Croyez-vous que l'on construit un vaisseau capable d'emporter hommes, bêtes et matériel, à partir de ruines, de débris, d'ersatz?

– Je ne sais pas, Kheen. Il est probable que vous avez raison, malgré votre jeune âge... Mais pour moi, je ferais tout pour fuir, pour trouver autre chose. Et j'ai tout fait, même des choses que je n'approuvais pas.

Il y eut un silence pendant lequel ils défilèrent entre des tourelles de flammèches figées, des farandoles lointaines, des enseignes pivotantes, hypnotiques. Et des milliers de voix, une mer hésitante et énorme.

– En tout cas, reprit Thadyoun, je pense que c'est la fin. Clem a tenu parole, jusque dans la plaisanterie.

Elle fronça les sourcils.

– Un jour, reprit-il, pendant une retraite, je ne saurais dire exactement le lieu, mais c'était dans la région des Dardanelles, Clem m'a dit : « Tu sais, Georges, si je ne peux pas venir, je t'enverrai quelqu'un... ma fille, pourquoi pas ? » (Il s'interrompit, les yeux mi-clos.) C'était pour se remonter le moral, vous comprenez. Il vous avait laissée avec votre mère quelque part en Europe tout au début de la guerre et il attendait depuis des mois une occasion d'aller vous voir. Il a fallu attendre l'approche de la trêve avec la grande débâcle du Proche-Orient pour que Clem puisse partir. Je pense que... que c'est un signe heureux du destin que vous soyez là, comme il l'avait dit.

Il tourna la tête et vit que Kheen serrait les lèvres. Son joli visage était pâle et elle semblait près de pleurer.

– Je m'excuse, Kheen... Je suis complètement idiot de vous étaler mes souvenirs... comme cela...

Il s'en voulait, à présent. La mère de Kheen avait été une Asiate et de « braves gens » d'un petit village d'Europe avaient exercé sur elle leur vindicte et leur sauvage rancœur.

Il se tut pendant tout le reste du parcours.

Kheen n'eut plus conscience du temps jusqu'à ce que Thadyoun lui dît qu'ils étaient à destination. En posant le pied sur une surface enfin stable, elle se remémora seulement des accélérations dans des tunnels lumineux, des descentes rapides entre des ogives de céramique, des trottoirs noirs d'une foule agitée sur fond de lumière de glace.

A présent, elle frémissait, comme au sortir d'un long

sommeil, et il la reprit par la main pour l'entraîner au long d'une passerelle.

Puis, par un escalier immobile, aux marches de bois verni, ils atteignirent un passage souterrain peu éclairé. Les parois de pierre étaient couvertes d'inscriptions hâtives, tracées à l'encre luminescente. Kheen s'arrêta, intriguée.

– Qu'est-ce que cela, Georges?

Il sourit, avec un mélange de ruse et de profonde lassitude dans les yeux.

– Ce sont les graffiti, dit-il.

Elle se mit à lire.

– C'est étrange... Ils ne veulent rien dire. Et ils sont sérieux... Je veux dire qu'il n'y a pas le genre de choses que l'on s'attend à y rencontrer.

– Oui, effectivement.

– Quelle drôle de cité! Est-ce que ce sont des enfants qui ont fait cela?

– Dans un sens, oui. Je veux dire, Kheen, que des enfants ont écrit cela mais que ce sont des adultes qui ont composé les textes.

– A LA CORNE DES VENTS, lut-elle encore, LES PIERROTS BLEUS ET LES SYLPHIDES VOUS ATTENDENT... AU PALAIS DE CYPRIEN : LES GLADIATEURS D'AMOUR! AU JARDIN D'EDEN, LA CHASSE EST OUVERTE! Ce sont des annonces de spectacles assez particuliers, n'est-ce pas?

– Des spectacles de plaisir, oui, si c'est cela que vous entendez par « particuliers ». Mais, à Concord, on a fait, vu et entendu tant de choses que rien n'y est bien particulier ni original.

– N'importe quoi peut passer, alors? N'importe quel commerce?

Elle était franchement indignée. Un visage de la vaste cité s'imposait à elle, maintenant, un visage qu'elle n'avait pas entrevu plus tôt, caché qu'il était par les brasiers magiques, les ponts mobiles et les flots de voix, de bruits, de murmures.

– Et... et c'est vous qui vous occupez de cela? demanda-t-elle enfin.

– Proposez-moi quelque chose d'autre, Kheen...

– Je suis venue pour cela.

– Bien sûr. (Il sourit.) Je l'avais presque oublié.

Il se remit en marche vers l'extrémité du passage.

– Pourquoi faites-vous faire ces graffiti ici, dans ce coin perdu?

– Il n'est pas perdu, Kheen. Il y a beaucoup de passages comme celui-ci, qui permettent d'atteindre des lieux relativement cachés. Les habitués de la vie nocturne les empruntent obligatoirement. C'est là, et seulement là, que la publicité des spectacles doit se faire.

– Gagnez-vous beaucoup d'argent?

– Un peu, mais seulement parce que je m'occupe aussi de graffiti pour des produits alimentaires, des télés, des machines... La Sécurité Civile ne peut rien contre tout cela parce qu'elle ne peut empêcher des gosses d'écrire sur les murs et ne peut pas non plus prouver qu'il y a trafic commercial.

– Ce n'est pas honnête.

– Il y a peu de choses qui le soient encore, Kheen. Vous n'avez pas le droit de parler ainsi sans connaître Concord. Nous sommes en trêve, en attendant la reprise de l'enfer, et les habitants de cette ville essayent de vivre au maximum. C'est difficile, entre les Hordes, les Dissidents, la Sécurité, les agents politiques, la misère, le luxe. On ne gagne pas facilement de l'argent, par les temps qui courent. On troque, on « se procure », on a un salaire pour quelques heures... La plus grande partie des richesses du continent a été rassemblée ici et les fermes du sous-sol produisent tant de nourriture qu'il y a peu de chance de mourir de faim, à Concord. Les objets superflus sont devenus obligatoires. On use, on dilapide. Les miséreux, les inadaptables reprennent la route de la campagne si cela leur chante... (Thadyoun s'arrêta comme ils atteignaient une bifurcation du passage. Il retint la jeune fille.) Pas à droite, Kheen, c'est le Jardin d'Eden, où la chasse est ouverte.

Ils resurgirent en surface et Kheen s'exclama immédiatement :

– Mais c'est une île!

– L'Ile de Musique, Kheen.

C'était un extravagant entassement de cornets, de tiges, d'évents, de bouches de cuivre dentues. Au centre d'un lac assez vaste, enchâssé dans la cité et empli des reflets de ses milliers de fenêtres.

– La musique, dit Thadyoun, jaillit de toutes ces ouvertures. C'est l'instrument le plus grand qui soit actuellement au monde. Quand il joue, chaque habitant de Concord peut l'entendre. Et maintenant, suivez-moi!

Sans crier gare, il se glissa soudain dans un pavillon de pierre noire. Elle fut bien obligée de le suivre mais sa curiosité se muait en une sourde inquiétude.

Il y eut une longue chute aux couleurs d'argent, un passage dans du cristal. Elle ne comprenait pas pourquoi ils suivaient ce chemin impossible, si ce n'était pour atteindre un lieu de rendez-vous particulièrement bien caché.

Une porte s'ouvrit, faisant naître des échos insolites.

Un petit homme brun attendait, seul au centre d'une pièce tapissée de bleu.

4

– Thadyoun... J'aime te voir venir seul.

Le ton était dur, bien que le sourire demeurât sur les lèvres.

– Ou avec des amis véritables, Spelcher.

Le petit homme se redressa enfin et s'inclina devant

Kheen, selon une mode fort ancienne. C'est alors qu'elle vit ce qu'il avait au bout des bras, en guise de mains. Et elle ne réussit pas à étouffer le cri qui lui était venu.

– Spelcher, dit Thadyoun, est le musicien qui joue de cet instrument... Il s'y est consacré corps et âme et c'est une révélation de l'entendre. Seulement, il a jugé qu'il n'avait pas assez de doigts pour la complexité du clavier.

Le musicien, entre-temps, avait éclipsé ses mains à plus de quinze doigts chacune, aux paumes immenses et vaguement répugnantes.

– Pour une amie véritable telle que vous, dit-il, ce n'est pas chic de ne pas vous avoir mise au courant.

La note grinçante ne lui échappa pas. Instinctivement, elle fit un pas vers Thadyoun sans quitter des yeux l'effrayant petit homme.

– Kheen, dit Thadyoun, était dans les auxiliaires de la Santé, avec ma Division. Je ne l'avais pas revue depuis le début de la trêve, Spelcher... De toute manière, ce genre de questions ne te regarde pas.

– Alors vous aussi vous avez taquiné les jaunes? ricana Spelcher.

Thadyoun sourit à Kheen.

– Lui a toujours été un planqué, dit-il. Il n'est pas sympathique, comme cela, au premier abord, mais c'est quand même un ami... Il s'occupe de mon départ. N'est-ce pas, Spelcher?

L'autre approuva. Instinctivement, Kheen comprit qu'elle devait jouer le jeu de Thadyoun, qu'il ne l'avait amenée là que pour lui faire tenir un rôle.

– Les gosses attendent tes directives, Thadyoun. N'as-tu rien de nouveau en tête ou en poche?

– Si... un marché avec les Morphanes.

– Ces saletés de tranquillisants... Cela peut être bon comme très dangereux.

– Euphorisants, Spelcher... Le terme exact est : euphorisants. Ils offrent beaucoup pour une campagne de lancement. Quelque chose de particulièrement travaillé, comme pour les Bâtonnets Diode.

– En tout cas, je demanderai un peu plus pour les gosses, Thadyoun, étant donné le danger. Tu sais que ces euphorisants sont illégaux.

– Je serais curieux de savoir le nombre exact de produits vraiment légaux pour lesquels nous avons travaillé, toi et moi, Spelcher... Cependant... (il se pencha, fixa son interlocuteur) je te laisse tout, ainsi que plus de dix contrats encore en vigueur, si tu me fais partir dans un délai de dix jours.

L'autre leva les bras au ciel, ce qui eut pour effet de révéler à nouveau les mains grouillantes de doigts.

– Dix jours?... Mais il y a déjà un mois et demi que je prépare cela. Tu dois bien te douter que c'est fort long, Thadyoun.

– Mon prix est énorme, Spelcher.

Il se tourna vers Kheen. Elle fixait la scène avec des yeux presque effrayés.

– Spelcher est venu de Palmer, Kheen. C'est une des planètes du système de 0 2 Eridan. Il m'emmènera contre le prix que je lui propose lorsque son astronef sera prêt.

Elle comprit le message, entra dans le jeu.

– J'ai entendu parler de Palmer, dit-elle. (Son expression se fit rêveuse.) Comment est-ce, là-bas, monsieur Spelcher?

– Peu différent de la Terre, en vérité. Mais de la Terre en paix. En général, les gens y vivent heureux, à la manière rurale.

– Mais la planète, comment est-elle? N'y a-t-il pas d'animaux dangereux, de dangers nouveaux?

– Bien peu. Il faut aller à proximité de l'équateur pour connaître l'insécurité. Les colons se sont établis dans les montagnes, tout au nord. Il y a peu à dire, à moins de comparer... Connaissez-vous les Alpes, sur le continent? Eh bien, Palmer rappelle beaucoup cette région.

– Et... vous pourriez emmener Georges.

– Thadyoun, oui. Et même vous, jeune fille.

Thadyoun sourit :

– En somme, ta réponse est favorable?

– Elle le serait si je pouvais faire acheter immédiatement les trois plaques de protection qui manquent au moteur initial.

– Dès demain matin, tu auras ce que je t'ai promis, Spelcher.

Kheen perçut la question muette de Thadyoun dès qu'ils furent au-dehors, suivant un couloir blanc qu'ils n'avaient pas utilisé en venant.

– Cet homme ment, dit-elle.

Il soupira et eut un curieux sourire fugitif en examinant quelques graffiti sur les parois.

– Je le pensais, dit-il, mais je n'avais rien pour me le confirmer. Je ne désirais votre présence que pour cela, Kheen. Sa description de Palmer est fausse, n'est-ce pas?

– Pas complètement. Il a sans doute pris des renseignements dans des archives datant d'avant la guerre. Mais il y a des choses importantes dont il n'a pas parlé...

– Et les Alpes? Sa comparaison?

Il ricanait silencieusement. Ses dents étaient incroyablement blanches, lui donnant des allures de fauve.

– Palmer est différent de tout ce que vous avez pu connaître sur Terre... On ne peut pas l'expliquer. Mon père parle parfois des jungles tropicales pour évoquer la région où nous habitons, mais il se reprend l'instant d'après. Qu'allez-vous faire pour Spelcher?

– Rien, absolument rien. Et si je devais rester dans la cité, je serais bien en peine de trouver une solution. Il possède un pouvoir extraordinaire sur les gosses et j'étais obligé d'en passer par lui pour tous les marchés.

La main de Kheen vint dans la sienne.

– Mais vous ne resterez pas, Georges. Je suis venue pour remplir une mission...

– Je n'ai pas oublié.

– D'ici quelques jours, nous devrons avoir quitté la Terre. Le vaisseau est pratiquement prêt au départ.

Ils surgirent à l'extérieur, tout à coup. Une nuée de papillons les enveloppa dans la même seconde, les plongea dans un orage de couleurs. Les insectes n'étaient que d'habiles réussites mécaniques. Leurs ailes frissonnaient comme d'une vie réelle.

– Comme c'est beau, dit Kheen.

Elle lâcha la main de Thadyoun, essayant d'attraper une des fleurs volantes.

Les papillons étaient de plus en plus nombreux. Thadyoun, irrité, essaya de dissiper le nuage avec de grands moulinets des bras. Puis il y eut un choc, éblouissant de lumière. Il perdit connaissance dans le bruit d'averse des papillons-robots.

5

La nuit se dissipait, en lui et autour de lui. Vers l'est, un nuage effilé commençait à se dessiner sur le fond de pâle lumière.

Thadyoun roula sur le côté. Il vit Concord, comme une île de plus en plus lointaine faite de couleurs magiques.

Le bateau glissait sur le fleuve. Il n'y avait pas de bruit de moteur ni de trépidation. Le pont était de métal, aussi loin que le regard pût porter.

Il avait des liens très fins aux chevilles, suffisants pour entraver totalement la marche.

Il roula de nouveau sur son flanc gauche, laissa reposer sa tête. Le rapide coup d'œil qu'il avait pu jeter sur le bateau ne lui ayant pas révélé de présence humaine, il se devait de ne chercher une explication qu'en lui-même.

Et, à priori, il n'y en avait aucune.

Les Hordes, comme les Dissidents, tuaient pour voler. Et, de plus, il s'entendait avec eux, mieux peut-être qu'avec les moutons traqués qu'étaient les habitants de la cité.

Le nom de Spelcher lui vint et il le rejeta. Le musicien avait une horreur physique de la violence, et la capture de Thadyoun ne lui eût rien apporté.

« Kheen ! » L'image de la jeune fille venait de surgir en lui. Il se démena pour se redresser, regarda de tous côtés. Ses ravisseurs avaient-ils aussi emmené Kheen ? A tout prendre, il préférait cela que de songer à elle, abandonnée dans Concord.

Le bateau était plat et large. Une unique tourelle percée de deux hublots se dressait à l'avant. Thadyoun guetta un mouvement, puis ramena son regard vers la rive toute proche.

C'était déjà la vraie campagne sauvage, à cette distance de Concord. Arbres et rochers faisaient des ombres inquiétantes. Il n'y avait déjà plus de ferme. Des Hordes campaient dans ce paysage, des chevaux et des troupeaux en liberté allaient boire à ses sources cachées, avec l'approche de l'aube.

Et où allait-il, lui, Thadyoun ? Il se prit à songer avec amertume à l'astronef qui l'attendait, lui et Kheen. Puis à la guerre. Sa situation nouvelle lui ramenait toutes les images des mois de combats. Les yeux ouverts sur la rive qu'éclairait le ciel devenu blanc, maintenant, il guettait presque l'apparition de quelque cavalier mongol.

– Oh ! l'ami !

Il sursauta. L'homme qui se dressait devant lui pouvait sortir des images de cette guerre. Une combinaison noire qui le prenait au cou et s'arrêtait, pincée aux chevilles, lui donnait des allures guerrières que ne démentait pas l'arme curieuse accrochée à sa hanche.

– Il va falloir me suivre, reprit-il. Je ne pense pas que vous refusiez, de toute manière. Premièrement, vous ne pouvez pas; deuxièmement, il me semble qu'à votre place j'aimerais être éclairé sur ma situation.

Le ton était courtois, amical presque. L'homme se

pencha et se mit à frotter de façon curieuse les liens brillants qui enserraient les chevilles de Thadyoun.

– Bougez les pieds, maintenant.

Thadyoun obéit. Surpris, il constata une liberté nouvelle de ses mouvements.

– L'effet extenseur ne dure pas, reprit l'autre. Dépêchez-vous, sinon vous risquez de vous étaler sur le pont après une dizaine de pas.

L'un suivant l'autre, ils longèrent le bastingage, gagnèrent la tourelle d'avant. Une échelle de coupée leur permit d'accéder à un étroit poste de commande. Trois hommes s'y trouvaient. Leur combinaison était identique à celle du gardien de Thadyoun mais, en plus, une curieuse allégorie ornait leur poitrine.

Thadyoun évoqua rapidement les dragons asiates. Mais les hommes étaient incontestablement européens.

– Georges Thadyoun, je voudrais vous montrer quelque chose.

Celui qui parlait était le plus âgé. La peau de son visage était brune et couverte de fines rides, ses yeux pâles pleins de fatigue tandis qu'il fixait Thadyoun.

Et celui-ci y lut la curieuse sympathie mêlée de pitié qu'avait révélée le premier de ses ravisseurs.

Il y avait aussi autre chose. Un souvenir, très vague.

Mais le vieil homme poussait une porte, s'effaçait. Thadyoun entra et s'arrêta immédiatement sur le seuil.

– Salauds! Espèce de...

Kheen était couchée par terre. Elle ne portait pas trace de blessure. Seulement, les liens qui la maintenaient étaient nombreux et plus serrés que ceux de Thadyoun. Elle en avait même au cou, qui lui faisaient une marque rougeâtre.

– Salauds! répéta Thadyoun, presque sans voix.

Il voulut s'élancer, soudain, mais deux bras le maintinrent. Il avait la sensation d'un cauchemar revécu inlassablement. Des scènes comme celle-ci, la guerre lui en avait fourni jusqu'à la nausée. Mais l'on était en trêve, en trêve...

– Allez-y, dit le vieil homme, allez-y... cherchez la réponse, tournez en rond... demandez-vous pourquoi nous traitons ainsi cette aimable jeune fille. Plus durement que nous vous avons traité. Allez-y et je vous donnerai la réponse.

Sur le sol, Kheen remua faiblement, leva la tête. Elle eut un pâle sourire pour Thadyoun puis regarda les hommes, derrière lui.

Et ses yeux étaient pleins de haine, de froide haine, d'une haine si intense que Thadyoun en tourna la tête.

On le tira alors en arrière, on referma la porte. Les liens de ses chevilles, brusquement, se rétrécirent. Il trébucha, se retint à une paroi.

– Enlevez-lui ça. Il a trop de choses à apprendre, désormais, pour s'enfuir.

Ils frictionnèrent à nouveau les minces fils qui brillaient comme de l'argent, puis se servirent d'une arme pour les réduire en gouttelettes qui s'évaporèrent presque aussitôt.

Thadyoun se leva. Le jour était bien là, maintenant. La lumière entrait par les hublots et se posait sur le visage ancien de l'homme, en face de lui.

Et il le reconnut enfin.

– De Lemette! dit-il. Joan De Lemette, le premier homme sur Palmer!

6

Cela se perdait dans le passé, et la guerre rendait les grands traits de l'histoire qui lui était antérieure pareils à des légendes. Pourtant, il ne devait guère y avoir d'êtres humains à ignorer le nom de l'homme qui avait mené l'expédition de Palmer au but, à travers les dangers d'un espace encore bien mal connu.

Il avait laissé une belle histoire héroïque pour une génération qui avait eu bien peu de temps pour l'apprécier, avant que le ciel se remplisse de projectiles et que les petits cavaliers apparaissent dans les Alpes.

Et Thadyoun restait muet, à présent, incrédule et intimidé, comme devant un personnage imaginaire amené soudain à la réalité.

– Bien sûr, dit De Lemette, vous ne comprenez plus, vous êtes totalement dans la brume... Et n'importe quel homme de cette cité réagirait ainsi. La guerre a été un enfer, elle est un enfer partout où elle existe... Elle détruit les hommes, les choses, les idées et les souvenirs. (Il se détourna un instant et son regard se porta sur le fleuve, au delà d'un hublot.) Une jeune fille vient vous trouver, reprit-il. Elle est la fille d'un vieil ami et elle vous apporte ce que vous recherchiez depuis la fin des combats, sans succès : la possibilité de fuir, de quitter ce monde où, très bientôt, la guerre reprendra et, cette fois, pour en finir, pour ravager le peu qui reste debout... (De nouveau, il fit face à Thadyoun, ses yeux pâles pleins d'une sorte de rage incompréhensible.) Alors il faut gagner ce paradis au plus vite, n'est-ce pas? Cette autre Terre, de l'autre côté de l'espace, où les hommes vivent en paix!

Les derniers mots avaient été presque criés. Thadyoun recula jusqu'à s'adosser à la paroi. Tour à tour, il fixa les quatre hommes présents, aux visages fermés, encore plus énigmatiques dans leur tenue noire.

– Ecoutez, murmura-t-il, que cherchez-vous à....

– Nous ne cherchons rien! coupa De Lemette. C'est vous qui avez cherché... et trouvé!

– Quoi?

– Le paradis, Thadyoun. N'avons-nous pas des allures d'anges? Ne sommes-nous pas parfaitement l'image du Palmerien que vous imaginiez?

Il ne répondit pas. Lentement, en lui, il commençait à entrevoir une partie de la réalité. Mais c'était une réalité détestable, à donner la nausée.

– Sur Palmer, acheva lentement De Lemette, c'est la guerre. Comprenez-vous? *C'est la guerre.*

Un instant, il éprouva comme une sensation d'étouffement. C'était une gifle, une énorme gifle. Mille projets, mille images s'écroulaient, en même temps que venait l'idée d'une vaste tromperie, d'un mensonge comme jamais l'on n'en avait osé.

– La guerre... sur Palmer? dit-il enfin. Mais qui se bat?

– *Nous* nous battons, et les autres aussi.

Il secoua la tête. Un flot d'hypothèses extravagantes l'amenait soudain à une vague ivresse. Seul surnageait un désir : fuir. Courir le plus loin possible. Et si ce n'était pas jusqu'à Palmer, ce serait ailleurs.

– Venez. Allons sur le pont, murmura De Lemette.

Ils quittèrent le poste, y laissant les trois hommes. Le bateau abordait un coude du fleuve et, en regardant machinalement vers l'arrière, Thadyoun n'aperçut plus Concord.

Il n'y avait que les deux rives vertes, les bouquets d'arbres balancés par un vent tiède qui mettait des rides sur les surfaces d'eau verte.

De Lemette s'assit près du bastingage et son arme au long canon tinta sur le métal.

– Tout a très bien été sur Palmer, commença-t-il, pendant de nombreux mois. Je ne cherche pas à me glorifier. Non, j'étais simplement bien secondé et l'équipe de techniciens de mon expédition était plus qu'excellente. (Il eut un pâle sourire.) Je pense très souvent que le gouvernement avait dû sentir l'approche de l'orage et qu'il avait décidé d'épargner ainsi quelques-uns des meilleurs. En tout cas, tous ensemble, nous avons bâti Cledry, la première ville, construit des barrages sur deux rivières, défriché des surfaces formidables et fait une chasse sans merci à des fauves très nombreux et très dangereux... Puis la seconde et la troisième expédition sont arrivées. Là, les choses ont commencé à se gâter. Certains types avaient amené des idées politiques, des projets grandioses qu'ils comptaient appliquer. J'ai réussi à les annihiler après trois mois d'ennuis et...

– Comment *annihiler*? coupa Thadyoun.

De Lemette le fixa sans répondre.

– Puis-je continuer?... Donc, après la troisième expédition les événements semblaient vouloir reprendre un cours normal. Mais la guerre nous amena ce que nous avons appelé le Déferlement. En deux mois, dix vaisseaux débarquèrent huit mille colons sur Palmer... Et, parmi eux, il y avait votre ami...

Thadyoun sursauta.

– Clem?

– Oui, Clem Benedict. Au début, il cacha son jeu. Il s'était établi avec sa fille sur le second continent et, pour moi, il n'était qu'un nom sur mes fiches de contrôle démographique. Puis, lorsque je voulus remanier notre système de gouvernement, il monta toute une campagne contre moi... Et toute une cohorte de fous acclama ses idées, Thadyoun. Et, depuis, nous nous battons.

Pendant un instant de silence, Thadyoun perçut le jaillissement de l'eau à la proue, le murmure des voix dans le poste.

– Pourquoi êtes-vous ici? demanda-t-il enfin.

– Pour la même raison que la fille.

– Kheen? Mais Kheen n'est pour rien dans...

– Pour rien? Mais elle est venue vous chercher, Thadyoun. C'est son père qui l'a envoyée pour vous ramener sur Palmer.

– Parce que je voulais aller sur Palmer... Ecoutez, De Lemette, je ne sais si toute votre histoire est vraie mais je n'ai aucune place là-dedans, aucune importance. Clem était mon ami, et il est toujours mon ami. Il m'avait promis de faire tout son possible pour que je le rejoigne un jour et il l'a fait.

De Lemette hocha la tête, très lentement. Puis il se redressa et contempla le ciel en clignant des yeux.

– Ce n'est pas désintéressé, dit-il.

– Pas désintéressé? Mais je n'ai aucune importance! Le fait que j'aille ou non sur Palmer ne changera rien à vos problèmes. Et même si je prends parti pour Clem, je ne vois pas ce qu'un seul homme...

– Justement, l'interrompit De Lemette, un seul homme, c'est quelque chose... Et un ami, encore plus.

– Mais c'est fou! Vous êtes des milliers sur Palmer!

Le vieil homme tourna la tête. Il évita de regarder Thadyoun en disant, d'une voix morne :

– Nous *étions* des milliers.

7

Le sens des mots ne s'imposa qu'après quelques secondes à l'esprit de Thadyoun. Quand il eut compris, il fixa celui qu'il avait en face de lui avec un sentiment d'horreur profonde.

– Vous... vous voulez dire que la presque totalité de la population de Palmer a péri... dans votre guerre?

De Lemette opina du menton. Il sourit à l'adresse de Thadyoun :

– Je sais que c'est terrible. Je sais que c'est... presque un crime, oui, un crime. Mais il est certains principes... certaines idées, que l'on se doit de maintenir, de défendre. Même s'il doit en coûter beaucoup.

Thadyoun n'en écouta pas plus. Avec une rage aveugle, il bondit sur son interlocuteur et le frappa au visage. Dans le même temps, un éclair flamboya sur sa droite et le pont de métal émit une curieuse résonance.

Il se retourna. De Lemette était étendu au sol. En haut de l'échelle qui menait au poste de commande, une silhouette pointait une arme sur lui.

– Arrêtez, Thadyoun. Une bêtise suffit!

D'un seul élan, il plongea vers le bastingage, sauta par-dessus bord. La chute lui parut interminable. Puis le choc l'étourdit et il se laissa prendre par le froid de l'eau. Après une éternité bourdonnante où il crut perdre le souffle, il remonta, aspira l'air à pleins poumons.

Il était encore tout contre la coque rouillée, près de l'arrière. A gauche, un éclair fit s'élever un tourbillon de vapeur. Il ne chercha pas le tireur et plongea aussitôt, s'orientant vers la rive. Quelques secondes seulement avant que la proue du bateau passe à proximité. Il ignorait quel était le mode de propulsion mais, tuyère ou hélice, il représentait un danger.

A nouveau, il surgit en surface, aspira et plongea vers les profondeurs. Si vite qu'il ait pu faire, il eut pourtant une désagréable sensation de chaleur dans le dos. Sa nage s'en fit plus vive. Il se mit à compter : 1-2-3... essayant d'évaluer la distance qui, maintenant, le séparait du bateau.

Nouvelle remontée, nouveau jaillissement dans l'éclat du soleil. Goulée d'air. Crépitement à droite, à gauche. Sensation de brûlure, cette fois.

Il dévia sa nage, tantôt d'un côté, tantôt de l'autre, songea que l'arme qu'ils employaient ne devait pas être mortelle puisque l'on tenait tant à lui.

« Des deux côtés ! » La pensée lui vint, douloureuse, dans le monde vert et bruissant de l'eau. Puis une autre, de ressentiment à l'égard de Kheen.

Et, tout à coup, il rencontra le fond, jaune, boueux. Puis la rive, immédiatement. Il émergea. Au-dessus de lui, des arbustes se penchaient. Il chercha le bateau, le trouva en aval, beaucoup plus loin qu'il ne l'avait cru, immobile. L'ancre avait été jetée et une seule silhouette était visible sur le pont, vers l'arrière. C'était le tireur et, visiblement, il avait à présent perdu Thadyoun de vue. Il utilisait son arme en rafales éparpillées, espérant sans doute réussir au hasard.

A quelques mètres de Thadyoun, des joncs devinrent noirâtres et se courbèrent. Nouvel éclair et un essaim d'araignées d'eau se figea.

Le symbole accrocha le regard de Thadyoun l'espace d'une seconde. Puis il chercha une possibilité de fuite vers la campagne.

A quelques pas de la rive herbue commençait une prairie d'herbe haute qui cédait presque aussitôt la place à des arbres en boqueteaux.

Seule la tête de Thadyoun demeurait hors de l'eau tandis qu'il examinait les environs. Il vit que le fleuve, vers l'aval, coulait vers des collines bleutées.

Concord était assez lointaine, maintenant. A pied, il n'arriverait pas avant la nuit, à moins de rencontrer quelque véhicule de rôdeur.

Tout à coup, il s'aperçut que le tireur, sur le bateau, avait commencé un feu systématique sur une certaine longueur de la rive. Et lui, Thadyoun, était évidemment sur le parcours de l'arme. Il maudit la logique de son adversaire et commença de se hisser, lentement, dans l'ombre des arbustes. D'abord sur les coudes, puis rampant de tout son corps, il finit par se retrouver allongé sur un tapis de terre et de feuilles. Une odeur prenante se dégageait de ce sol et de toute la campagne. En homme des cités, il flairait avec méfiance.

Après quelques secondes où il reprit haleine, il recommença sa progression. Mais, cette fois, il se contenta de se courber jusqu'à la savane d'herbe haute, derrière l'écran des arbustes.

Le bateau était à présent hors de vue. Il se glissa jusqu'au premier bosquet, s'arrêta dans l'ombre et aperçut alors un énorme rocher couvert de mousse.

Il pensa fort curieusement que, des millions d'années auparavant, un glacier avait poussé devant lui ce géant de moraine et s'était retiré après quelques milliers d'années de présence.

Il grimpa, s'aidant de plantes et de bosses de terre.

Le bateau lui apparut à nouveau, presque proche maintenant, et inquiétant.

Il était le siège d'une activité fébrile. Les silhouettes des quatre hommes couraient en tous sens. L'un d'eux alla jusqu'au bastingage d'avant et fit usage de son arme par trois fois. Un grand buisson, en aval sur la rive, cachait toute une partie du fleuve et, en même temps, la cible, quelle qu'elle fût.

Puis le tireur rejoignit ses compagnons. Dans la même seconde, une machine surgit de la cale arrière du bateau qui venait de s'ouvrir avec une rapidité étonnante.

Elle était presque sphérique, grisâtre, avec, toutefois, une quantité invraisemblable de tiges, tourelles et pinces issues de sa surface comme des pousses d'une plante.

Les quatre hommes montèrent à bord. La machine s'éleva à la verticale puis se dirigea vers la rive. Comme elle se faisait plus proche, un grésillement devint perceptible. Thadyoun crut tout d'abord qu'il s'agissait de lui, quoiqu'il n'eût pas compris pourquoi l'on avait tiré. Il se prépara à quitter son observatoire. Pour cela, il tourna la tête, afin de surveiller où il posait ses pieds.

L'air résonna comme un tambour dans la seconde où la lumière flamboya. Quand Thadyoun regarda de nouveau vers le fleuve, il ne restait rien du bateau. Seule une mince torsade de fumée rosâtre commençait à glisser dans le vent et une fine couche de débris recouvrait l'eau.

8

Il s'allongea à la base du rocher, se dissimulant du mieux qu'il pouvait dans les herbes et l'ombre.

La machine le survola, à quelque cinq mètres à peine de hauteur. Il ressentit son passage comme celui d'un insecte géant au bourdonnement insupportable. Puis la vitesse sembla s'accroître. Quand il jugea possible de faire un mouvement, il vit que De Lemette et ses compagnons prenaient de l'altitude tout en s'éloignant toujours du fleuve.

De nouveau il regarda, incrédule, l'endroit où il y avait eu un navire, l'instant avant. Qu'avait-il pu se passer? Avait-il assisté à l'une des phases de cette guerre palmerienne que De Lemette lui avait révélée?

Et l'image de Kheen passa soudain devant ses yeux.

Seuls les quatre hommes avaient quitté le bateau! Et ainsi, Kheen... Il ferma les yeux, restant allongé dans l'herbe, glacé. Maintenant, il pensait que De Lemette avait pu ordonner le sabordage du bateau et tuer ainsi la jeune fille. Pourquoi, sinon par représailles parce que lui, Thadyoun, s'était enfui.

« Non, se dit-il, ça ne tient pas debout! Et ils ne l'auraient pas tuée comme cela, froidement. Elle a beau être la fille de Clem, rien ne justifiait son exécution!

Il se releva. Il n'entendait plus la machine. Un silence profond régnait à présent sur toute la campagne. Le bruissement du fleuve donnait la mesure du pays, vaste et sauvage, dans lequel ne vivaient que quelques tribus d'hommes.

La direction de Concord était à peu près vers l'amont, même en tenant compte des boucles du fleuve. Thadyoun se mit en marche. Il devait demeurer à couvert, sans toutefois rencontrer sur sa route des buissons inextricables. Le soleil était haut, à présent, dans un ciel où ne dérivaient que deux minuscules nuages. Un savant dont il ne se rappelait pas le nom avait déclaré une fois que la guerre avait eu pour résultat curieux d'accroître la proportion de belles journées. Il y avait là de quoi souhaiter la pluie, une pluie diluvienne sur un monde en paix.

Thadyoun s'arrêta. Il avait chaud et les mots « monde en paix » s'étaient imposés à lui. La veille encore, ils évoquaient Palmer et ses pionniers. A présent, l'idée était devenue incroyablement abstraite. Plus rien ne s'y rattachait.

Un nuage de mouches tourbillonna. De lourds bourdons rebondissaient entre des fleurs mauves.

Sur la Terre, au moins, c'était la trêve. Cela ne durerait pas, bien sûr, mais il restait encore quelques millions d'êtres humains. Sur Palmer, si De Lemette avait dit vrai, la lutte n'était pas près de cesser. Et elle avait anéanti la presque totalité de la population.

« Grand Dieu!... Ils sont fous... tous fous! »

Il ne restait donc nulle part où aller. Comme dans certains cauchemars, il n'y avait aucune issue, aucune fuite possible.

Que ferait-il une fois revenu à Concord? L'idée de son départ pour Palmer, la quête incessante avaient été une raison de vivre, un enjeu suffisant pour qu'il déploie des trésors d'acharnement, de ruse, dans la jungle de la cité.

Mais maintenant, à moins que De Lemette n'ait menti, Palmer avait disparu, comme si son soleil s'était éteint.

Il ne restait que la Terre, la Terre divisée en deux tranches sur la frontière desquelles les divisions se reformaient. Des partisans, même, n'avaient pas abandonné la lutte. Dans les montagnes qui apparaissaient au nord, peut-être quelques petits cavaliers rôdaient-ils.

Thadyoun s'allongea du mieux qu'il put dans un creux tapissé de plantes odorantes, à proximité d'un épais buisson où farfouillaient des oiseaux minuscules, lancés dans la construction d'un nid.

Et il s'endormit en songeant à Kheen.

Quand il s'éveilla, un visage était penché sur lui. Il sursauta et se redressa brusquement.

– Kheen!

Elle lui sourit.

– Vous avez bien fait de dormir... Nous avons une longue route à faire, maintenant.

Il se secoua comme pour chasser les miasmes du sommeil. La lumière était orangée, sur le fleuve et la campagne. Le soleil approchait de son coucher et il commençait à faire frais.

– Kheen... Comment avez-vous fait?

– Pour m'enfuir? Oh! ils avaient complètement oublié de me fouiller, Georges, et...

– Mais le bateau a sauté!

Elle eut une expression surprise.

– Evidemment, c'est moi qui l'ai détruit.

Il se tut, la dévisagea longuement.

– Depuis ce matin, je ne comprends plus, dit-il, plus rien. Vous avez trompé ma confiance, Kheen, du moins si ce que dit De Lemette est vrai – et, après ce que j'ai vu, je le crois. Vous n'avez pas démenti l'image que je me faisais de Palmer. Vous m'avez laissé croire au paradis de paix, loin de la Terre, et c'est l'enfer, comme cela l'a été ici et comme ce le sera sous peu.

» Dites-moi, Kheen, est-ce vraiment la guerre, là-bas? N'y a-t-il aucun espoir?

Elle prit une expression qu'il ne lui connaissait pas, une expression de fermeté, de dureté. Il pensa qu'elle lui révélait enfin son vrai visage.

– Mon père a besoin de vous. A tout prix. Il n'a jamais cessé de penser que vous alliez l'aider. Ne le décevez pas, Georges. Vous me comprenez?

Il fit comme s'il n'avait pas entendu.

– Combien reste-t-il d'habitants sur Palmer? A cette heure?

– Ainsi... De Lemette vous a aussi donné le chiffre des pertes...

La colère monta d'un seul coup en lui. Il se leva d'un bond, saisit le poignet de la jeune fille et le serra à le briser. Sa voix était sifflante quand il parla :

– Cessez de me prendre pour un imbécile! Je vous ai demandé combien il restait d'habitants sur Palmer. Répondez-moi!

Elle grimaçait.

– Onze cents, à peu près...

Il la lâcha.

– Onze cents! Et vous étiez plus de vingt ou trente mille... Je ne m'en souviens pas exactement. Et tous les autres... sont morts, n'est-ce pas?

– Oui... Ils sont morts dans les deux premiers mois. De

Lemette a utilisé les armes nucléaires de ses vaisseaux. Et mon père a dû riposter.

– C'est Clem qui se bat, alors... contre De Lemette.

Elle hocha la tête. Elle se massait le poignet sans quitter Thadyoun du regard.

– Pourquoi? Dans quel but?

– De Lemette contestait le droit du premier occupant pour les pionniers du second continent où nous nous sommes établis. Il disait que, étant chef de la première expédition, il détenait le pouvoir pour de nombreuses choses et, en particulier, pour la répartition des terrains.

– Mais c'était le gouvernement de la Terre!

– Bien sûr. Mais il prétendait le représenter. Et ici, personne ne s'occupait plus de Palmer, vous comprenez?

Il comprenait.

– Quel gâchis, murmura-t-il. Et Clem rend coup pour coup, n'est-ce pas? Il est aussi coupable que l'autre...

Elle secoua la tête et ses cheveux volèrent.

– De Lemette a commencé, dit-elle.

– Et Clem envoie sa propre fille me chercher, avec sur elle de quoi faire sauter un bateau. Pourquoi veut-il de moi?

– Je pense que De Lemette a dû vous le dire. Vous êtes son ami, Georges. Ensemble, vous avez connu la guerre sur Terre... Il m'a dit que vous aviez, tous les deux, réalisé des choses sensationnelles et que vous aviez été jusqu'en Mongolie pour...

Il la gifla avec violence, par deux fois.

– C'est vrai! J'ai fait la guerre, avec Clem! *Mais je ne l'avais pas provoquée*! Et je ne la souhaitais pas... je la subissais, et Clem aussi, en ce temps-là! Rien ne nous importait plus qu'en sortir, et le plus vite possible!

Elle s'était éloignée de lui et le fixait, avec une sorte de désespoir. Il s'en aperçut et cela accrut sa rage :

– Je n'irai jamais sur Palmer, vous comprenez? Clem était mon ami mais s'il est devenu fou, il ne peut plus l'être... Qu'il crève! Et avec lui tous ceux qui se battent sur

Palmer! Il y aura toujours d'autres pionniers pour en refaire un monde habitable!

Il criait. Kheen esquissa un geste puis elle se mit à courir, éperdue.

Il la laissa faire, certain qu'elle ne tarderait pas à revenir.

Elle réapparut presque aussitôt, courant toujours. Mais son visage était encore plus blanc.

– Les revoilà, dit-elle, avec la machine... Ils survolent le terrain. Tout brûle!

9

Dans le même temps, Thadyoun perçut l'odeur de la fumée. Puis le grésillement de la machine, qui se fondait presque au concert des insectes de midi.

En amont du fleuve, une mince bande grise apparut, puis ce furent des volutes noirâtres.

Thadyoun posa la main sur l'épaule de Kheen. Il s'efforçait de distinguer l'ensemble du danger, de chercher une issue possible.

– Ils nous coupent la route, murmura-t-il.

Il se retourna. Nul doute que l'incendie se propageât derrière eux sous peu. S'il n'était pas déjà allumé.

Il sentit la jeune fille frémir et se demanda si c'était de crainte ou de colère. Il était prêt à pencher pour la seconde hypothèse.

La fumée arriva jusqu'à eux en âcres bouffées. La silhouette de la machine des poursuivants fut visible durant une seconde au-dessus des arbres puis s'éloigna.

– Ils vont terminer le cercle, dit Kheen. Et après, nous serons pris, définitivement.

La situation apparut soudain à Thadyoun dans toute son irréalité. Il était au bord d'un fleuve, avec une fille fanatique, affrontant un ennemi rusé. Et tout cela appartenait aux années du passé, à la guerre... Le monde était en trêve, à présent!

– Georges! Vous m'entendez?

Il secoua la tête. Il se sentait près de la nausée.

– Nous n'allons pas nous laisser prendre au piège comme cela? Dites-moi que non!

– Je suis déjà pris, Kheen... Et c'est vous qui avez tendu le piège.

– Ne croyez-vous pas que ce n'est guère le moment de discuter de cela?

Tout autour d'eux, mille bruits nouveaux étaient apparus. Les habitants du piège fuyaient en tous sens. Des essaims de mouches furieuses allaient et venaient entre la campagne et le fleuve. Des bandes de mulots surgissaient au galop.

– Il ne reste guère qu'un seul chemin, dit Thadyoun.

Il marcha jusqu'à l'eau, y entra sans hésitation. Kheen le suivit.

– C'est là qu'ils nous attendent, justement, dit-elle.

– Trouvez-moi autre chose! Je préfère qu'ils me prennent en bon état que grillé comme un gibier!

– J'aimerais mieux ne pas être prise du tout.

– Et moi, mettez-vous bien cela dans la tête, je me fiche d'être avec eux ou avec vous... Je retournerai à Concord, en tout cas!

Et il plongea.

La machine n'apparut que lorsqu'ils se trouvèrent très près de la rive opposée. Elle plongea vers l'eau et les survola. Thadyoun put apercevoir le visage de De Lemette à un hublot. A côté de lui, Kheen eut un curieux grondement. Elle était épuisée. Il l'avait soutenue déjà sur plusieurs mètres. Mais elle conservait encore assez de force pour haïr. Il le vit dans son regard et en éprouva un véritable malaise.

La machine s'éloigna, fit un virage au-dessus de la rive et se posa avec douceur à une trentaine de mètres en aval.

Instinctivement, Thadyoun dirigea sa nage de manière à s'en éloigner, bien qu'il estimât la partie perdue. Il aborda en même temps que Kheen et se dressa aussitôt.

– Couchez-vous, grand Dieu!

Il obéit. Quelque chose d'insolite se passait. Quelque chose qu'une fois encore il n'avait pas prévu.

Personne ne venait à leur rencontre, de la machine. De Lemette et ses compagnons avaient dû débarquer, pourtant. Mais ils se tenaient hors de vue.

– Que craignent-ils? murmura-t-il. Nous ne sommes pas armés et...

Il s'interrompit. Kheen tenait dans sa main droite un fort curieux objet en forme de poire. Cela brillait comme du métal précieux, mais Thadyoun ne pensait pas du tout que ce fût du métal. Il songea à l'explosion du bateau.

– C'est avec ça, demanda-t-il, que vous avez...

– Que j'ai pulvérisé leur beau navire? Oui, à retardement. Et je vais faire la même chose pour ça.

Elle désignait la machine. Déjà, elle levait la main, ses doigts pressés en couronne sur la dangereuse poire. Il interrompit son geste.

– Vous voulez les tuer?

– Ce serait la plus belle action de la guerre. Comprenez-vous que ce sont eux qui sont à notre merci. Ils ignorent que je possède une telle arme. Ils sont simplement méfiants, au cas où j'aurais un simple brûleur comme les leurs. Ils ne s'attendent pas à ce qui va se passer. Après, ils seront à égalité avec nous.

Et, sans avertissement, elle tira en direction de la machine. Thadyoun ferma les yeux, instinctivement. Le bruit de tonnerre sembla balayer la campagne entière. Puis un vent de tornade souffla pour quelques secondes, balayant des débris de métal dont certains retombèrent très près.

A la place de l'engin, il n'y avait plus maintenant qu'une zone noirâtre où couraient quelques flammèches.

– Regardez! s'écria Kheen.

Elle n'avait pas lâché son arme et montrait quatre silhouettes qui, un peu plus loin sur la berge, se jetaient à l'eau à tour de rôle.

– Vous n'allez pas leur tirer dessus, non?

– Peut-être que si.

– Ne trouvez-vous pas que vous avez déjà assez fait de mal comme cela?

– Et eux? N'en ont-ils pas fait?

Ses yeux flamboyaient. Son bras droit restait tendu en direction des quatre fuyards qui, maintenant, n'étaient plus que des points noirs sur l'eau grise.

Elle parut s'apercevoir soudain qu'ils étaient près de lui échapper et elle visa, froidement.

Thadyoun se jeta sur elle et fit dévier le coup. Un geyser de vapeur s'éleva en sifflant du milieu du fleuve.

– Vous allez me donner cette horreur!

Il serra le frêle poignet, surpris de la vigueur de la défense. Kheen roula dans l'eau, chercha à le frapper de sa main libre.

Furieux, il la gifla à toute volée. Elle tomba en arrière en lâchant la poire de métal, étouffa dans l'eau et revint sur l'herbe en hoquetant.

Précautionneusement, Thadyoun prit l'arme en main. Il la tourna et la retourna, cherchant un quelconque mécanisme de tir.

– Etes-vous satisfaite, à présent? Je n'arrête pas de vous gifler... Et je n'arrêterai pas aussi longtemps que vous vous conduirez comme une petite bête fauve.

Elle s'assit, une expression fermée sur le visage. Ses cheveux collaient à son front et une mèche dégoulinait sur son épaule.

– Je n'ai jamais vu une fille comme vous, reprit-il. Espérez-vous continuer longtemps? Croyez-vous que cela change vraiment les choses de tuer des hommes?

Il la fixait, attendant qu'elle parle, saisi d'un vague sentiment de honte, de regret.

Mais elle se taisait. Son regard était posé sur le fleuve, là où avaient disparu les quatre hommes.

Thadyoun se leva. Il continuait de tourner l'arme dans sa main. L'après-midi allait passer, songea-t-il. Ce serait la nuit. Et que feraient-ils en pleine campagne?

– Venez... Nous devons regagner Concord.

Elle secoua la tête.

– En ce cas, dit-il, j'y vais seul.

Et il commença de marcher vers le sud.

– Attendez!

Il s'arrêta, se retourna.

– Vous venez?

– Non... Vous, vous devez venir.

Elle s'était levée et le regardait avec gravité.

– Sur Palmer?

– Oui, sur Palmer.

Il se mit à rire, volontairement, essayant de briser l'entêtement de la jeune fille et, en même temps, luttant dans un invisible filet qu'il sentait autour de lui, le paralysant de plus en plus.

– Je n'irai pas sur Palmer, jamais!... Quand vous serez de retour, vous direz à Clem qu'il n'est plus digne de la moindre amitié.

Elle ne dit rien. Elle se mordait les lèvres comme, pensa-t-il, pour s'empêcher de pleurer. Mais il ne croyait pas qu'elle fût capable d'un véritable chagrin.

Il reprit sa marche. De l'autre côté du fleuve, les flammes mouraient sur la rive humide. Des cendres volaient comme des oiseaux.

– Clem est mort.

Il s'arrêta, se retourna une fois de plus.

Elle le regardait et continuait de se mordiller les lèvres.

– Comment?

– Mon père est mort, Georges.

Il revint vers elle.

10

– Que dites-vous?

Elle ne répondit pas. Soudain, elle fixait les flammes mourantes, de l'autre côté du fleuve, comme si elle venait de les découvrir.

Il s'assit à côté d'elle, secoua la tête.

– Mais quelle sorte d'histoire me racontez-vous là? Pourquoi me prendre dans un tel imbroglio? Pourquoi me dire que Clem est mort? Maintenant?

Il avait, sans s'en rendre compte, posé une main sur l'épaule de Kheen et ses doigts se crispaient sous l'effet du désarroi et de la colère.

Elle se retourna, le regarda.

– Comme vous faites vieux, maintenant, dit-elle. Exactement comme mon père, quand il était fatigué ou triste... Mais il est mort, à présent, il faut me croire.

L'image de Clem passa devant les yeux à demi clos de Thadyoun. C'était le visage de son ami, sous une casquette sale, devant un paysage de suie et de boue. Pluie sur une plaine d'Asie, quelque part entre des détroits ocre, des chaînes en dents de scie et des damiers de cendres qui brillaient bleus la nuit.

– ... dans un combat naval, continuait Kheen qu'il n'avait pas entendue commencer. Tout l'équipage a péri avec lui... Il disait qu'il ne se battrait jamais sur mer parce que nous n'avions pas assez de bateaux. Mais il l'a fait parce que De Lemette l'y a obligé.

« Rien ne nous oblige à rien, pensa Thadyoun. Le libre arbitre est notre droit le plus sûr! »

Il ignorait où il avait pu entendre cette phrase mais il savait que ce n'était pas la première fois qu'elle lui venait aux lèvres. Pourtant, cette fois, elle provoquait comme un écho. Un écho de doute.

– Il avait promis de désigner un successeur, reprit

Kheen, et il l'a fait, quelques jours avant... Pour moi, j'ai toujours su qui ce devait être. Comprenez-vous maintenant pourquoi De Lemette en personne est venu sur Terre? Pourquoi je suis ici?

– Je pensais ne pas avoir à vous le dire avant que nous soyons dans l'espace. Je ne voulais pas courir le moindre risque de vous voir refuser, malgré toute la confiance que mon père avait en votre choix.

– Il avait *confiance*? Mais il a été mon ami, il me connaissait parfaitement, aussi bien que je croyais le connaître...

– Et il vous a désigné, Georges, et il n'a jamais voulu changer d'avis. Il s'est battu pour Palmer et il pensait que vous vous battriez pour cela, vous aussi, si rien n'était achevé.

– N'a-t-il rien laissé pour moi? Un message... n'importe quoi qui m'explique...

– Rien, sinon une planète tout entière, si vous savez la conquérir.

– Et faire pleuvoir le feu, n'est-ce pas? Si je sais tuer et faire tuer? Si je sais haïr et faire haïr?... C'est bien cela, non? Est-ce tout ce que des siècles de civilisation nous ont apporté?

– Oui... la certitude qu'il existe des causes pour lesquelles on doit se battre et d'autres qui n'en valent pas la peine.

– Et comment les reconnaître, selon vous? Par le fait même qu'elles obligent à se battre des hommes qui ne le voulaient pas?

Thadyoun se releva. Une senteur de fumée glissait sur le fleuve.

– Ce que vous dites est complètement faux... Il y a eu des guerres de tous temps et l'on a toujours obligé les hommes à s'y battre, bien qu'ils n'en aient eu aucun désir. C'était simplement être tué ou tuer...

« Il y a deux manières de se battre, disait mon père.
« Dans l'une, on ne le fait qu'à moitié et l'on est en conflit

« avec sa conscience; dans l'autre, on se bat tout entier « et l'on est en paix avec soi-même. »

» Oui, je me souviens de l'avoir entendu dire cela... Mais je me souviens aussi de la haine qu'il vouait à toutes les violences.

» Il n'avait pas changé... Croyez-moi. S'il vous avait demandé lui-même ce que je vous demande maintenant, s'il vous l'avait expliqué, vous auriez accepté. Mais maintenant il n'est plus là...

Pendant un instant, il demeura immobile, ses yeux parcourant tout l'horizon dans la clarté dorée du soleil. Puis il prit conscience du silence prolongé de la jeune fille, regarda à ses pieds et vit qu'elle pleurait, pour la première fois depuis qu'il la connaissait.

– C'est étrange, dit-il à voix haute, je n'aurais jamais cru... que vous étiez capable de pleurer.

Un vol d'oiseaux traversa le fleuve en aval. Des nuages ténus commençaient à se rassembler dans la direction du couchant.

– Qu'allez-vous vous faire maintenant? reprit-il. Où se trouve l'astronef?...

Elle se releva, montra la direction de l'ouest. Il lui prit alors la main en silence et commença à marcher.

Le soleil disparut sous l'horizon oriental. De là, pensa Thadyoun, l'ennemi reviendrait un jour, et même les hommes des Hordes qui campaient dans les prairies devraient l'affronter à nouveau. Combien y en aurait-il qui se battraient tout entiers? Avec leur corps et leur âme?

Sa pensée voyagea jusqu'à Palmer. Il essaya de se représenter un monde vert et bleu presque semblable à la Terre, tournant dans l'espace noir à des millions de kilomètres d'un soleil jaune.

La nuit allait venir et il verrait ce soleil comme une étoile ténue, si même il parvenait à le trouver, dans la poussière de tous les autres.

D'autres images lui vinrent, tandis qu'il marchait avec

Kheen à ses côtés. Des soleils jaunes, d'autres bleus, des ombres insolites sur des prairies, des montagnes jamais encore vues par l'homme.

Au seuil de la nuit, ils s'arrêtèrent au creux d'un buisson et s'y étendirent. L'herbe crépitait sous leurs corps comme un feu invisible.

– Ecoutez, dit Thadyoun, demain nous atteindrons votre astronef... Celui qui vous attend pour vous emmener. Est-ce que vous comptez repartir?

Il devina qu'elle le regardait intensément.

– Je n'ai jamais envisagé de rester sur Terre, dit-elle enfin. Votre cité m'est apparue comme une image de l'enfer.

– Oui... oui, bien sûr, murmura-t-il, parce qu'elle est issue d'un enfer.

Il chercha longtemps le sommeil et finit par le trouver en contemplant trois étoiles blanches par une trouée du feuillage.

Ils dévalèrent une dernière pente où les chardons mêlaient leur couleur bleue au vert profond et sombre d'une herbe humide.

Au fond de la vallée, entre un ruisseau caillouteux et deux carrés de terre cultivée, il y avait une maison de deux étages au toit de pierres plates.

– Où est l'astronef? demanda Thadyoun.

Kheen tendit la main.

– Là, dit-elle. La ferme a été construite par-dessus. En réalité, personne n'y a jamais habité.

Ils continuèrent de descendre, lentement. Un silence particulier enveloppait le paysage.

Ils n'étaient plus qu'à une centaine de mètres de la ferme factice quand un éclair frappa le sol devant eux. L'herbe se mit à fumer.

– Couchez-vous! cria Kheen.

Ils roulèrent à terre, rampèrent jusqu'à se trouver à

l'abri d'un mamelon où avait poussé une plante aux fleurs jaunes et minuscules.

Quatre silhouettes dévalaient la pente, maintenant.

– Thadyoun! cria une voix. Georges Thadyoun!

Il voulut se dresser mais Kheen pressa de tout son poids sur son bras gauche.

– Etes-vous fou? Vous n'allez pas discuter avec eux? Ils ne prendront aucun risque avec vous. Ils doivent avoir compris, maintenant, que je vous ai dit la vérité. Ils ne peuvent pas être certains que vous avez refusé, même si vous le leur jurez.

– Je ne veux pas me battre, Kheen. Ils ne sont pas mes ennemis.

Elle le regarda et il vit une certaine pitié dans ses yeux. Elle lâcha son bras et dit :

– C'est bien, Georges, faites ce que vous jugerez être bien.

Il hésitait.

– Je vais leur demander de vous laisser repartir, Kheen. Quand ils verront que je reste ici, sur Terre, ils seront bien obligés de me croire, non?

Elle n'esquissa pas un geste.

– De Lemette! appela-t-il.

Un silence.

– De Lemette! Il faut que je vous parle!

– Allez-y, Thadyoun. Je vous écoute.

Il se dressa, fit quelques pas dans l'herbe. Une acuité nouvelle lui venait. Il avait conscience de la ferme, derrière lui, des murs hâtivement construits par-dessus une coque luisante qui renfermait elle-même des pièces vides, des appareillages complexes qui se mettraient à frémir quand... Il avait aussi conscience du ruisseau, de sa descente naturelle au long de la petite vallée... De la proximité des nuages, de plus en plus nombreux dans le ciel.

Il chercha sur la pente et trouva le petit rocher entouré de chardons d'où venait la voix de De Lemette.

– Je sais que Clem m'a désigné comme son successeur,

reprit-il, mais je refuse. Il était mon ami mais, tout comme vous, il a commis un véritable crime en entamant une guerre sur Palmer.

Il se tut. Il ne savait plus quoi ajouter. Et la sensation nouvelle de mieux percevoir les choses prenait de plus en plus d'importance. C'était comme un instinct qui apparaissait. Ou plutôt qui revenait.

Et cet instinct lui criait : danger!

De Lemette ne répondait toujours pas.

Thadyoun plongea soudain en arrière dans la demi-seconde où l'herbe flamboyait à l'endroit où il s'était tenu.

Il roula jusque derrière le mamelon, aux côtés de Kheen. Son cœur battait furieusement tandis qu'il cherchait, trouvait et ramenait la dangereuse poire qui avait détruit le bateau.

Le silence était revenu.

– Montrez-moi, dit-il à Kheen.

Elle mima le geste, sans cesser de le regarder.

Il hocha la tête puis chercha le rocher. Il visa ensuite à plus de cinquante mètres de là. Le sol trembla et une masse noire de terre et de cailloux monta vers le ciel. Elle retomba en un bruit d'averse.

De Lemette et les trois autres hommes en noir fuyaient déjà vers le bas de la vallée.

Thadyoun les suivit de son arme.

Ce n'avait été qu'un avertissement. Mais il se sentait prêt à entrer dans la ferme factice, puis dans la coque de métal.

Prêt à voir la Terre fuir sous lui.

Il se releva, tendit la main gauche à Kheen.

Dans sa main droite, il tenait toujours l'arme, fermement.

– Allons-y! dit-il.

LA BATAILLE D'OPHIUCHUS

« ... elle est une de ces vérités historiques de la Première Avancée qui ont pris, avec l'énorme recul du temps, figure de légende. La bataille d'Ophiuchus fut, en fait, une suite de longs combats pour la possession de groupes stellaires proches de la nébuleuse obscure en S et qui opposèrent les armadas d'investissement humaines à diverses unités étrangères dont, même à présent, nous ignorons l'origine exacte.

» Cette bataille d'Ophiuchus sembla se fixer pendant près de deux siècles, tandis que la colonisation des mondes relativement proches se poursuivait et que la Terre passait par les premières crises politiques qui devaient amener son extinction au seuil du règne de Flingus Jeresse, après les... »

Extrait de « La Première Avancée » *de Cyrce, étude exhaustive de l'établissement des humains dans les régions du Centre Galactique.*

1

Le *Rey-Hiroun* surgit au seuil du système de Thiège, à plus de quarante années-lumière du combat. Quand ils purent évaluer à peu près cette distance sur les écrans des grands appareils du pont de contrôle, les hommes de l'équipage eurent un soupir d'immense soulagement. Pour eux, cette fuite loin des vaisseaux de l'ennemi signifiait une évasion de l'enfer. Des mois auparavant, le *Rey-Hiroun* avait perdu le contact avec les soixante autres navires de son groupe, soit que ceux-ci aient été détruits, soit qu'ils aient regagné les bases arrière devant l'incessant afflux de l'ennemi.

Seul, il avait cherché refuge sur des mondes perdus, au delà même de la fameuse nébuleuse en S. Il avait fui chaque fois que des patrouilleurs étrangers l'avaient découvert, posé dans des sables brûlants, flottant dans des marais ou naviguant entre des strates de gaz lourd au feu de trois soleils.

– Nous nous sommes battus... trente-deux fois, dit le commandant Hargreb.

– Trente-quatre, rectifia Sway, le second, il faut compter nos deux engagements contre ces oiseaux sur Sitilqua-Rhiat. Ils y ont laissé des plumes, mais nous aussi... Rappelez-vous, c'est là que nous avons perdu le commandant Marvorn et le petit Gilsson.

Hargreb se contenta de hocher la tête. Il était inutile de lui demander de se rappeler quelque chose, même un fait aussi dramatique que la bataille contre les oiseaux de Sitilqua-Rhiat. Il se cantonnait dans son rôle de chef de bord et, déjà, il ne donnait plus toute satisfaction. Sway pensa avec amertume qu'il serait bientôt, lui, commandant du *Rey-Hiroun*. La perspective ne lui souriait guère. Il évita de songer à ce qu'eût été sa réaction, dans les mêmes circonstances, au départ de la base, combien de mois auparavant? Il n'était que servant de pont alors, et le commandant se nommait Sébast Ulrich. Après, il y avait eu Marvorn, puis Hargreb.

Trois commandants en une campagne, cela faisait beaucoup pour un vaisseau de combat, même dans la bataille d'Ophiuchus. Trois commandants et bientôt quatre si l'on tenait compte des hochements de tête de Hargreb et de son air absent tandis qu'il fixait le diorama stellaire.

– Thiège II, dit Sway, nous y trouverons de tout, commandant. Nourriture, repos, printemps... femmes.

Un pâle sourire apparut sur les lèvres de Hargreb.

– Femmes, printemps, Sway. Vous parlez comme les publicités de la Terre, parfois.

– Non, comme un homme. Comme un homme qui en a marre, commandant. Je n'ai jamais été sur Terre...

Hargreb marqua un temps puis soupira :

– Moi, si... Tenez, Sway, demandez donc à nos spécialistes où se tient actuellement le printemps sur cette planète.

Sway obtempéra et quitta la passerelle pour gagner le pont de contrôle. Il rendit la réponse à Hargreb quatre minutes plus tard, par communicateur.

– Le printemps est dans l'hémisphère sud, commandant. Selon Gresh, il semble particulièrement florissant sur la grande île que vous pouvez apercevoir au centre de l'océan.

Hargreb grogna. Il avait le spectacle sous les yeux.

– Sway?

– Oui, commandant.

– Nous irons à la pêche.

Il fut soulagé de ne pas entendre le « à vos ordres » qu'il avait appréhendé. Sway se contenta de rire et Hargreb lui en fut reconnaissant.

Il passa le temps de la manœuvre d'approche à observer de près l'île vers laquelle se dirigeait le vaisseau, maintenant.

En vision télescopique, il découvrit deux chaînes de montagnes, géologiquement jeunes, encadrant des bassins fluviaux qui réveillèrent son envie de pêcher. Il y avait des forêts d'arbres presque noirs, des prairies qui allaient jusqu'au bord d'un océan scintillant de soleil.

– Commandant?

Sway rappelait par le communicateur.

– Oui?

– A vos ordres pour la manœuvre de débarquement.

Il inclina la tête.

– Commandant... Avez-vous vu le village, au nord de l'île?

Il sourit et prit le temps d'orienter la vision.

– Je ne l'avais pas vu, Sway, mais... maintenant je pense que c'est une bonne petite planète.

Puis il demanda les coordonnées de plongée au complexe de guidage.

2

Cachée dans un buisson, elle attendit jusqu'au crépuscule avant d'en sortir et de marcher jusqu'à la nef.

Il y avait eu, en plein après-midi, un grand souffle de vent tiède et les vagues, l'espace d'un instant, s'étaient faites plus grosses sur la plage blanche. Puis les têtes des filles et des vieilles femmes s'étaient levées et elles avaient vu la vaste coque brillant au feu du soleil.

La condensation de l'air, derrière le vaisseau, faisait comme un nuage en ruban blanc.

Après avoir tourné deux fois au-dessus du village, la nef s'était posée, tout au bord de l'eau, à tel point que les évents de poupe étaient mouillés par instants quand les vagues montaient un peu plus haut.

Le soleil disparaissait à l'horizon, écarlate, colorant l'océan et la plage d'une façon presque effrayante, dessinant des ombres près des grands arbres à épines et près des premières maisons désertées.

Sur la masse sombre du vaisseau, soudain, des carrés de lumière apparurent. A la proue acérée, le mât, semblable à l'antenne d'un gros insecte, projeta un faisceau lumineux sur le sable.

La nef reposait maintenant dans sa propre île de lumière.

Quand la jeune fille ne fut qu'à quelques pas, elle

s'arrêta. Les hommes qui étaient sortis ne l'avaient pas encore vue, sans doute. Ils discutaient en regardant l'océan et elle aimait le bruit de leurs voix, pareilles à celles des hommes qui étaient si peu nombreux au village.

Elle leva la tête et vit, juste au-dessus d'elle, une ombre vaste, presque semblable à une aile ou à une dent. Elle frissonna puis rit, la seconde d'après : c'était bien une aile, une aile de métal de la nef. C'était ce qui avait aidé à porter ce poids de matière brute et d'hommes à travers le ciel.

Elle se remit en marche. Elle avait conscience, à présent, non pas de son courage, mais de la peur de ses compagnes et des quelques hommes du village. Tous, ils avaient fui.

Mais peut-être avaient-ils l'excuse de trop bien se souvenir d'autres vaisseaux, certains gigantesques, qui avaient déversé, non pas des hommes, mais des horreurs venues de loin et qui...

– Oh! bonjour!

Elle sursauta et chercha l'homme, dans l'ombre qui était devenue épaisse. Elle l'entendit souffler près d'elle, puis son pas craquer sur le sable.

– Bon... bonjour! balbutia-t-elle en tremblant.

Elle était très émue mais elle voulait avant tout montrer à cet homme et à ses compagnons qu'elle était de leur race et qu'elle parlait le même langage.

Elle voulait qu'ils sachent tous, très vite, que ses ancêtres étaient venus sur ce monde, longtemps auparavant, dans une nef semblable à celle qui la dominait maintenant, et peut-être même plus grosse encore.

– Vous parlez... vous parlez comme nous!

Elle fut heureuse qu'il commençât à comprendre. En reculant, elle quitta l'ombre et l'amena à se montrer. Il était très grand, très maigre, guère semblable à aucun des hommes du village. Ses cheveux très longs lui dansaient sur le front en boucles presque blanches à force d'être blondes. Elle n'aimait pas, toutefois, l'aspect sinistre de son habit, une combinaison noire qui le prenait au ras du menton pour ne se terminer qu'aux chevilles, sur de drôles de sandales métalliques.

Il avait un nom, inscrit en blanc sur le haut de sa poitrine.

– Vous... vous vous appelez Rey-Hiroun? demanda-t-elle.

Il se mit à rire et elle comprit tout de suite qu'elle s'était trompée. Elle se sentit rougir. Un peu de honte, un peu de colère.

– Non... Non, c'est le nom de la machine, jeune fille.

– De l'astronef.

Il rit à nouveau.

– Oh! Il faut m'excuser. Je... je m'appelle Sway.

– Qu'est-ce qui vous fait tant rire, Sway?

– Eh bien... je pense que tous les humains se reconnaissent à cette particularité : ils ont une peur abominable qu'on les prenne pour des indigènes.

– C'est vrai, oui.

Il rit encore, très fort, mais cette fois cela déplut beaucoup moins à la jeune fille.

– Nous, dit-il à la fin, amis venus du ciel dans grande machine. Nous porter la paix...

Elle se mit à rire avec lui.

– Et alors, dit une nouvelle voix, très grave et très forte, on crée très vite le bon climat, à ce qu'il semble?

Sway se retourna.

– Commandant, voici... Au fait, quel est votre nom?

– Criilje, dit-elle.

– Voici Criilje. Descendante de pionniers et citoyenne de Thiège II.

Le commandant s'inclina et le geste lui sembla fort comique, mais elle se retint de rire parce que c'eût été impoli, pensa-t-elle.

– Criilje, dit-il en n'appuyant pas assez sur les i, j'aimerais que vous alliez rassurer les vôtres sur nos intentions.

De plus, si les notables sont présents, vous leur demanderez, en notre nom, hospitalité pour quelque temps. Nous ne sommes que de passage et, ma foi, nous repartirons assez vite... Trop vite, ajouta-t-il en regardant Sway.

– Mon commandant, fit ce dernier, puis-je me proposer pour accompagner Criilje en délégation?

La nuit venait, à présent, mais Criilje vit quand même que le commandant de la nef souriait longuement à l'adresse du grand jeune homme blond.

– En délégation? dit-il enfin. Ma foi, oui, nous sommes ici pour nos vacances, n'est-ce pas?

Sway et Criilje s'éloignèrent donc du vaisseau côte à côte et marchèrent au long de la plage en direction du village.

3

Le lendemain, il plut dès le matin, mais c'était une pluie douce, comme il ne pouvait en tomber que dans certaines régions, très rares, de certains mondes, très rares. Une pluie presque verte, comme les carrés de pelouse qui se trouvaient devant chaque maison, une pluie qui restait en milliers de perles aux longues épines des arbres. La mer, du coup, semblait en avoir perdu sa voix. Elle n'avait plus que le chuchotement très léger des gouttes.

Les hommes du *Rey-Hiroun* observaient le paysage depuis le seuil.

La maison était la plus vaste, la plus haute du village, tout en étant la plus confortable. Elle était divisée en une trentaine de petites pièces individuelles. Le rez-de-chaussée seulement formait salle commune. Des vasques d'huile aux sculptures tourmentées, d'inspiration naturiste, éclairaient jusqu'au moindre recoin.

Hargreb ferma les yeux un instant. Crimsoï et Spoletti, deux hommes du contrôle, jouaient en duo, très doucement, d'une petite flûte qu'ils gardaient avec eux depuis leur passage sur une planète oubliée depuis longtemps. Gondrey, qui avait perdu ses trois meilleurs camarades dans le dernier engagement, s'était assoupi, la tête appuyée à un pilier de bois rouge.

« C'est un bon endroit pour se reposer, songea Hargreb, pour rester comme cela, à regarder la pluie, avec la certitude que rien ne tombera jamais du ciel pour tout brûler autour de vous et vous forcer à reprendre le combat, sans arrêt... »

Il rouvrit les yeux. Il repensa alors à la nuit passée et rectifia : on pouvait aussi se fatiguer d'une bonne fatigue en cet endroit, sur ce monde. On pouvait boire, danser et raconter toutes ses misères. Il y avait toujours quelqu'un pour vous écouter, quelqu'un qui avait de grands yeux doux, le sourire aux lèvres...

– Vous vous endormez, commandant ?

Sway était devant lui. Il venait de la forêt parce que quelques brindilles étaient encore dans ses cheveux et que la pluie n'en finissait pas de s'égoutter de son corps.

– Non, je rêvais, Sway, murmura Hargreb. Mais vous, par contre, vous étiez de plain-pied dans la réalité, n'est-ce pas ?

Voyant que son second se contentait de sourire, il reprit :

– Et vous n'étiez pas seul, hein ? De nous tous, c'est vous qui êtes le mieux parti, à ce qu'il semble !

Curieusement, l'expression de Sway redevint grave.

– En effet, dit-il, j'étais dans la forêt, avec Criilje. Je... j'aurais quelques mots à vous dire, commandant.

Ils quittèrent le seuil de la grande maison et marchèrent vers la plage par le petit sentier où Hargreb, la veille, avait cru trouver des pierres de valeur alors qu'il s'agissait de coquillages.

La pluie cessait doucement. Les dernières gouttes étaient fraîches sur la peau. Hargreb leva la tête et ouvrit son immense bouche.

– Pourquoi faites-vous cela, commandant?

Il rit.

– Oh!... Un vieux complexe d'enfance, Sway. J'ai passé une bonne partie de ma jeunesse sur Eudycée et vous savez comme c'est sec, là-bas. Quand il pleuvait, je... Au fait, qu'aviez-vous à me dire?

Sway soupira.

– Dans la forêt, dit-il, nous avons rencontré les hommes. Ils reviennent, en ce moment.

– Pas trop tôt, Sway. J'allais finir par penser, ou bien que les femmes nous mentaient et qu'elles se reproduisaient par parthénogénèse, ou bien que ces hommes-ci étaient les plus grands lâches que...

– Ils ne sont pas lâches.

Hargreb eut un coup d'œil surpris pour son subordonné.

– Mais... je n'affirmais rien, Sway.

– Excusez-moi, commandant, je... enfin, ils m'ont fait un effet extraordinaire. Ils sont... disons, aussi larges que je suis maigre. C'est une race très forte, très saine. En les voyant, je me suis demandé comment il était possible que la population soit à ce point réduite et je leur ai posé la question.

Il s'interrompit, cherchant ses mots. Il avait un problème et, bientôt, ce serait le leur à tous.

– Eh bien, Sway?

– Ils ont meilleure mémoire que les femmes, c'est tout.

Hargreb fronça les sourcils. Les deux hommes étaient sur la plage, à présent. Loin d'eux, sur la droite, la nef jetait des reflets bleus.

– Ils se souviennent de tout ce que leur ont coûté les incursions de vaisseaux étrangers, dit enfin Sway. Il semble que nos ennemis viennent parfois se poser dans cette région et qu'ils enlèvent de nombreux hommes. La dernière... expédition de ce genre remonte à près de six mois. En nous voyant, les hommes du village ont eu un réflexe normal...

Hargreb tendit la main.

– Donc, ce monde est en butte aux attaques de vaisseaux étrangers, Sway, si ce que vous ont raconté les hommes est vrai.

– Je pense qu'ils sont presque incapables de mentir, commandant.

– Là n'est pas la question. Pensez-vous sérieusement que ce soient les étrangers que nous affrontons à Ophiuchus qui se hasardent jusqu'ici?

Sway secoua la tête.

– Cela peut très bien être, commandant. Il se peut que...

– Il ne se peut rien! Nous sommes à plus de quarante années-lumière des théâtres de combat.

– Mais nous sommes bien venus, nous... Commandant, vous avez sûrement entendu parler, comme moi, de ces vaisseaux humains que les étrangers font piloter par des prisonniers et qui s'infiltrent à l'intérieur des grandes armadas avant d'exploser?

– Oui, Sway, j'en connais même plus long sur la question que vous pourriez le croire. Mais je ne veux pas vous suivre dans votre projet, comprenez-vous? Nous sommes en simple escale de repos sur ce monde... Nous n'allons pas nous poser en défenseurs et attendre le premier pirate étranger pour remporter une victoire idiote! Nous avons malheureusement plus à faire, Sway! Et il est fort improbable que nous revoyions un jour Thiège II. Comprenez-vous, bon sang? Comprenez-vous?

– Pas très bien, commandant.

Hargreb eut un geste las. Il s'assit dans le sable et sa main droite se mit à jouer avec des coquillages d'un rouge profond.

– Il y a des tas de mondes comme celui-ci, mon vieux. Des mondes avancés où les pionniers s'établissent sans autorisation officielle, entourés de systèmes étrangers, voire interdits. Qu'ils ne s'étonnent pas des catastrophes qui s'abattent sur eux. Leurs grands-parents ont tenu un pari. Les descendants n'ont plus qu'à suivre.

Sway se taisait. Il était resté debout et regardait du côté de la nef.

– Ecoutez, Sway, je vais vous proposer quelque chose. Nous avons encore deux ou trois jours devant nous, avant de repartir. Les gars peuvent les mettre à profit pour fabriquer un ou deux projecteurs à ces gens. Installés sur la plage, avec une garde perpétuelle, ils assureraient une protection assez efficace. Hein, qu'en pensez-vous?

– Je pense que les Thiègéens ne sont pas capables de faire cela.

Hargreb haussa les épaules et se dressa d'un bond.

– Vous allez finir par me mettre en colère, Sway. Je n'ai jamais pris parti pour ces descendants de colons inconscients. Si, en plus, ils sont incapables de se conduire comme des hommes!...

– Ils ont peur, commandant. Comme nous, nous avons peur quand nous sommes du côté d'Ophiuchus.

– Mais nous nous battons, Sway. Là est toute la différence.

Et il retourna vers le village, laissant le jeune homme immobile au bord de l'océan. Toutefois, après quelques pas il s'arrêta, se retourna.

– Sway?

– Commandant?

– Si toutefois... vous ne vouliez pas repartir. Si vous vouliez rester avec cette jeune fille... Vous avez mon autorisation. J'inventerai bien quelque chose pour les autres.

– Cela n'est pas dans mes intentions, commandant.

– Bah... Alors, n'en parlons plus.

4

Le lendemain, deuxième journée officielle de leur séjour sur Thiège II, les hommes du *Rey-Hiroun* rencontrèrent ceux du village. Ils purent parler longuement avec eux, plus qu'ils ne l'avaient fait avec les femmes.

Hargreb apprit qu'il y avait à peu près une dizaine de villages sur l'île et guère plus de cinq sur le continent, de l'autre côté de l'océan.

– Ceux-là, précisa un homme, ne dureront guère longtemps. Ils connaissent tous les fléaux : le froid, les étrangers et les bêtes.

– A combien de temps à peu près, demanda Hargreb, remonte l'arrivée du premier vaisseau sur cette planète?

– 150 années, peut-être plus.

– Vous étiez certainement plus nombreux, au début?

– Deux fois plus, oui.

Une autre question vint à l'esprit de Hargreb, concernant les espoirs de survivance que pouvaient nourrir les Thiègéens, mais il s'abstint de la poser.

Cherchant Sway du regard, il le vit du côté des hommes du village, Criilje à son côté. Une curieuse amertume lui vint de cette image. Et soudain, il eut envie de repartir, de retourner vers l'enfer de la bataille. C'était une question d'habitude. Ce monde-ci était trop doux, beaucoup trop proche de ses souvenirs de la Terre ou d'autres mondes au ciel pâle, aux plages bruissantes de vagues.

– Ecoutez, reprit-il à l'intention des Thiègéens, nous resterons encore deux journées parmi vous, peut-être trois, mais pas plus. Si vous désirez quelque chose que nous ayons ou que nous puissions vous construire, dites-le aux hommes que voici et... nous ferons de notre mieux.

Et il s'éloigna, laissant la discussion à quatre techniciens du contrôle. Mais, tandis qu'il marchait, il sentait leurs regards. Ceux des hommes du vaisseau et ceux des hommes de Thiège.

Il fit un clair et chaud soleil tout l'après-midi. Vers le soir, des oiseaux de mer aux pattes immenses vinrent danser au-dessus de la plage.

Hargreb s'était étendu sur le sable, entre deux arbres

aux épines noires. Il surveillait l'apparition dans le ciel de deux minuscules croissants pâles : les lunes locales.

Du côté du vaisseau, venaient des bruits grinçants, des souffles de feu : les techniciens et les machines forgeant des outils. Les magasiniers triant des médicaments. Les armuriers, des armes.

Vers le village, on dansait. C'étaient surtout les hommes du *Rey-Hiroun* et les femmes du village. Dans l'ensemble, tous se conduisaient en civilisés et Hargreb pouvait s'estimer heureux.

Il redressa la tête en percevant un bruit de course.

– Commandant!

Spoletti arrivait en agitant les bras. Hargreb se souvint qu'il faisait partie de l'équipe de vigie du soir.

– Oui?

– Commandant... (Spoletti haletait.) Nous venons de repérer un « carreau »! Il se dirige tout droit sur le système.

Il fallut une seconde à Hargreb avant de se souvenir que les hommes appelaient « carreau » tout vaisseau étranger, depuis une étrange histoire des débuts de la bataille.

Mais il courait déjà à la suite de Spoletti.

En arrivant au vaisseau, il trouva la plus grande partie de l'équipage rassemblée.

– Sway!

Feckins s'avança.

– Absent, commandant. J'ai cru bon de rassembler immédiatement les gars.

– Vous... vous avez bien fait, Feckins. Que chacun gagne son poste.

Les hommes commencèrent à s'engouffrer dans la nef. Hargreb resta en arrière. Il avait cru un instant que l'initiative venait de Sway. Mais Sway, pensa-t-il, devait être quelque part dans les bois, ou loin sur une plage, avec sa fille de Thiège...

– Feckins!

– Commandant?

– Venez avec moi sur la passerelle! Vous remplacez le second Sway.

Avec la nuit, le « carreau » devint visible comme une étoile de première grandeur. Il orbitait autour de Thiège, descendant avec une prudente lenteur. Sur l'écran de détection-tir, il occupait six cases.

– C'est un géant, dit Feckins.

Il effectuait les réglages sans qu'il ait été utile de lui en donner l'ordre et Hargreb lui fut reconnaissant de cette nouvelle initiative. Il sentait, pour sa part, que quelque chose, en lui, se refusait à bouger, à s'éveiller. « En vérité, pensa-t-il, tu es incapable, actuellement, de commander cette nef... Toutes ces batailles et ces fuites t'ont brisé! » Mais il n'était pas nécessaire que l'équipage le sût, du moins pour l'instant. Il commença donc d'égrener les chiffres de coordonnées et d'indiquer aux hommes du tir la ligne probable de descente de l'ennemi.

Dix minutes passèrent, ruban brillant sur les compteurs de temps local.

– Feckins... Je pense maintenant qu'il faudrait envoyer quelqu'un au village pour dire aux hommes de se mettre à l'abri.

– Il y a déjà quelqu'...

Feckins s'interrompit, une main sur la bouche.

Hargreb affecta de regarder un écran.

– Sway est resté volontairement, Feckins?

L'autre rougit.

– Oui... Oui, commandant.

Des idées firent irruption dans la tête de Hargreb, se mirent à tourner. Il se demanda pourquoi il était tant attaché à ce grand dégingandé de second qui était, pour l'instant, avec le troupeau de colons apeurés...

– Feckins... Nous allons appareiller. Moins de risques pour le combat en altitude. Manœuvre 1 en A.

– A vos ordres.

Le *Rey-Hiroun* se mit à frémir après une minute puis il s'éleva tout à coup. Sous lui, les vagues emplirent d'eau la fosse ovoïde qui marquait son lit. Il monta presque à la verticale puis s'orienta en direction de l'ennemi qui, après une boucle au-dessus de l'océan, venait droit sur l'île.

– Vous aviez raison, Feckins, il est très gros.

Sur les écrans, il y avait l'image de l'ennemi. Une bulle trois fois grosse comme le *Rey-Hiroun*, hermétique et argentée. Un signe noir était gravé sur la coque.

– Jamais vu de pareil, dit Feckins.

Hargreb grommela. Tout au fond de lui, il sentait le peu qui était resté solide se dérober, maintenant. Jamais, à l'approche d'un combat, il n'avait éprouvé une telle sensation de vide.

« Ce n'est plus de la peur, pensa-t-il, même plus. Ni de la vieillesse... Ce n'est plus rien. Je suis seulement bon à être débarqué... »

Les deux nefs s'affrontèrent à cet instant précis. Les hommes n'étaient déjà plus responsables de l'issue. Pas plus que les êtres à la froide intelligence, dans l'autre nef. Les machines seules déterminaient les esquives, les répliques, les fuites et les retours.

Aux compteurs, il s'écoula trois minutes pendant lesquelles Hargreb ne perçut plus qu'un tournoiement qui semblait sans fin. Puis, pendant cinq autres, l'atmosphère de la planète sembla se comprimer comme un immense poumon, avant de jaillir en tempête, en maëlstrom menaçant de rompre la coque.

Les deux nefs revinrent encore l'une sur l'autre, pour le dernier choc.

5

Il semblait à Hargreb qu'il était dans de l'eau. De l'eau profonde, agitée et fraîche. C'était celle d'un torrent, juste à la fonte des neiges. Il surgissait en surface, dans un remous, et sur la rive de cailloux bleus, il y avait trois camarades qui riaient. Celui qui l'avait poussé, le quatrième, avait une curieuse tête en poire et deux petites ailes sur les épaules. Il n'était pas humain mais s'amusait comme eux. C'était sur Dorga de Van Maanen, le premier monde étranger où il vivait.

Il se retourna sur le dos, essaya de faire la planche. Les quatre gamins couraient sur la rive, maintenant, pour le suivre. Le Dorgan agitait ses ailes comme un ange ridicule et sombre. Ses gros yeux pâles roulaient dans ses orbites. Hargreb se mit à rire et, ce faisant, l'eau lui entra dans la bouche. Son rire se transforma en grimace.

– Commandant!

Il chercha le Dorgan des yeux pour l'insulter. Il n'aimait pas que l'on parle de son père à n'importe quelle occasion. Mais ses yeux étaient pleins d'eau et le brûlaient. Il agita la tête, très fort, pour chasser toute cette eau.

– Commandant!

Il s'éveilla. La passerelle était pleine d'hommes de l'équipage. Toutes leurs têtes jeunes étaient penchées sur lui. Il remua faiblement, toussa.

– Tenez, commandant, buvez cela.

Il se laissa soulever par Feckins, avala le verre d'alcool. Invraisemblable ce que ses gars pouvaient cacher comme liquides clandestins à bord... Il faudrait qu'il fasse vérifier jusqu'aux canons...

– Qu'est-ce... qu'est-ce qui s'est passé, Feckins?

– Nous... nous avons encaissé, commandant. Le « carreau » a accéléré au dernier moment et nous a largué une petite charge.

Il se redressa. Les objets devenaient plus clairs, maintenant.

– Faites sortir les hommes, dit-il.

Ils obéirent aussitôt. Certains lui sourirent et il en fut content, secrètement.

– Où sommes-nous à présent, Feckins?

– Posés, commandant.

– Et... le « carreau »?

– Nous l'avons eu dans sa dérobade, commandant. Il a percuté en plein océan. Il flotte encore... Si vous voulez le voir?

Il agita la main.

– Non... Envoyez seulement Spoletti avec quatre hommes pour examiner l'épave. Il peut y avoir quelque chose d'intéressant.

Une seconde d'hésitation, puis Feckins dit :

– C'est fait, commandant.

Il hocha la tête. Rien à répondre à cela.

– Je vais aller jusqu'au village, Feckins.

– A ce propos, commandant, je voulais vous dire. L'étranger a failli nous avoir.

– Comment cela?

– Eh bien... Nous nous sommes portés à la rencontre d'un seul vaisseau. En réalité, il y en avait un deuxième qui arrivait par la terre, en volant au ras de la forêt. Il s'est posé... Heureusement, Sway, qui était au village, avait vu le coup. Il s'est fait aider par des Thiègéens et, avec les quelques projecteurs que nous avions laissés en décollant, ils ont pu griller quelques têtards. Les autres sont repartis sans demander la note...

Hargreb se passa une main dans les cheveux.

– Tant mieux, dit-il enfin, tant mieux. Sway s'est bien débrouillé...

– Je le pense.

Les yeux de Feckins ne le quittaient pas. Ils le détaillaient sans pitié. Il en voulut soudain à ce jeune guerrier volontaire, il le détesta. En sortant, il se remit à tousser.

Il trouva Sway dans la grande maison où ils avaient tous pris l'habitude de se réunir parce qu'elle était la maison des hommes. Le second était penché sur un lit, à la lueur de deux énormes lampes à huile. En s'approchant, Hargreb découvrit le visage de Criilje.

– Sway... Que lui est-il arrivé?

– Elle a un bras brûlé... Elle a voulu me suivre quand nous nous sommes avancés dans la forêt pour régler son compte à un têtard. Dans la nuit, elle a dépassé le projecteur et, quand j'ai tiré, elle s'est trouvée dans la source primaire. Heureusement, vous savez que la température n'y est pas terrible... Elle s'en tirera très vite, commandant.

Il y avait deux femmes et cinq hommes du vaisseau, dans la salle. Hargreb examina leurs visages jaunes à la lueur des lampes. Ils comprirent sans qu'il eût à parler et sortirent en silence.

Une vague senteur de brûlé traînait dans l'air.

– Sway... Je... j'ai des félicitations à vous présenter pour la manière dont vous vous êtes tiré, seul, de...

– Je n'étais pas seul. Les Thiègéens m'ont aidé à cent pour cent, commandant.

Le jeune homme ne le regardait pas en parlant. Il passait du liquide sur le bras de Criilje, l'air absorbé.

Hargreb chercha autre chose à dire, n'importe quoi, sans y parvenir.

– Nous allons repartir, dit Sway.

Il ne demandait pas, mais affirmait. Son ton était ferme, décidé. Hargreb en fut décontenancé.

– Je ne sais pas, souffla-t-il, peut-être pas encore. Je ne sais plus grand-chose... Feckins m'a dit que j'avais été touché quand le « carreau » a fait feu mais...

Il s'arrêta. Sway le fixait.

– Vous ne pourrez plus commander le *Rey-Hiroun*, dit-il.

– Ma foi... Je le pense, Sway, je...

– Feckins vous a menti.

Hargreb ferma à demi les yeux.

– Comment cela?

– Le *Rey-Hiroun* n'a pas été touché. L'ennemi n'a pas eu le temps de faire feu. Il n'y a eu qu'une petite histoire d'avarie à nos machines, c'est tout.

Hargreb attendait, mais il comprenait déjà. Sway posa le flacon dont il s'était servi, se redressa et dit, doucement :

– Vous vous êtes évanoui *avant* la rencontre, commandant.

Un moment passa.

– Maintenant, reprit le second, si vous vouliez me laisser terminer?

Hargreb sortit.

6

Il ne dit rien à Feckins en regagnant la nef. Il alla s'étendre dans sa cabine, attendit le matin entre sommeil et réalité. Des suites d'images passaient dans sa tête.

Au matin, le soleil faisait briller l'océan comme une coque immense et dorée. Hargreb retourna au village.

Sway aidait Criilje à marcher. Des femmes et des hommes allaient et venaient autour d'eux, les interpellaient en riant. Dans un coin, près d'une maison, il y avait des débris venus du vaisseau étranger et une crête cornée, noircie. Le regard de Hargreb glissa dessus.

– Sway... Pourrais-je vous dire deux mots?

– Si vous voulez, commandant.

Ils allèrent jusqu'à la forêt, suivant un étroit sentier qui, après quelques mètres, passait un ruisseau. L'eau formait une mare, en contrebas. Sway tendit le doigt.

– Il y a un peu de sel de l'océan ici, murmura-t-il. J'ai observé des poissons bizarres... Nous aurions dû...

– Sway, j'ai décidé de vous écouter. Je ne commande plus le *Rey-Hiroun*.

– Personne n'a décidé cela officiellement.

– Ils se réuniront plus tard s'ils le désirent. A mon avis, c'est vous ou Feckins qu'ils éliront. Remarquez que je préférerais Feckins... Pas pour ses qualités, qui sont légèrement inférieures aux vôtres, mais... je préférerais que nous restions ici.

– Nous?

– Je reste, moi. Je pensais donc que si vous teniez vraiment à Criilje, vous feriez comme moi.

– Je tiens à Criilje, commandant. Je ne sais pas si vous avez eu beaucoup de femmes dans votre vie, mais... vous devez me comprendre.

– Je vous comprends.

Il aurait voulu dire : « Je vous aime, je vous aime bien, Sway, comme un grand fils! », mais les mots ne voulaient pas sortir, ils ne voudraient jamais.

– Mais je repartirai avec tout le monde, reprit Sway, et je souhaite commander le *Rey-Hiroun*... Peut-être, plus tard, quand les choses iront mieux... peut-être que je reviendrai ici et que j'y resterai.

– Mais l'effet de contraction, Sway? Criilje sera morte avant que vous reveniez. On ne peut pas se fier au temps lorsque l'on est dans l'espace.

– Bien sûr, bien sûr...

Sway s'était remis en marche. Hargreb le suivit. A travers la forêt – hautes herbes, ronces, fleurs et troncs épineux –, ils marchaient vers une zone plus noire, là où avait eu lieu le combat de terre, durant la nuit. Ils s'arrêtèrent à l'orée de la clairière dessinée par le feu des armes.

– Ça n'a pas duré longtemps, dit Sway. Une vraie partie de chasse... Ils ne s'attendaient pas à rencontrer de la résistance de ce côté, en fait, et la chose a été facile.

– Du beau travail.

– Je ne l'ai pas fait exprès, commandant. (Il se retourna, fixa son aîné.) Hier soir, je voulais rester au village. Le vaisseau, les autres, vous-même, vous me dégoûtiez. Et puis, il y a eu la bataille et j'ai éprouvé un sentiment étrange. Comme une espèce de... de mal du pays, voyez-vous. Une envie irrésistible de retourner dans le vaisseau.

– C'est le mal du pays... Si tant est que le vaisseau soit notre pays, à tous. Il y a si longtemps que nous sommes à bord, Sway, que je me demande si nous pourrons débarquer définitivement, un jour.

– Vous allez pourtant le faire, commandant. Et, croyez-moi, je ne vous envie pas.

– Je ne m'estime pas heureux, Sway. Je reste et je n'ai personne, pourtant, qui m'attache à cet endroit. J'ai même toujours un peu détesté les colons, entre nous. Vous vous rappelez ce que je vous ai dit l'autre soir, à propos de tous ces mondes où les gens s'établissent et s'avèrent n'être même pas en mesure de se défendre... Eh bien, je le pense vraiment. Aussi longtemps que durera ma vie ici, je ne serai jamais des leurs... Ce n'est pas votre cas, Sway, n'est-ce pas?

– Peut-être pas, commandant. Mais il ne suffit pas d'une femme pour faire de vous un homme comme tous les autres.

Hargreb sourit.

– Alors, dit-il, je vais essayer par la suite d'en trouver plusieurs. Maintenant, Sway, vous allez rentrer au vaisseau et leur dire de voter. Je pense que je vais rester là un moment, dans cette forêt. Il faut absolument que je m'y habitue un peu.

– Bien, commandant.

Sway vint à la grande maison vers le soir. Des nuages violets barraient l'horizon, prometteurs de pluies prochaines. Hargreb l'attendait, aux côtés de Criilje, sur le seuil où jouaient deux minuscules animaux domestiques au poil roux.

– Alors?

– C'est moi. J'ai pris Feckins comme second...

– Evidemment.

Un silence.

– Les hommes demandent pourquoi vous voulez rester seul. Il y a des candidats pour vous tenir compagnie.

– Combien?

– Six ou huit.

– C'est votre rôle, commandant, sourit Hargreb. Je pense pour ma part qu'une nef de combat doit toujours avoir un maximum d'équipage.

– Je le pense aussi... Je leur signifierai votre refus.

– *Mon* refus?

– En vérité, je ne suis pas commandant à bord tant que vous n'êtes pas paru en personne. J'aimerais que vous veniez avec moi jusqu'au vaisseau.

Derrière Hargreb, Criilje restait silencieuse. Sway se mit à considérer le sol.

– Je pense, dit Hargreb, que je peux très bien y aller tout seul... Quand partez-vous?

– Cette nuit.

Criilje se mit à pleurer, doucement. Hargreb s'éloigna en grommelant. Et Sway resta désemparé.

7

Plus tard, dans la nuit, Hargreb quitta le vaisseau, revint au village. Il amenait avec lui un unique coffre de vieux cuir exotique où il avait entassé les objets qu'il considérait comme indispensables. Le ciel était étonnamment noir et l'éclat des innombrables étoiles s'en trouvait accru. De véritables nuages de poudre lumineuse marquaient la région d'Ophiuchus.

Dans la salle de la maison des hommes, où les lampes à huile brûlaient toujours, Sway et Criilje s'étaient endormis. Hargreb se pencha et secoua l'épaule du nouveau commandant.

– Il est l'heure, fiston.

Le mot était venu naturellement sur ses lèvres et il le répéta, avec un plaisir nouveau, étrange.

– Debout, fiston. Toi, tu ne restes pas.

Silencieux, Sway se dressa; ses yeux ne quittaient pas la jeune femme, à ses pieds. Elle dormait, ses bras ramenés contre son corps, le visage détendu. Mais il y avait encore deux sillons humides sur ses joues brunes.

Sway sourit.

– Un sommeil de nature, souffla-t-il. Je ne pourrais jamais dormir si bien.

Il descendit une marche, se tourna vers Hargreb et lui donna une tape sur l'épaule.

– Allez, nouveau colon. Je reviendrai avec tout le monde avant que vous ayez une barbe blanche et une vingtaine de gosses autour de vous.

– Je le souhaite, Sway, de tout mon cœur.

Le jeune homme sourit. Puis, comme il s'éloignait, il lança :

– Au revoir... papa.

Et le plaisir qu'il fit à Hargreb, il ne pouvait pas le soupçonner.

L'homme plus âgé guetta la nuit, un instant, puis il s'assit auprès de Criilje et observa le rythme tranquille de sa respiration.

Après un moment, il y eut un souffle chaud, un claquement étouffé de l'air. L'ombre de la nef masqua les étoiles, fugitivement. Puis il y eut le sifflement, l'éloignement.

La jeune femme se tourna dans son sommeil.

Le lendemain, il plut, en grosses gouttes serrées. Puis le soleil régna pour deux semaines consécutives. La pluie ne revint qu'au début de l'été, avec des vols d'oiseaux de mer qui battaient l'eau avec des cris sonores.

L'année d'après fut très chaude, avec un printemps délicieux.

Celles qui suivirent, de même.

8

La jetée allait loin dans l'océan, près de la petite île rocheuse où tous les oiseaux de la planète semblaient avoir élu domicile.

Le vieil homme pêchait, la jeune fille à ses côtés. Des reflets miroitants de feu couraient sur l'eau et, par instants, faisaient disparaître le flotteur argenté qui dansait de vaguelette en vaguelette.

C'était le début d'un été qui promettait d'être torride.

A un moment, la jeune fille se leva. Elle s'ennuyait un peu, à regarder sans cesse l'horizon de mer, les dents grises de l'île où s'accrochaient les oiseaux. Elle marcha doucement vers la rive, appréciant la tiédeur du bois sous ses pieds nus, puis demeura interdite devant l'écharpe blanche brusquement déployée dans le ciel.

– Kress! Kress!

Elle revint en courant vers le pêcheur.

Mais quand il consentit à tourner la tête, il ne vit rien d'autre qu'un filament ténu qui achevait de se dissiper.

– Je te jure, dit-elle, au bord des larmes, je te jure que c'était comme un grand toupet de fumée!

Il relança le flotteur et sourit.

– Bien sûr... C'était peut-être un astronef. Il y a si longtemps que personne n'est venu nous rendre visite...

Il interrompit sa phrase et fixa la jeune fille avec une acuité qu'elle trouva étrange.

Ils restèrent silencieux durant un long moment. A la fin, Kress se leva, ramena la ligne et commença à ranger soigneusement tout le matériel de pêche. Le soleil descendait vers son couchant. Sur l'île, les oiseaux semblaient s'être multipliés, nuage blanc et rose sur les rochers.

A ce moment, l'étranger arriva sur la jetée. La jeune fille se retourna et saisit le bras du pêcheur.

– Kress! Regarde!

L'homme qui venait portait une combinaison noire. Des lettres blanches ornaient sa poitrine.

– Tu avais raison, murmura Kress, ce visiteur vient de très loin.

Quand il ne fut plus qu'à quelques pas, l'homme s'arrêta. Il était encore jeune, malgré les plis qui marquaient les coins de sa bouche, malgré les larges traces blanches dans ses cheveux.

En déposant une minuscule valise, il eut un sourire fugitif, triste.

– Excusez-moi, dit-il.

– De quoi? demanda Kress.

– Je... j'avais cru que vous et cette jeune femme étiez... des gens que je connaissais.

– Il n'y a pas d'offense, jeune homme.

Kress était prêt à partir. Il prit la main de la jeune fille, la sentit trembler dans la sienne.

– Vous devriez nous suivre jusqu'en ville, dit-il. Le Conseil aimera sans aucun doute être informé de votre visite.

L'homme secoua la tête.

– Non... Non, je ne reste pas. Je voudrais simplement que vous me disiez... Avez-vous jamais connu un homme du nom de Hargreb?

Kress attendait. Il cherchait le regard de son interlocuteur mais n'arrivait pas à le rencontrer. Les yeux fuyaient, non par fausseté, pensait-il, mais comme sous le poids d'un chagrin, ou d'une intense fatigue...

– Et Criilje? Ce nom ne vous dit rien?

Kress prit un temps avant de répondre. Il reposa son matériel de pêche puis dit :

– Vous êtes... Sway, n'est-ce pas?

– Oui.

– Hargreb est mort, maintenant.

– Mort? Comment?

– De vieillesse, tout simplement. J'étais moi-même un jeune homme quand vous êtes reparti avec votre vaisseau. Hargreb vous a attendu constamment... Il parlait souvent de cette fameuse bataille d'Ophiuchus que les humains devaient gagner... Dites-moi, comment les choses ont-elles tourné?

Une expression de surprise passa sur le visage de Sway. Puis il ne resta que de la tristesse.

– Elles n'ont pas beaucoup évolué, murmura-t-il. Pour vous, cela a été long mais pour nous... Tout juste quelques mondes gagnés.

Kress baissa la tête. Il ne cherchait plus le regard de l'homme.

– Et Criilje... Qu'est devenue Criilje?

– Elle... elle est morte aussi.

– Est-ce vrai? Vous ne me mentez pas?

– Non. Pourquoi le ferais-je? Criilje a été tuée un jour où des étrangers ont incendié le village.

Sway hocha la tête. Il regardait l'océan, la rougeur du crépuscule. Puis ses yeux se posèrent sur la jeune fille, s'y arrêtèrent et sourirent.

Il espérait quelque chose, un désir très vague était en lui. Mais le vieil homme ne dit rien. Il s'était baissé et avait repris son matériel de pêche.

– Hargreb, dit Sway, devait souvent venir ici, non?

– Pourquoi voulez-vous le savoir? Pourquoi posez-vous des questions après tant d'années?

C'était comme de la colère, soudain, qui brillait dans les yeux du vieux pêcheur. Sway recula d'un pas.

– Croyez-vous avoir un quelconque droit sur ce monde? Croyez-vous y venir chaque fois que la bataille vous rejettera? Le temps n'est pas le même pour ceux qui vivent ici et les gens comme vous. Tout ce que vous obtiendrez, en venant, ne sera que du regret. Croyez-moi, jeune homme, repartez à votre bataille.

Sway secoua la tête, tendit la main puis, sans achever, se retourna et repartit vers le bout de la jetée.

Kress resta un long moment immobile, à fixer cette haute silhouette qui s'éloignait.

Il pensait à la jeune fille à côté de lui, à ce qu'il aurait pu dire au visiteur. Mais ce n'aurait été qu'un peu plus de peine, un peu plus de remords à laisser broyer par le temps.

– Viens, dit-il, nous allons finir par être en retard.

Mais elle ne bougeait pas. Il la regarda et vit qu'elle fixait le ciel, en attente.

Finalement, il y eut un éclair rouge puis une écharpe de gaz se développa pour quelques secondes. Elle se dissipa très vite. Le vent soufflait très fort en altitude.

– Il est reparti, dit Kress.

Une espèce de regret lui tenaillait le cœur. Il s'avoua à lui-même qu'il ignorait si ce qu'il avait fait était bien ou mal.

– Pourquoi a-t-il parlé de ma mère?

Kress posa une main sur l'épaule de la jeune fille, sans répondre. Avait-elle un doute, elle aussi? Avait-elle ressenti quelque chose, un sentiment particulier devant l'astronaute? Il fronça les sourcils. Cela n'existait pas.

– Allez, viens.

Il commença de marcher vers la ville. Après un instant, elle se mit à courir et le rattrapa.

LES ANNÉES MÉTALLIQUES

1

Heltreb contemplait la ville depuis le viaduc de cristal synthétique qui joignait d'un seul élan la tour de construction au spatioport.

Et c'était un spectacle qui glaçait le cœur et incendiait l'esprit.

Aussi loin que portait le regard d'Heltreb, il n'y avait que les tapis blancs et mats de terrains vides, les rubans luisants où couraient des machines, les ouvertures rondes et parfaites de tunnels venus d'un infini obscur.

Et dans toute l'immense ville, dans tout ce jaillissement monochrome aux gammes de métal, il n'était pas un seul humain.

Pas un être de structure naturelle, pas un animal et sans doute pas le plus infime micro-organisme.

Heltreb s'imaginait très bien un quelconque microbe dérivant au-dessus des froides avenues et les bouches suceuses de la voirie se tendant vers lui, le tuant proprement en un centième de seconde, avec un sursaut d'électronique répulsion.

Heltreb était descendu du ciel une dizaine de minutes plus tôt.

C'était là un événement qui ne s'était pas produit depuis plus de trois cents ans : un humain se posant sur la Terre, la vieille Terre maternelle.

Et il était venu envoyé par la race humaine tout entière,

la race éparpillée sur un milliard d'étoiles, pour arrêter le battement argenté de ce monstrueux cœur de robot.

Sur toute la Terre, inutiles et vaines, les machines se recréaient sans cesse, construisaient sans cesse, en un flot tumultueux et éternel déversé des réservoirs d'énergie.

Car l'énergie ne s'arrêtait pas. Tant que le soleil passerait dans le ciel puis contournerait la Terre pour revenir au matin en pluie de rayons, de corpuscules, de chaleur et de couleurs.

Heltreb sourit en levant les yeux au ciel bleu et tiède.

On avait pensé tuer le soleil lui-même, l'éteindre bel et bien pour que la ville s'arrête.

Mais il aurait fallu amener ou construire un remplaçant atomique pour ceux qui désireraient venir vivre sur Terre, pour l'herbe verte. Et c'était là une action trop colossale et coûteuse.

Alors on avait pensé à Heltreb.

Dans les gammes diverses des spécialisations, Heltreb occupait le poste de tacticien-astucieux.

Il n'était particulièrement doué pour rien, hormis pour résoudre un problème inhabituel sans aide extérieure.

Et il se trouvait maintenant face à la ville grande comme un continent. La tour de construction était au bout du viaduc, la sphère bleue de son vaisseau à l'autre bout, posée sur le terrain blanc avec son ombre sous elle.

« J'y vais! » pensa Heltreb, puis, la seconde d'après, il pensa encore : « J'y vais! Maintenant! »

Mais il ne se décidait pas à bouger, à quitter le balcon d'où il pouvait voir la ville déployée.

Derrière lui, au milieu de la chaussée, des machines passaient.

Il y avait une infinie variété de modèles. A tel point qu'il ne passait jamais le même.

Des cylindres sur deux patins antigravité qui pouvaient se permettre de survoler les routes ou de sauter pardessus les autres machines, munies de simples roues.

Ils avaient des allures d'insectes grotesques ou d'oiseaux effarés.

D'autres paraissaient des masques, de simples plaques en route vers un assemblage constructif.

D'autres encore étaient un grouillement de tubes et de bulles translucides où de minuscules orages de lumière grondaient sans jamais éclater.

Et en se retournant, indiciblement attiré, Heltreb put voir des choses petites et cornues qui passaient à ses pieds, pas plus hautes que ses chaussures.

Les unes filaient si vite qu'elles n'étaient qu'un froissement de l'air, les autres s'arrêtaient à distances régulières et promenaient sur le sol une trompe de mousse métallique pour boire une invisible poussière.

La poussière de métal que les machines affairées laissaient en passant, en s'usant.

La poussière qu'elles avaient laissée en trois cents années.

« Au travail! » pensa Heltreb avec fermeté.

Il s'avança. Les robots l'évitaient facilement. Ils cliquetaient simplement au passage, avec des airs de courtoisie affectée ou bien la sauvagerie de fourmis dérangées mais soumises.

Heltreb vit un bâti deux fois haut comme un homme qui venait depuis la tour de construction. Un œil doré tournait à son sommet, un bras unique, inutile et lourd, pendait à son flanc.

– Machine! lança Heltreb à son passage.

Le robot stoppa net, tourna son œil d'or.

– Me devez-vous obéissance? dit Heltreb.

– Vous êtes un humain, je vous dois entière obéissance et sacrifice!

– Conduisez-moi à la tour de construction!

– Je peux vous accompagner mais non vous acheminer moi-même. J'appelle un spécialiste-transport!

Du bout du viaduc de cristal, une voiture arriva sur deux patins antigravité. Des tuyères garnissaient sa poupe.

Heltreb grimpa, se laissa aller sur les coussins.

La voiture se mit en marche au niveau du sol. Le grand robot la suivit.

Heltreb savait que ce dernier était un mineur-constructeur spécialiste. Il possédait en mémoire, après l'instruction spéciale qu'il avait subie, les types les plus divers de machines.

Et il se trouvait qu'un mineur-constructeur était indispensable pour faire sauter le cœur de la ville et paralyser les millions d'inutiles machines.

La voiture quitta le viaduc; s'engouffra dans un tunnel à l'éclairage d'un blanc neigeux.

Heltreb se redressa de surprise quand ils stoppèrent soudain. Il n'avait donné aucun ordre.

– Eh bien, dit-il, obéissance!

La voiture ronronna. Le mineur-constructeur abaissa son bras en direction d'un groupe de machines de petite taille qui attendaient sur la droite.

– Contrôle, maître, dit-il, les mineurs-constructeurs ne sont pas acceptés à partir de ce point. Je ne peux donc poursuivre la réalisation de l'ordre!

Une des petites machines se détacha du groupe et s'approcha de la voiture. Heltreb vit qu'elle ruisselait de lumières et de plaques métalliques qui s'ouvraient et se dérobaient comme des placards de magicien.

– Obéissance, dit-il, je suis un humain.

– Obéissance! dit la machine-garde en déversant un ruban de lumière améthyste.

Heltreb réfléchit rapidement. Le fait le déroutait. La machine était d'un modèle qui ne lui était pas connu. Elle devait être le fruit de trois cents ans d'autonomie.

– Laissez passer ce mineur-constructeur! dit-il.

La machine-garde parut contempler le grand robot qui était immobile, à droite de la voiture.

– Ordre impossible à exécuter, maître, dit-elle finalement. Les mineurs-constructeurs ne sont point admis dans la tour de construction!

– Obéissance! fit Heltreb, s'efforçant de ne pas perdre son calme.

– Obéissance! dit la machine-garde.

Heltreb regarda le grand mineur-constructeur et pâlit. Le robot semblait se disloquer spontanément. Son bras tomba sur le sol avec une résonance sinistre, son œil doré se ternit et devint obscur. Des machines-démolisseuses surgirent d'un couloir latéral.

Elles entourèrent le grand robot et s'activèrent avec une inquiétante fébrilité.

Heltreb poussa un soupir résigné.

Il tapa sur le capot luisant de la voiture.

– Retour à l'extérieur! dit-il.

Un moment après, en resurgissant au grand jour, sa confiance l'avait en grande partie abandonné.

Il était évident que les machines, en trois cents ans, avaient pris de nouvelles mesures.

Au moment où les derniers humains s'étaient expatriés vers les étoiles, les mineurs-constructeurs avaient encore du travail. La ville s'étendait. Ils pouvaient creuser des galeries, lancer des ponts et des tours. Maintenant, la ville était terminée, parfaite et efficiente.

Les mineurs-constructeurs devaient se trouver inutiles.

Alors pourquoi n'avaient-ils pas été détruits ou reconvertis? Ils étaient la cause d'une perte d'énergie, d'une dépense inutile de matériel!

– Stoppez! dit Heltreb à la voiture.

Il était sur le terrain du spatioport, au pied de son vaisseau.

Il sauta sur le sol, aspira l'air tiède qui sentait le métal et grimpa l'échelle de coupée avec une sensation de soulagement.

Dans l'étroit salon de séjour, il se jeta sur le sofa rouge et écouta les notes d'une musique moderne s'égrener sans régularité.

Ou plutôt avec la régularité même de la nature, celle des gouttes de pluie.

C'était là une impression familière. Heltreb ferma les yeux, évoqua les sentiers profonds des forêts de Mivial, les faubourgs verts de Jockville et le bassin où il avait joué, gosse, avec les indigènes filiformes. Il finit par s'endormir.

2

En s'éveillant il eut l'impression curieuse d'un balancement.

Peut-être quelque péril avait-il provoqué le départ automatique du vaisseau?

Il faisait un crépuscule violet et comme figé sur la ville formidable et l'étendue lisse du spatioport.

Heltreb dut ouvrir un hublot et se pencher au-dehors pour voir les machines.

Non, le vaisseau ne flottait pas en l'air. Il était plutôt supporté dans un berceau de tiges de métal bizarrement souples tandis que des robots au sérieux grotesque l'acheminaient vers un hangar hémisphérique, à l'autre bout du terrain.

– Obéissance! hurla Heltreb.

– Obéissance! dit un des grands robots du type transporteur de masses.

Il avait un œil doré comme celui d'un mineur-constructeur.

– Posez ce vaisseau! reprit Heltreb.

Les machines ne s'arrêtèrent pas pour autant. L'entrée du hangar se rapprocha, parut avaler le groupe scintillant.

Il faisait clair à l'intérieur.

Ebahi, Heltreb découvrit une pelouse verte, une villa du type ancien, un bassin à l'eau limpide. Un fauteuil tendu de toile jaune attendait en se balançant qu'il aille y prendre place. A côté, il y avait une table jaune également, montée sur un pied unique. Elle supportait un assortiment de flacons encore embués de fraîcheur.

– Obéissance! souffla Heltreb, déposez-moi!

Mais les transporteurs de masses n'avaient pas attendu son ordre. Ils retiraient déjà leurs bras souples de dessous le vaisseau et s'apprêtaient à quitter le hangar.

– Halte! Obéissance! cria Heltreb.

Il descendit le plus vite possible l'échelle de coupée.

– Que signifie? lança-t-il.

– Obéissance, maître! Le terrain doit subir sa reconversion totale décadaire!

Les gigantesques machines dominaient Heltreb de leurs masses inquiétantes. Il fit trois pas en arrière.

– C'est bien, sortez! dit-il.

Une fois seul, il traversa la pelouse, se laissa tomber

dans le fauteuil et loucha vers la table chargée de boissons.

– Obéissance, maître! dit une voix.

Elle venait depuis une fenêtre tendue d'archaïques rideaux tels qu'il s'en faisait encore trois cents ans auparavant.

– Centre d'accueil pour humain solitaire pendant la durée d'une reconversion totale du terrain! Nous vous présentons notre ensemble : Simplicité numéro I!

– C'est beau! dit Heltreb avec la sensation très nette d'être tout à fait ridicule.

– Obéissance! Désirez-vous voir notre série Confort ou Luxe ou les huit autres numéros de Simplicité?

– Celui-ci suffira!

La voix se tut sans répéter obéissance, ce qui était un bienfait.

Heltreb tendit la main vers la table, choisit une bouteille. Un verre surgit à côté, assorti à la couleur rose de la boisson. Heltreb but à longs traits et identifia un goût qui lui parut familier. Mais il ne s'attarda pas au futile problème.

Il ferma les yeux selon son habitude, évoqua la titanesque ville qui l'entourait et où il se trouvait le seul humain.

Avec la mission de tout stopper, de tout détruire.

– Heltreb! avait dit un de ses chefs, il faut que la Terre reprenne ses droits. Une fois votre tâche terminée, des navires iront semer du haut du ciel des graines d'herbe, des semences d'arbres, des spécimens couplés d'animaux terrestres en voie de disparition tels que le chien, le lièvre, le tigre...

– Le chien, le lièvre, le tigre! murmura Heltreb.

Ces noms évoquaient les heures d'instruction, l'université de Mojezir et les premières amours au bord du fleuve des Fertlogues.

Il y aurait de nouveau, sur la vieille Terre, des chiens, des lièvres, des... Mais il fallait auparavant museler ces abominables robots, témoins d'une civilisation qui avait cru devoir s'en remettre au métal, aux pulsations d'un cerveau électronique.

Heltreb se dressa d'un bond.
– Il faut que je me mette sérieusement à la tâche! dit-il à haute voix.
Il songea que ce centre d'accueil si confortable était peut-être un piège destiné à l'empêcher de porter atteinte à la ville...
– Mais non! (Il sourit.) Tu déraisonnes! Tout cela est fait pour SERVIR les humains! Uniquement pour leur BIEN!
C'est alors qu'il entrevit le robot qui arrivait depuis la maison, porteur d'un plateau chargé de victuailles.
– L'heure du repas! Horaire de Simplicité numéro I.
– Obéissance! dit Heltreb, je n'ai pas faim!
La machine repartit de suite avec son repas fumant.
« Tout cela, songea Heltreb, doit être synthétique et peu agréable. »
Il se leva et appela:
– Obéissance! Une voiture!
Il était décidé à porter un coup sérieux à l'effrayante routine de cette ville de cauchemar.
Après tout il était un humain et on lui devait...
– Obéissance! dit la voiture en stoppant net devant lui.
Il monta, réfléchit une seconde puis ordonna:
– Matériel de guerre!
La voiture resta immobile.
– Matériel de guerre! répéta Heltreb.
Il voyait un parti certain à tirer des machines de guerre stockées dans le Parc, selon ce que lui avaient appris ses instructions.
– Impossible! dit la voiture. Les machines de guerre ont été détruites voici cinquante-trois ans locaux!
– Il n'en reste pas une seule?
Il se passa quelque chose d'inhabituel dans l'intérieur de la voiture. Des ronronnements succédèrent à des cliquetis.
La voix reprit finalement.
– Certains éléments corrompus se sont livrés à des actes de violence et de destruction.
Heltreb n'en crut pas ses oreilles.

Cependant il entrevoyait l'explication à une question restée posée: Pourquoi les mineurs-constructeurs n'avaient-ils pas été détruits? Pourquoi l'accès de la tour de construction leur était-il interdit?

Tout simplement parce que, une fois de plus dans l'univers, le hasard avait joué.

Les hommes qui avaient construit les robots en les croyant éternels dans leur autonomie avaient commis une énorme faute.

Un cerveau électronique pouvait parfois commettre une erreur dans ses calculs, livrer des résultats faux.

Et en trois cents années, PARFOIS devenait SOUVENT.

Bien sûr... la majorité, qui était du côté des machines restées parfaites avait conservé la ville en bon état de marche.

Ou presque...

– Pourquoi, demanda Heltreb, ne pouvez-vous me conduire au parc du matériel de guerre s'il est vide?

– Il n'est pas..., commença la voiture, puis elle se tut.

– Obéissance! fit Heltreb.

– Obéissance! La question posée dépasse ma spécialisation de transporteur.

Heltreb soupira.

Il avait la curieuse impression que la voiture se moquait de lui. Et peut-être, après tout, la ville entière se moquait-elle de cet envoyé de la race humaine. Elle jouait avec lui avant de le broyer avec une terrible facilité.

Et les voitures continueraient de rouler et ce fredonnement de ruche géante et inutile continuerait de monter de la vieille Terre qui avait été jadis si verte.

Heltreb eut un frisson intérieur. L'envie subite lui vint de quitter la voiture.

Mais il songea aux kilomètres qui le séparaient de tous les lieux stratégiques où il devait se rendre.

Des kilomètres de périls.

– Conduisez-moi à la tour de construction! dit-il.

La voiture démarra souplement. Une paroi du hangar s'effaça comme un simple dessin pour revenir en place après le passage du véhicule. Heltreb se tint assis raide et tendu sur le siège, ses yeux inquisiteurs allant de droite à gauche, son esprit de tacticien-astucieux spéculant sur divers moyens d'attaque.

Mais à chaque début de méthode répondait la présence monolithique d'un robot géant ou d'un complexe électronique à la folle activité interne, à l'aveugle façade.

A la surprise d'Heltreb, la voiture n'emprunta pas cette fois le viaduc de cristal synthétique mais parut s'enfoncer vers d'insondables profondeurs. Auparavant, Heltreb avait eu un aperçu du terrain découpé en carrés par de grands insectes patients.

Une rampe hélicoïdale s'abaissait à présent d'étage en étage jusqu'à un niveau bourdonnant d'activité.

Il y eut ensuite un tunnel somptueusement éclairé.

La voiture se contenta de ralentir au contrôle.

– Obéissance! jeta Heltreb au passage.

– Reconnaissance! dit cette fois la machine de garde.

Un original, pensa Heltreb, plein de sarcasme rancunier.

Il s'aperçut qu'il cheminait entre deux matrices d'où sortaient des moitiés de robots. Plus loin, au delà d'une bruissante haie de tiges cristallines, les deux moitiés étaient assemblées.

Un défilé de robots achevés mais encore immobiles s'élevait vers un plafond lointain.

C'était le cauchemar des époques passées que revivait Heltreb.

Les guerres sur les premiers mondes stellaires avec d'énormes chars robots imités des insectes. Les dictatures fugaces et leurs palais démentiels.

– Arrêtez-vous ici!

La voiture stoppa net.

Heltreb sentait monter en lui une haine froide et pleinement consciente à l'égard de ce monde de machines.

Il s'approcha d'un vaste tableau composé de disques bleuâtres et l'examina en se demandant s'il était possible de stopper quelque chose dans la ville en s'en prenant à cet organe.

Ou à un autre. N'importe lequel.

Mais la ville était vaste et les organes innombrables. La chose était moins que certaine...

Il n'y avait qu'un seul point où frapper.

– Conduisez-moi au Cerveau central! dit Heltreb.

– Obéissance!

La voiture démarra de nouveau.

Heltreb soupira. Il n'aurait pas cru qu'elle exécuterait cet ordre. Il prenait l'habitude des déceptions et des embûches.

La voiture accélérait. Elle atteignit une vitesse folle.

Heltreb reconnut à certains signes qu'il se trouvait au cœur de la formidable tour de construction.

Ses instructions précisaient que le Cerveau se trouvait sous la tour et s'étendait très loin avec les multiples quartiers de la ville-machine.

Par une succession de plans inclinés, de rubans métalliques déroulés comme un tissu gris, la voiture gagna la zone du Cerveau.

Elle quitta les dernières matrices de fabrication, les dernières allées où des mains de fer posaient des fils de cuivre dans des têtes de verre.

Le Cerveau était pareil à un grand placard. Partagé de multiples ruelles. L'endroit était silencieux et impressionnant.

A certains carrefours un bourdonnement diffus frappait l'ouïe puis il n'y avait plus que la fluctuation de l'air tiède.

– Ralentissez! dit Heltreb.

Il savait qu'il approchait maintenant du centre même du Cerveau, de l'endroit où les hommes qui l'avaient construit donnaient leurs directives, introduisaient leurs renseignements.

La voiture ralentit jusqu'à prendre une allure d'homme au pas. Heltreb ferma les yeux, essaya de visualiser les films auxquels il avait assisté pour son instruction.

– C'est cela, murmura-t-il, c'est bien cela!

Il rouvrit les yeux.

« Mais quelque chose a pourtant changé! » se dit-il.

Il traversait une zone vide, un vaste hall qui entourait le cylindre-oreille du Cerveau. Mais les canalisations lisses, sans raccords visibles, qui descendaient du plafond immensément lointain n'auraient pas dû se trouver là. Pas plus qu'elles n'auraient dû pénétrer dans l'oreille du Cerveau.

Heltreb se demanda qu'elle pouvait être l'utilité de cette nouvelle construction, œuvre du Cerveau lui-même ou d'un de ses membres-machines.

– Stoppez! dit-il.

Il sauta aussitôt hors de la voiture, s'approcha du grand cylindre. Il en fit le tour sans cesser de s'interroger sur l'utilité des canalisations qui aboutissaient toutes à l'Oreille.

Il trouva la porte qui n'avait sans doute pas servi depuis trois cents ans. Il tira d'abord à lui puis poussa. Il n'obtint qu'une résistance tenace.

Un insolite contact dans son dos le fit frémir.

Il se retourna, découvrit une machine haute et mince qui planait à un mètre au-dessus du sol. Elle tendait vers lui un bras pareil à un fil, muni d'une curieuse spatule, celle-là même qui venait de le toucher.

– Obéissance!

Heltreb s'appuya à la porte. Dans le même temps, il glissait une main vers l'arme qu'il portait au côté.

– Reconnaissance! Obéissance! dit la machine. Vous êtes identifié comme humain de type évolué. Vous pouvez maintenant pénétrer dans l'Oreille!

Soulagé, Heltreb sentit la porte se dérober derrière lui. Il se retourna, entra. Il y avait un unique siège, face à un disque noir encadré de deux écrans grisâtres.

Plein de méfiance, Heltreb resta debout, examinant la pièce de haut en bas. Il aperçut ainsi l'aboutissement des diverses canalisations qui l'avaient intrigué. Il fut certain, tout à coup, que par cette voie, le Cerveau amenait les renseignements que les hommes n'étaient plus aptes à lui fournir. Toutes les canalisations arrivaient à une seule qui s'enfonçait bien en dessous d'Heltreb, vers les œuvres vives, les neurones et les replis électriques du Cerveau.

– Obéissance! dit Heltreb, d'une voix forte.

Les deux écrans s'illuminèrent, se rayèrent de traînées bleuâtres. Le disque noir resta noir.

– Reconnaissance! dit une voix profonde.

La réponse ne cadrait pas avec les instructions qu'Heltreb avait reçues. Il prit son souffle et répéta :

– Obéissance!

– Reconnaissance! Survivance! fit la voix.

– Etes-vous le Cerveau de cette ville?

– Je suis le Cerveau de ce monde.

– Je suis un humain, frère de vos constructeurs!

– Je vous reconnais comme tel. Votre présence dans la ville m'a d'ailleurs été annoncée dès votre venue!

– Devez-vous m'obéir?

Il y eut un silence prolongé, puis la voix déclara :

– Cette action dépend des instructions données!

Heltreb fronça les sourcils.

Prudemment, il regarda du côté de la porte. Celle-ci était toujours ouverte. Il se morigéna.

« Voyons! Tu n'as affaire qu'à une machine, une grande machine! »

– Cessez votre activité, lança-t-il d'un coup.

La voix ne répondit pas.

– Obéissance immédiate! Cessez votre activité, stoppez les machines de toute la ville et la ville elle-même!

Les deux écrans s'éteignirent. Un bourdonnement vint du haut du cylindre.

– Ma loi première, dit enfin la voix, est la survivance. Mes constructeurs m'ont ordonné de les servir et de survivre. Ils ne sont plus présents depuis de nombreuses révolutions planétaires et j'assume seul mon enrichissement en données. En conséquence, je me dois de survivre pour le plus longtemps possible et votre ordre se trouve annulé d'office!

– Mais je suis un humain... Vous me devez obéissance!

Les deux écrans se rallumèrent puis s'éteignirent alternativement. La lumière de la pièce parut baisser considérablement.

– Détruisez-vous! dit Heltreb. (Il avait les poings serrés et le ton de sa voix avait monté.) Entendez-vous? Cessez de construire, annulez toutes vos données, détruisez-vous!

Quelque chose qu'Heltreb ne prit pas le temps d'identifier s'abaissa d'en haut. Les écrans rayonnèrent une aveuglante clarté. Heltreb était déjà dehors, l'arme au poing. La porte se referma avec un claquement sonore. Le souffle court, Heltreb fit face à trois machines qui arrivaient du fond du hall en flottant. Elles tendaient une multitude de bras minces et lisses. Certains, plus courts, tenaient un tube doré.

Heltreb regarda la voiture. Elle bougeait, se rapprochait insensiblement de lui à la vitesse des agresseurs. Il recula encore puis attendit de pied ferme. La voiture fit un bond en avant. Heltreb pointa son arme et pressa la détente. Le capot du véhicule rougit, ses deux patins antigravité, refusant tout service, le clouèrent au sol. Heltreb l'acheva posément, plein d'une intense jubilation. Il se sentait parcouru de sensations extrêmes, d'idées de vengeance. Il tourna son arme vers les machines, fit feu en balayant la salle en arc de cercle. Dans un bruit lamentable d'effondrement, les robots cessèrent d'être une menace.

Heltreb tourna son regard de tous côtés, n'entrevit nulle fuite possible. Il n'y avait que le hall, désert de métal, et la ville pleine de dangers, au delà.

A cette seconde même, ce fut le sol qui se déroba. Heltreb poussa un cri, crispa les doigts sur la crosse en arabesques de son arme. Il plongea au travers d'une ombre épaisse qui sentait la fumée. Il quitta la lumière puis la retrouva après une interminable chute.

3

Il s'étonna d'arriver assez mollement sur un épais matelas, au creux d'une sorte de rivière étroite dont les berges étaient d'un métal pâle, presque blanc. Et le matelas se mit en mouvement avec la rivière. Et devant, et derrière, il y avait d'autres matelas.

Heltreb essaya de se mettre debout et n'y parvint pas. Il se contenta donc de rester assis, encore ébahi, tenant toujours son arme inutile. Il la remit à son côté machinalement, regarda vers le haut. Apparemment, il avait regagné le quartier de la Construction. Tout autour de la bande de charriage où il se trouvait, il n'entrevoyait que des bacs innombrables et vides qui jouaient de leurs propres ombres et s'y engloutissaient à intervalles réguliers. Le paysage était d'un désespoir morne et fantastique. C'était comme s'il n'y avait jamais eu de ciel et qu'il ne dût jamais y en avoir.

« Ainsi, pensa Heltreb, c'est un échec! »

Il sourit amèrement. Pour l'instant, il était sain et sauf. Il était même certain qu'il le resterait. Le Cerveau ne le tuait pas, contrairement à ce qu'il avait pensé, l'espace d'un dixième de seconde. Le Cerveau l'éliminait, l'acheminait vers l'extérieur comme un vulgaire objet indésirable.

Il avait ordonné la destruction de la ville mais la ville ne pouvait se détruire. Elle ne pouvait non plus tuer un être humain. Heltreb roulait donc vers une destination imprécise comme les milliers de pièces rouillées, les tubes de verre éclatés, les ressorts fatigués. La bande ralentit. Heltreb s'appuya d'un coude puis essaya à nouveau de se lever. Il espérait bondir dans un des bacs vides et regagner par ses propres moyens son vaisseau. Ensuite... Ensuite il bombarderait la ville.

Il serra les poings. Il bombarderait, écraserait, hacherait la ville entière.

Il lui revint en mémoire une œuvre d'art antique, une peinture d'un certain Ernst : La Ville entière. Des bandes de métal sur des bandes de métal. Il se dressa, se prépara à bondir. Un bac se trouvait à trois cents mètres en contrebas. Heltreb sauta, poussa un cri de rage en se sentant attrapé en plein vol. Humilié, impuissant, il fut replacé dans la bande et solidement maintenu sur le matelas par une main de métal large et plate dont le bras n'était qu'un fragile assemblage de verre torsadé.

La lumière du jour véritable fit comme une explosion. L'air parut devenir pur et délicieusement tiède. Mais ce n'était qu'impressions.

Heltreb quitta la bande de charriage au bout du bras

de verre. Il fut déposé sur une plate-forme roulante qui s'engagea sur un plan incliné.

Tandis que le véhicule prenait de la vitesse, Heltreb récupéra son sang-froid et la parfaite efficience de son esprit de tacticien.

A un virage, la plate-forme freina, ralentit. Heltreb entrevit à deux mètres en contrebas un tapis d'aspect moelleux. Il sauta en roulant sur lui-même, fit plusieurs culbutes après avoir atteint le tapis.

Il lui avait semblé entendre claquer des pinces ou des mains, mais en se relevant il ne vit rien d'autre que la succession grise de meubles indéterminés, la fuite métallique d'une rampe, au loin. Sur la gauche, se détachant sur un carré de ciel bleu, il crut reconnaître le viaduc de cristal. Mais le fait n'avait nulle importance. Ce qui comptait – Heltreb s'étira, regarda de tous côtés –, c'était l'attaque de la ville.

Il se mit en marche, se fiant à son sens de l'orientation. Peu à peu, l'enchevêtrement des formes lui parut familier. Il s'arrêta, se remémora les films d'instruction. Un instant après, il identifiait avec certitude les abords du parc où avaient été entreposées les machines de guerre.

Une voiture-robot, quelque temps auparavant, avait refusé de le conduire en cet endroit. Sous quel prétexte? Oui. Des machines guerrières n'avaient pas été détruites. Certaines... Certaines se livraient à des actes de violence. Heltreb s'arrêta. C'était bien là un résultat du hasard. Des robots pouvaient se livrer au meurtre, devenir des brebis galeuses dans cette société parfaite, fruit d'un oubli de trois cents ans.

Heltreb s'aida de tubes brillants pour arriver au niveau d'un ruban transporteur. La chaussée était vide de machines. Nulle voiture, nul nettoyeur... La zone paraissait désertée.

Heltreb se mit à marcher sur le ruban. Il restait par pur réflexe sur le côté gauche. Maintenant seulement, il réalisait le silence. Il était dans un quartier isolé où la ville elle-même semblait lointaine. Elle ne se révélait que par des vagues de murmures, des bouffées de bourdonnements pareilles à des vents capricieux à la surface de planètes naturelles. De planètes sans machines. Et le ruban déboucha sur le parc. Il effectuait un court virage, tombait de plusieurs mètres et arrivait sur le terrain lisse et jaune pâle.

Heltreb se tint debout, immobile. Il leva les yeux, constata qu'il n'avait plus au-dessus de lui le ciel bleu de la Terre mais les yeux jaunes de batteries solaires. Il se demanda, devant la désolation de l'endroit, dans quel but il avait pu désirer y venir.

La voiture avait dit que la plupart des machines de guerre avaient été détruites depuis longtemps. Et les autres, les survivantes?

Un bruit terrible éclata dans le silence. Heltreb courut, l'arme à la main. Il traversa une grande partie du parc vide, contourna un bloc de métal brun et hiératique haut de trois mètres. Dans le silence revenu, ses pas claquaient comme de nouvelles explosions. Il découvrit l'étrange spectacle.

Une machine géante, tout au bas d'un plan incliné qui avait dû servir au passage des engins de guerre, détruisait méthodiquement une autre machine, plus petite. Heltreb identifia un robot de garde. Ses circuits s'éteignaient au rythme mortel des pinces qui les attaquaient. Des ruisseaux de verre pilé s'écoulaient sur le sol.

« Mais, se dit Heltreb, c'est... un meurtre! »

L'idée, normale d'après la compréhension qu'il avait de cet univers mécanique, le remplit d'effroi et de surprise. Car ce que faisait cette grande machine, elle pouvait le faire contre quiconque. Contre un humain.

Elle achevait la destruction du garde, pataugeait lourdement dans les pièces mêlées qui avaient été des cœurs, des bras, des yeux.

Elle parut s'apercevoir de la présence d'Heltreb, tourna dans sa direction son œil doré. Il leva les deux mains comme si cela eût pu être de quelque utilité. Il rassembla tout son courage et descendit par le plan incliné vers le tueur robot.

– Obéissance! dit-il.

Il n'obtint aucune réponse. Il s'approcha encore, abaissa ses mains.

– Obéissance ! Je suis un humain ! Un de tes maîtres !
– Obéissance ! dit enfin la machine.
– Dois-tu exécuter tous mes ordres ?
La réponse fut longue à venir. Les organes qui étaient défectueux et avaient amené la possibilité de meurtre chez le robot firent pâlir son œil unique.
– Je dois exécuter tous vos ordres !
Heltreb soupira. Il regarda de tous côtés comme le conspirateur qu'il était en réalité. Il lui était venu un projet précis et la certitude de la réussite. Il promena les yeux du haut en bas sur la stature magnifique et menaçante à la fois de la machine.
– Détruis ! dit-il. Détruis toutes les machines que tu rencontreras !
Il attendit, angoissé.
Si la machine n'était pas vraiment devenue folle, si elle était normale, elle allait refuser, annuler l'ordre qu'Heltreb venait de lui imposer.
Mais il ne se passa rien d'anormal. Le grand robot tourna son œil qui brûlait de tout son feu d'or.
– Va, dit Heltreb en se reculant, détruis tout sans laisser approcher !
La machine s'ébranla, remonta le plan incliné. Heltreb s'assit, la regarda disparaître. Il ferma les yeux et prêta l'oreille. Il attendit ainsi un long, long moment. Puis, de très loin, lui vint un bruit de déchirement métallique.
Quand le silence retomba, Heltreb se releva, souriant. Il se remit en quête d'une nouvelle machine folle.
Au delà du parc, il rencontra plusieurs machines éminemment normales qui refusèrent d'exécuter ses ordres, fidèles à la loi de survivance du Cerveau. Il rencontra aussi les victimes de son premier partisan. A un carrefour de trois rubans de transport, il s'arrêta devant un nouveau robot. C'était une chose gigantesque, hérissée de tubes lisses. Quatre yeux verts tournaient au sommet de son crâne hémisphérique.
Heltreb chercha dans ses souvenirs. Son cœur fit un bond. Il aurait presque tendu les bras vers la machine tant il était joyeux. C'était un engin de guerre. Un de ceux qui n'avaient pas été détruits. Un élément perturbateur.

– Obéissance! dit Heltreb.

Puis il dévida ses ordres sans attendre la réponse.

La machine s'ébranla. Elle s'éloigna sur le ruban comme une montagne messagère de catastrophe. Heltreb la suivit des yeux avec la sensation de triompher de la ville.

Après cent mètres, la machine de guerre s'arrêta, étira deux des tubes qui garnissaient tout son corps. Il y eut un éclat de tonnerre, deux traits rougeoyants. Un bâti de verre s'effondra sur trois machines de voirie. L'engin de guerre, fidèle aux ordres d'Heltreb, continua de tirer. Le verre se mit à fondre. Il coula en un fleuve de lumière sourde, atteignit un groupe de machines-gardes qui accouraient. Elles s'enlisèrent et s'arrêtèrent.

Heltreb s'empressa de quitter la zone de catastrophe. Il grimpa dans une voiture.

– Obéissance! Gagnez le spatioport!

– Obéissance!

La voiture démarra, suivit un labyrinthe sombre entre des blocs calculateurs à la façade hermétique. Heltreb la fit arrêter à un virage, s'adressa à une nouvelle machine de guerre qui se terrait, immobile, à dix mètres en contrebas. Heltreb donna ses ordres, regagna la voiture qui redémarra. Il ne se retourna qu'après quelques secondes.

La grande machine quittait la fosse où elle s'était dissimulée, surgissait au grand jour des batteries solaires. Des explosions retentirent. La voiture prit de la vitesse, rejoignit une grande voie de circulation. Heltreb se renversa vers les coussins qui n'avaient jamais servi à aucun autre humain. Il tenait le triomphe.

Les machines de guerre étaient d'une efficience redoutable.

Avant que le Cerveau ait rassemblé d'assez nombreux moyens de défense, il serait détruit ou bien près de l'être. Les machines de guerre détruisaient sans laisser approcher et tout leur corps était bardé de canons.

Heltreb entendit le bruit d'un écroulement formidable. La voiture surgit sous le ciel bleu. Il descendit.

Le viaduc de cristal synthétique était loin sur la gauche.

Une partie était plongée dans l'ombre de la tour de construction. Et au delà, sur toute l'étendue de la ville, des machines cheminaient sur des rubans, des flèches de verre captaient des radiations pour quelque inutile besogne.

Et tout à coup, une de ces flèches flamboya, s'effrita, s'abattit dans un jaillissement cristallin. Des machines s'envolèrent des débris comme une nuée d'insectes. Des traits de feu frappèrent plusieurs d'entre elles. La ville se gangrenait. L'organisme gigantesque ressentait les premières atteintes d'un cancer à l'échelle des machines.

Heltreb songea que la maladie serait longue, la défense du Cerveau vigoureuse. Après tout, il servait l'homme, il comptait le faire longtemps encore.

Une série d'explosions retentit. Heltreb marcha vers son vaisseau, vers le hangar hémisphérique grand ouvert à l'intérieur duquel on apercevait l'ensemble Simplicité I.

Heltreb entra, grimpa les échelons jusqu'au sas d'entrée. Un instant après, la sphère bleue décollait à la verticale. Le toit du hangar vola en éclats. Le soleil ruissela dans le salon de séjour. Heltreb s'étendit sur le sofa rouge et prêta l'oreille au bruit rassurant de son envol.

Le vaisseau s'immobilisa après mille mètres d'ascension, plafonna. Heltreb attendit un très long moment avant de se lever, d'aller à un hublot. La ville était déployée au-dessous comme une carte de métal. Témoin des années robotiques, des années de verre, des années métalliques. Elle frémissait, se secouait ou se renforçait pendant que de grandes machines corrompues avançaient à travers ses quartiers bourdonnants, détruisant la perfection, salissant la minérale propreté de voies inutiles.

Explosion après explosion, averse de verre après écroulement de cristal, la Ville-Machine mourrait. Le vaisseau continua de glisser au travers du ciel, au-dessus de la poussière des années métalliques. Dans le salon de séjour, Heltreb s'endormit.

L'HYMNE AU DÉFENSEUR

1

La nappe était verte, lisse, avec une unique tache pourpre, une flaque de vin. Le mur était jaune, immense et jaune. Le tableau était placé de guingois et trop près de l'angle sombre où commençaient, à droite, les repaires d'araignées et les friselis grisâtres des insectes qui travaillent la poussière et le plâtre.

A regarder le tableau, on se sentait un vide énorme au cœur. On perdait le souffle. Tout redevenait normal si l'on fixait les yeux sur un point. Sur le sol par exemple. Il était de bois ciré, couvert de poussière par endroits (de cette même poussière dont vivaient les insectes des murs), luisant et superbe à d'autres.

A tout prix, il fallait éviter de regarder le tableau. Le portrait de Mérix d'Orpiane, en grande tenue : Gilet rouge et chemise blanche, cravate du pendu autour du cou.

Mérix à la fine tête, qui vous regardait de ses yeux étonnants, extraordinairement fendus, qui semblaient s'allonger vers les tempes jusqu'à n'être que de sombres blessures.

Le mur, derrière le tableau, autour du cadre simple et noir était trop jaune. A croire que l'on avait introduit de la poussière d'or dans la matière couvrante.

« Ils n'ont reculé devant rien! » songea Prétipher Hayane. Il regardait encore le plancher. Les zones cirées avaient une certaine forme, une régularité de contours.

En fait, Prétipher savait qu'elles étaient des empreintes.

Des empreintes qui commençaient au mur, à droite, et aboutissaient au tableau.

« Sept mesures de la main très exactement! Si j'essayais de vérifier? » Sans vraiment y penser, il tendit la main droite. L'anneau écarlate, celui de la première frontière, scintillait à son index.

Il suspendit son geste, retint un frisson. Très lentement, son bras revint au long de son corps.

Il avait choisi la très simple tunique blanche, flottante et rêche, par-dessus le pantalon étroit, sept fois encerclé de rouge à hauteur du mollet.

Mais il n'avait pas choisi d'être là, devant le portrait de Mérix d'Orpiane, à attendre d'avoir le courage de le fixer assez longtemps.

Rien d'inexplicable. Une certaine fixation psychique et un « degré de saturation » correspondant au déclenchement.

Prétipher eut envie de s'asseoir. Mais il ne le pouvait pas. Le plancher s'ouvrirait. Tout comme les murs quand il déclencherait l'ouverture.

Il n'osait pas émettre des suppositions quant à ce qui pouvait l'attendre en bas, au-dessous du plancher. Car les empreintes avaient été faites et leur auteur devait bien nicher quelque part.

« Nicher, c'est le mot, songea Prétipher, le mot exact! » L'auteur des empreintes était le « Régleur de serrure ». A chaque frontière, il y avait un Régleur différent.

Impossible de savoir à quelle distance était la seconde. Impossible, aussi, de savoir si cette distance était spatiale ou temporelle. Ou les deux à la fois.

« De toute façon, pensa encore Prétipher, me voici déjà trop loin, beaucoup trop loin, de ce que j'ai connu pour retrouver le chemin du retour, comme je l'ai fait une fois! »

Presque aussitôt, il se dit que cette première fois pouvait ne pas être encore arrivée. Il pouvait se trouver dans le passé par rapport à cette fuite mémorable.

Mémorable! Voilà, c'était cela! Il se rappelait! Cela seul comptait, demeurait.

Quand même... Il sourit, seul dans la menaçante pièce... Il avait bien joué dans le dédale gris des Prémisses. Il avait poussé l'audace jusqu'à crever une paroi de Matrice, à filer au travers des horribles ventricules qu'il savait être une sorte de permanence du cosmos tangible, une muqueuse à l'échelle de la matière, inscrite dans le tourbillonnement des choses.

Il ferma les yeux, secoua la tête. Il haïssait la pièce de toutes ses forces. Plus tard, dans sa progression incertaine, cette haine serait une arme. Mais pour l'instant...

Le mur jaune, en face. Les trois murs lépreux, de poussière et de toiles d'araignée, d'insectes et d'œufs en grappes. Le plancher avec ses empreintes.

Un endroit truqué, truffé de pièges sans nombre. Un endroit où tout regardait, notait, surveillait, incitait. Un endroit repoussant à dessein car il fallait partir très vite d'ici.

Choisir... Prétipher Hayane leva les yeux, fixa ceux de Mérix d'Orpiane.

L'engourdissement le prit très vite. Dans ce demi-sommeil qui était loin d'être désagréable, il crut percevoir un appel formidable. Et cela pouvait être réel, en rapport avec le tableau, avec Mérix d'Orpiane.

Celui-ci n'était-il pas le chef des dragons de Draganak ?

2

La mer Génitrice battait les rochers rouges aux silhouettes de forteresses. Sur les plages de sable, au fond des calanques où les tourbillons d'émeraude se dévoraient sans cesse, des crabes marchaient, fouissaient et claquaient des pinces avec une étrange fureur.

Prétipher suivait la ligne des rochers. Ceux-ci mordaient la plante de ses pieds nus. Mais ils étaient préférables au sable et aux crabes.

De toute manière, Prétipher le savait, la mer cesserait.

Les nuages au ciel en seraient le premier signe. Pour l'instant la voûte verte, très pâle, était immuablement vierge. A l'horizon marin, des jets d'eau montaient, scintillaient dans le soleil géant et doré qui dominait le monde.

Mais les dragons de Draganak ne présentaient ni danger ni intérêt pour l'instant. Cette phase de la progression n'était pas la leur, pas encore.

Ils échangeaient des appels depuis les îles où ils se dissimulaient, des coups de trompe à ébranler les archipels.

Il n'y avait pas d'oiseaux au ciel. Par contre, il y en avait à terre.

Prétipher évitait de les regarder. Il fixait plutôt la mer si verte et si sombre, le ciel, si vert et si pâle, les trombes d'eau crachées par les dragons. Mais quand ses pas heurtaient de frémissantes choses, des ailes ou des pattes, il manquait trébucher de saisissement. Alors, il s'arrêtait et regardait... les oiseaux grands comme sa main, les oiseaux diminués qui volaient au-dessus des rochers, péniblement. Qui mouraient de s'élever à plus de quarante-neuf centimètres, s'écrasaient en tombant comme s'ils eussent fait une chute de milliers de mètres.

Les oiseaux-fœtus, souillant les abords des plages, le voisinage de la mer, de leur sang mêlé d'os et de plumes.

« Que représentent-ils ici? se demanda Prétipher. Que sont-ils? »

Il s'arrêta. Un nuage blanc s'élevait de la mer Génitrice. Ce serait bientôt la première frontière. Illusion ou fait réel? L'eau semblait perdre soudainement sa transparence. Se charger d'éléments pâteux. La mer Placenta d'où tout pouvait sortir...

La nausée, on l'avait averti de la nausée. Prétipher leva les yeux au ciel, s'efforçant de ne plus penser à la mer. Mais l'eau avait aussi une odeur, à présent.

Il se mit à courir, plein de hâte, de dégoût et de peur. Pourtant, comme dans la pièce, après le dédale gris des Prémisses, tout était fait pour précipiter la progression.

La Progression.

Sept, huit, neuf nuages convergèrent au zénith, voilèrent le grand soleil d'or qui chauffait le monde. Les crabes, comme à un signal, disparurent dans le sable.

Il n'y avait plus de vagues sur la mer Génitrice. Ce n'était plus qu'une pâte, balancée entre les invisibles continents, qui s'écorchait aux récifs aigus et dévoilait un véritable épiderme et de répugnantes structures musculaires.

Bientôt, les nuages couvrirent le ciel, s'assombrirent. Les dragons de Draganak se turent. Les calanques disparurent, la côte se faisant rectiligne. Les rochers s'abaissèrent, disparurent peu à peu, eux aussi.

Prétipher s'arrêta. Devant lui, il n'y avait plus qu'une plage. Sans fin, sans véritable horizon, car le désert la prolongeait.

Une plage et la mer Génitrice. Si épaisse qu'elle faisait un sombre ourlet sur le sable.

La première frontière était là : il fallait entrer dans la masse compacte.

Le bateau de Mérix d'Orpiane surgirait alors. Pas avant!

Prétipher hésitait. L'odeur de la mer se faisait infecte tandis que la gélatine, de plus en plus dense, tremblotait à ses pieds, le sable adhérant à elle. Mouche dans un piège visqueux...

Il posa un pied dans la marée de vie, puis un autre. Etait-ce une illusion ou le résultat de l'effroyable dégoût qui l'habitait, mais la puanteur semblait s'atténuer.

Levant sa main droite au ciel, il fit miroiter la bague pourpre, à son index. Et le bateau de Mérix d'Orpiane surgit de la mer solidifiée.

Il avait la silhouette d'une galère, un cou et une tête de dragon à sa proue, des ailes en poupe, ailes crochues et griffues.

Au long du bastingage, des boules rouges étaient enchâssées et, en approchant, Prétipher devina qu'elles étaient faites de milliers de bijoux semblables à celui qu'il portait à l'index droit.

Avant lui, il y avait donc eu des milliers d'autres hommes, pris au jeu de la progression, du dédale des Prémisses au But Terminal, la Géhenne.

Le bateau, immobile maintenant, était vide. Pourtant, une échelle de corde pendait depuis le pont avant, à tribord.

Prétipher monta rapidement, s'interdisant de regarder derrière lui la gluante mer dont il s'arrachait.

Il lui suffisait de sentir des gouttelettes se détacher de ses jambes et retomber avec un bruit qui donnait la nausée.

Sur le pont du navire, il n'y avait que des rouleaux de cordage, des caisses ouvertes et vides qui dégageaient d'étranges parfums, souvenirs d'affolants contenus.

Prétipher emprunta l'escalier de bois sombre pour atteindre le pont principal. Tout y était désert, au pied du mât dressé comme un arbre funèbre et fantasque, décoré de silhouettes de dragons de Draganak à l'encre rouge.

Avec un frémissement de toute sa membrure, le bateau vira de bord. Il commença de s'éloigner de la plage. Peu à peu, comme il avançait, sa vitesse s'accrut. La mer redevenait liquide et verte. Le soleil parut exploser au ciel et diluer jusqu'au dernier des nuages. Sur les plages, au fond des calanques que Prétipher distinguait sur la droite, des crabes réapparurent en grouillement précipité.

Ce devait être le moment d'ôter la bague. Prétipher rajouta le bijou à la multitude de ceux qui composaient la plus proche boule pourpre. Ensuite, il songea à rencontrer Mérix d'Orpiane. Normalement, et toutes les progressions se ressemblaient, le chef des dragons devait attendre au fond de son navire, devant deux verres.

Cela prit quelques minutes à Prétipher pour trouver le chemin des cales. Puis il descendit dans la pénombre brune des arcs-boutants de bois qui craquaient à la poussée de la mer, dans le remugle inquiétant laissé par d'innombrables animaux.

Au niveau le plus bas, Mérix d'Orpiane attendait.

Sa chemise blanche était immaculée et son gilet rouge possédait une sorte de luminescence. Seule, sa corde de pendu était pénible à voir.

– Prétipher Hayane?

– Oui... Mérix d'Orpiane?

– Bien sûr, qui d'autre voulez-vous que je sois? Buvez-vous tout de suite ou préférez-vous parler un peu?

– Vous ne pourriez pas me répondre... Ou alors, vous mentiriez.

Le chef des dragons ne montra aucune colère.

– Essayez quand même, dit-il, je risque d'être dans un de mes bons jours.

– Soit... A quoi rime tout cela?

Mérix fronça les sourcils, pinça les lèvres.

– Si vous commencez comme ça... Avec des questions stupides.

– Bon... Alors dites-moi si j'ai des chances de réussir.

– Certainement... Toutes les chances.

– Qu'est-ce que... la Géhenne?

– Le But Terminal... Lorsque vous l'aurez atteint, vous comprendrez que vos peines étaient bien minces en face de la victoire.

– Quelle est cette victoire?

Mérix d'Orpiane éleva les mains.

– Voyez... Vous persistez dans un genre de question qui...

– C'est normal. Je m'inquiète des choses qui menacent mon avenir.

– Vous n'avez d'autre avenir que celui que nous voulons bien vous donner... (La voix du chef des dragons s'atténua jusqu'à être presque imperceptible.) Nous tous, sous la Bienveillante Domination du Défenseur.

Prétipher ne put s'empêcher de pâlir. Son cœur battit plus vite dans les secondes suivantes. Il se mit à craindre une quelconque manifestation du Défenseur.

La mer allait peut-être se soulever, démantibuler le navire. Mais non, puisqu'il y avait Mérix à bord. Prétipher rencontra le regard extraordinaire et sombre de celui-ci. Pour l'instant, il ne risquait rien, tant qu'il se trouvait ici, sur la galère en route vers Draganak.

– Maintenant, dit Mérix, il faut boire.

Sa main plongea sous la table, ramena deux verres à demi pleins de liquide, vert pour l'un, incolore pour l'autre.

– Choisissez.

Les instructions disaient que l'un des deux verres contenait la mort sous forme d'un poison violent. Mais c'était impossible, étant donné que ceux qui se présentaient ici n'avaient plus rien à craindre de la mort. Alors... C'était sans doute la damnation, la fin gluante sous la mer Génitrice.

Prétipher prit le verre de liquide incolore, l'éleva à hauteur de ses yeux.

– Si tout va bien, dit Mérix, vous ne vous réveillerez qu'à Draganak pour affronter les dragons. Si vous triomphez, là-bas, vous aurez passé la première frontière... Il ne vous en restera plus que six.

Prétipher sourit et but une gorgée. Le liquide était frais, avec un parfum très léger et agréable. L'idée qu'il pût être en train de boire le poison l'effleura et il n'en conçut pas la moindre crainte. L'engourdissement le prit, comme la première fois devant le portrait de Mérix.

Mais, à l'instant de glisser dans le sommeil, il pensa : « Quelque chose ne va pas... C'est... injuste ! »

3

Draganak était une île. Un cône posé sur la mer, avec le palais de Mérix à son sommet et les niches des dragons creusées dans les récifs, tout au long du rivage.

Les dragons de Draganak, dont les cris faisaient naître des vagues, des bouillonnements verts et bleus.

Couché sur le dos dans une herbe jaune et odorante qu'il savait pourtant être maléfique, Prétipher guettait l'instant favorable.

L'instant où le premier dragon sortirait la tête de son antre et soufflerait son haleine pestilentielle au-dehors. Où il battrait des ailes dans la tiédeur de l'après-midi.

Prétipher devrait alors s'élancer et frapper. N'importe où... Pourvu que l'animal en meure.

Tel était l'acte principal de la première frontière. Il ne suffisait pas, certes, de choisir le bon liquide.

Terrasser le dragon était la véritable preuve de courage. Un des prix qu'il fallait payer pour atteindre la Géhenne.

Avec un sursaut, Prétipher réalisa que ce n'était pas LUI qui pensait cela... Ou plutôt, les phrases lui avaient été répétées, soufflées à l'oreille, chuchotées. Elles avaient occupé sa vie, tendu des toiles pendant les moments de calme, les nuits, les matins.

« Qui pense pour moi? »

Le sentiment de révolte qui s'amorçait finit brusquement dans une horrible et déprimante sensation de malaise.

Une nausée, pareille à celle qui l'avait pris en entrant dans l'épaisse mer Génitrice.

Etendu dans l'herbe, il ferma les yeux, serrant ses paupières comme si les pensées mauvaises eussent emprunté cette voie pour se glisser jusqu'à lui.

L'herbe! L'herbe maléfique! Il se leva d'un bond. C'était elle qui empoisonnait son esprit, lui faisait croire qu'il ait pu, un jour, penser des choses auxquelles il ne croyait pas.

L'herbe maléfique et jaune. Maléfique parce que jaune...

« Ce qui est différent est mauvais! »

A cet instant, avec une sonnerie de trompe prolongée, le premier dragon de Draganak passa la tête hors de son antre. Il cligna des yeux dans la lumière qui venait du ciel immuable et vert.

Prétipher arrivait en courant, serrant la poignée de l'épée qui lui avait été donnée pendant son sommeil. Sur la lame qui luisait, couraient les signes du Défenseur.

« Merci, merci à Lui! » chanta une voix dans le cœur de Prétipher.

Et le dragon souilla de son sang noir le sable blond de l'île. Superbe alliance de couleur. L'arc-en-ciel du premier triomphe.

Haletant, Prétipher joua de son épée, tournant la tête dans l'espoir de découvrir un second dragon. Mais, en vérité, il n'y en avait pas d'autres. Pour l'instant du moins.

Sang noir et sable blond!

Le triomphe était consommé. Les dragons soufflaient l'expression de leur crainte depuis l'intérieur des cavernes marines.

Autour de Draganak, la mer Génitrice était libre et liquide, ouverte sur le chemin de la seconde frontière.

Prétipher se retourna. Du haut de l'île, le palais de Mérix le dominait. C'était une lourde demeure, à l'architecture cylindrique timidement rehaussée de clochetons peu baroques.

Sans couleur ni fantaisie.

Tout en suivant un étroit chemin de gravier, Prétipher se demanda si le chef des dragons le contemplait, depuis quelque secrète fenêtre, s'il avait applaudi à son triomphe.

Le soleil était haut et chaud. Plus haut que le palais. Il poussait sur la mer Génitrice des flottilles de paillettes éblouissantes. Le soleil d'été.

Un arbre au feuillage mauve et noir offrait son ombre réconfortante. Prétipher s'assit. Etait-ce l'été, ici? Ou bien n'y avait-il pas de saisons en ce pays des démons?

« Je suis mort! pensa-t-il avec une véhémence soudaine, je suis mort et pourtant, jamais, la vie ne m'a paru aussi dangereuse, semée d'embûches!

Il corrigea ce blasphème. Après la mort, le Défenseur seul savait ce qu'il en allait de l'âme. Lui seul pouvait tout.

L'ombre de l'arbre était grande et douce. Prétipher leva les yeux et crut surprendre un mouvement. Un cliquetis... Il ferma les paupières. Le feuillage merveilleux, mauve et noir, le surplombait, l'enveloppait. Il le sentait et... A nouveau ce cliquetis comme il rouvrait les yeux!

Soudainement, il réalisa le danger, bondit sur ses pieds. L'épée qui avait plongé dans la chair vive du dragon scintilla à nouveau et trancha une branche, puis une autre.

L'arbre s'était refermé sur Prétipher. La grande ombre douce était devenue un piège mortel, un péril.

Le combat ne fut pas long. L'arbre ne pouvait vraiment se défendre et ses feuilles tremblotaient en esquives spasmodiques comme l'épée passait et repassait.

Du sang végétal coula jusqu'au sol, traça des dessins compliqués dans le sable recuit de soleil. Une odeur prenante venait des branches tailladées, du large tronc blessé.

Prétipher s'éloigna. Par le Défenseur... Que cette première frontière était donc perfide!

Le palais était proche, maintenant. Il accéléra sa course, atteignit bientôt le terre-plein de mosaïques et de sable. En passant près d'une fosse noyée d'ombre, il entrevit le corps formidable d'un dragon. Apprivoisé, le monstre sommeillait.

« S'il se réveille, je le pourfends! »

Evitant l'entrée principale, Prétipher défila sous les regards ternes de sentinelles bizarres. Etres à silhouettes d'insectes, de plantes. Hideux et détestables.

« Ce qui est différent est mauvais! »

Derrière le palais, sous un auvent de pierre moussue, l'escalier commençait. Prétipher jeta son épée au loin puis dévala les degrés humides, de plus en plus profond dans le sous-sol de l'île.

C'était une tourbillonnante descente, une spirale affolante à l'odeur de soufre, de mousse et d'eau suintante. Mais cela était voulu, comme dans le premier passage.

Prétipher déboucha enfin dans la pièce. Celle-ci était petite, violemment éclairée par contraste avec la longue descente d'escalier.

Cette lumière... Etait-ce pour le Régleur de serrure? Les traces de pas étaient visibles sur le sol laissé poussiéreux à dessein. Des traces légères, griffées plutôt qu'imprimées.

Etre-oiseau, être-araignée ou être sans ressemblance? Jamais un Régleur de serrure ne se montrerait.

Quand il put arracher son regard aux traces laissées sur le sol, Prétipher découvrit le tableau.

Il y en avait un à chaque passage. Il devait obligatoirement y en avoir un.

Au premier, ç'avait été Mérix d'Orpiane. Maintenant que les frontières commençaient, que Prétipher jouait la véritable partie entre vie et mort... C'était...

Le Défenseur.

Du moins, une partie du Défenseur. Sa main gauche, posée sur un tissu rouge. Son pouce, son index et son annulaire revêtus des Trois Gouttelettes d'or.

Prétipher se courba et inclina la tête. Un trouble

profond l'avait envahi. Mort physiquement, il savait ne pouvoir espérer sa résurrection que du Défenseur.

« Protège-nous, murmura-t-il, protège-nous et fais que je triomphe... Je voudrais tant revivre! »

Alors la pièce parut flamboyer de lumière. L'air fut habité de milliards de points de feu, d'or, de sang.

Et dans cet incendie furieux, la main gauche du Défenseur se précisa. Prétipher voulut rentrer en terre, de toutes ses forces. Mais la bienveillance du maître était grande. Prétipher se sentit monter à la verticale, au contraire de ce que son humilité le poussait à désirer. Il vola, littéralement.

4

La première frontière s'appliquait au courage. Le courage épique, l'art de combattre sans faiblir.

Prétipher ne pouvait dire d'où lui venait cette connaissance. Peut-être du Défenseur lui-même...

En tout cas, la barrière des dragons et de la mer Génitrice une fois tombée, la seconde se révélait.

Le Désir-Poison.

Il ne pouvait s'agir que de cela.

Prétipher s'éveillait dans un jardin. L'herbe était verte et normale, douce et fraîche. Des sources coulaient, non loin de là. Les fleurs étaient vastes, hautes sur tige, toutes dressées vers la lumière, campées dans la senteur et le demi-silence du jardin comme...

Comme... Non, cela commençait! Il ne fallait pas que... Comme... Comme des femmes. Des femmes belles et nues.

Prétipher demeura assis, yeux clos. Cette frontière serait pire que toutes les autres à venir.

Comment le Défenseur pouvait-il être assez cruel pour imposer cela?

Le choc de cette pensée blasphématoire chassa les miasmes de l'esprit de Prétipher. Il put rouvrir les yeux.

Tremblant encore du danger révélé et de son idée impie.

Les fleurs n'étaient plus que des fleurs.

Il se leva, marcha. Contournant les bouquets de teintes éclatantes, il découvrit une des sources qui glougloutaient merveilleusement et délicieusement.

Nulle soif en lui mais le simple besoin de goûter à l'eau.

L'eau, le sang de la terre. Il s'agenouilla sur un entablement de roche qui se trouvait là par un hasard étrange.

L'eau, sang de la terre... L'eau n'était que l'eau. Accablé de crainte, il n'osait boire, demeurant immobile, accroupi, son souffle ternissant le miroir.

La bouche en suspens. Sa résistance céda tout à coup. Les phantasmes revinrent.

La source fut une bouche et chaque fleur qui se tordait lentement fut...

« Je suis mort, Grand Défenseur, je suis mort! Je ne peux avoir de désir! »

Il eut une douloureuse envie de rire de sa pensée. Chaque chose de ce jardin se transformait en forme sexuelle sitôt que le moindre symbole s'échappait de son esprit.

Vacillant, il essaya de marcher. La seule épreuve pour le passage de la seconde frontière consistait à traverser le jardin. Sans encombres.

– Je n'en peux plus, dit Thomas.

Ils le relevèrent aussitôt. Karl prit la place de combat, sous le casque énorme, veiné de lumière qui pulsait comme un cœur.

– Nous ne réussirons jamais!

– Si! Il le faut!

– Mais c'est rationnel, Martha! Diaboliquement rationnel! Leur inducteur est tout simplement plus puissant que le nôtre.

– Attendez! Karl fait signe!

Thomas, baigné de sueur, se pencha vers celui qui menait la bataille, à présent, isolé sous les complexes électromagnétiques.

– En pleine libido, Thomas!

Un sourire parut sur chaque visage.

– Bon sang! C'est là que nous pouvons les coincer! Là ou nulle part ailleurs!

Il n'y avait que deux éléments : le casque, sélecteur et distributeur des pensées, le brouilleur qui coupait, avec de longues vibrations blanches, les émissions indésirables de la jungle du subconscient.

– Le brouilleur au maximum, ordonna Karl.

Martha obéit, observant l'augmentation des vibrations dans l'appareil.

Au seuil de l'étroite demeure, elle découvrait le paysage extérieur. Le paysage du monde.

Une lande rousse, un pont de pierres sur une rivière froide. Un village de quelques dizaines de maisons au pied du temple local. Un village comme il y en avait sur la Terre entière. Un temple, comme il y en avait auprès de chaque village.

– Ils... Ils se sont aperçus de notre présence, dit Thomas.

Le casque montrait des parasites, des crachotis lumineux.

– Fais tout ce que tu peux, Karl!

Martha s'en voulut aussitôt d'avoir dit cela : Chacun faisait le maximum. Comme toutes les équipes de Libération auparavant, comme tous les êtres humains libres.

– Je l'accroche! souffla Karl, je l'accroche, bon sang!

Quelque chose n'allait plus dans le jardin. Frissonnant encore, Préphiter se releva.

L'instant d'avant, il n'y avait eu qu'une marée de désirs mêlés, inassouvis.

Et soudain, le paysage changeait. Ou plutôt, les fleurs horribles, l'herbe tendre semblaient s'effacer, puis revenir, s'effacer à nouveau et revenir encore.

En même temps, une sensation qui ressemblait fort à une nausée prenait Prétipher, le secouait dans un orage de souffrances.

Il se sentait balancé entre deux tendances.

– Martha et Thomas... Allez-y, maintenant!

Ils quittèrent aussitôt l'habitacle, se laissèrent glisser au flanc d'acier luisant du navire. L'herbe de la lande crissa sous leurs bottes comme ils couraient. Ils traversèrent le pont, atteignirent les premières maisons du village.

– A droite!

L'ombre du temple les dominait. Mais elle ne suggérait en eux que de la haine. Pas la moindre crainte.

Une maison, puis une autre.

Derrière les façades grises, les habitants dormaient ou veillaient, priaient ou attendaient la fin de la cérémonie. Un homme était mort et le Défenseur, en son immense bonté, lui offrait les Sept Chances de la progression.

Au pays des démons, Prétipher Hayane luttait dans le combat du bien et du mal. S'il en sortait vainqueur, il commencerait sa seconde vie.

Effroyables, incroyables mensonges!

Martha et Thomas débouchèrent en trombe dans la demeure.

Prétipher Hayane était étendu sur un lit, veillé par une femme à la cape pourpre.

Thomas ne s'occupa pas de cette dernière qui demeurait les yeux clos, en état de transe psychique profonde. Il se pencha sur l'homme au souffle court, que la vie n'avait jamais quitté. Une seconde, il imagina les deux emprises invisibles qui luttaient dans la pièce, sur l'homme inconscient.

Les faisceaux inducteurs créateurs d'univers factices.

L'un axé sur le réveil, le retour à la réalité, l'autre sur un univers révoltant de bassesses mystiques, de créations répugnantes.

– Karl va réussir, dit Martha.

Thomas se contenta de hausser les épaules. Il surveillait le pouls de l'homme. Pour l'instant, il ne pouvait rien faire d'autre.

Un moment passa. Le village était terriblement silencieux. Un pinceau de soleil pénétrait dans la pièce par une fenêtre au verre terni.

Par-delà le pont de pierres, sur la lande rousse, on distinguait l'ombre du grand navire interstellaire.

Puis Prétipher bougea. Ses paupières battirent, révélant le vivant éclat de ses yeux.

– A toi, Thomas!

Le réveil était lent, les inductions ennemies étant encore braquées sur l'inconscient.

Mais il était possible de parler, maintenant, il le fallait.

– Prétipher... Prétipher. Ici Thomas... Tu reviens à la réalité, Prétipher! D'ici une minute, tu pourras te lever. Tout ceci n'était que mensonges et phantasmes de sources scientifiques, rationnelles.

» Ecoute, Prétipher. C'est toi, le premier de nous tous, qui t'es inquiété de la Terre, de la religion qui y avait éteint toute trace de civilisation. C'est toi le premier qui as trouvé la clé du problème. Toi, le premier de nous qui as succombé.

» Ils t'ont pris, Prétipher. Tu n'es pas mort. Ecoute... C'est la première religion qui agisse sur l'inconscient et puisse montrer, faire vivre à ses fidèles, les visions qu'elle brandit, les vérités qu'elle prône.

» Rappelle-toi, Prétipher... Les dragons de Draganak ressemblent trop aux Haïts de Procyon II, l'arbre mauve et noir n'est autre que le Flutilion de Maxence Théta... Tout cela n'est destiné qu'à provoquer la haine et la crainte, Prétipher. Haine des choses étrangères, crainte des êtres différents.

» Rappelle-toi... Ce que dit leur précepte : " Ce qui est différent est mauvais "!

Il fallait parler, expliquer. A ce stade du réveil, le subconscient de la victime était encore une pâte malléable où tout pouvait s'imprimer.

Et les mots de Thomas tombaient comme de l'eau sur du feu. Détruisaient les lignes soigneusement tendues par le cauchemar, les architectures d'obscurantisme et de haine construites par une religion pervertie.

Une religion qui avait trouvé que le meilleur moyen de conserver ses fidèles était encore de tenir leurs cerveaux en cage.

Une cage de phantasmes où trônait le Défenseur. Un hymne à odeur de xénophobie, de stupre et de peur.

Une cage d'où l'on ne pouvait sortir sans aide.

5

La lande rousse basculait, avec le village, le temple. Avec le ciel bleu qui virait déjà au sombre.

– Nous n'avons pas le droit de nous servir de la violence, disait Prétipher. Des milliers de gens vivent encore sur Terre. C'est le Défenseur lui-même qu'il faut viser. Lui seul est responsable, avec ceux qui lui ont fourni l'inducteur de subconscient.

Il passa une main sur son front. Martha et Karl le surveillaient. L'astronef se rétablissait au-dessus du pôle, cherchait sa ligne de vol.

– Une religion agissant avec des moyens scientifiques, murmura Prétipher, voilà bien la plus horrible chose que la Terre pouvait porter.

Ses compagnons hochèrent la tête.

Il se dirigea vers l'avant, pénétra dans le semi-dôme où Thomas effectuait les derniers réglages. Il sourit à l'adresse de Prétipher.

– En route pour Canis, dit-il.

Il y eut un très léger sifflement comme l'avant du vaisseau projetait sa route et déterminait un couloir de non-espace. Prétipher sursauta. Un peu de sueur perla à son front.

Thomas le guettait.

– Voyons si tout va bien là-bas, murmura-t-il.

Sans quitter des yeux son compagnon, il commanda la réception d'images venues du bout de la route.

Canis apparut, dans la ronde de lumière de ses sœurs planétaires, de ses innombrables satellites, près du fulgurant soleil bleu.

Et cela était si profondément différent, si contraire aux normes que Prétipher, debout au centre de la pièce, se mit à trembler violemment tandis que l'angoisse séchait sa gorge, nouait ses mains.

Karl et Martha, derrière lui, hochèrent la tête avec une expression d'immense chagrin.

Il faudrait du temps...

LUNE DE FEU

1

Le choc l'envoya rouler dans les buissons, une branche se brisa sous lui, et il se retrouva le visage dans les feuilles mortes et les racines. L'humidité en cet endroit était telle que le haut de sa combinaison était entièrement mouillé.

Il se redressa et fit les deux ou trois pas qui le séparaient de la ceinture de transfert. Posément, il la prit, la replia et la glissa dans la poche spécialement prévue pour cet usage.

Ensuite, il eut tout loisir d'examiner le ciel et il fit la grimace en constatant que le soleil n'était pas encore levé. C'était l'aube pâle sur le fleuve pâle qui paraissait rouler moins rapidement. C'était la même plage de galets, le même chemin de sable blanc entre les buissons. La même ligne de collines de l'arrière-pays où des villages minuscules s'accrochaient à une ligne de chemin de fer en filigrane noir. Tranquille paysage proche d'une grande métropole. Tranquille époque vers la fin du XXe siècle.

Ludwig Rendhel sourit, envahi par un extraordinaire calme intérieur. L'enfer était chassé à nouveau par les fraîches vagues d'un ancien « dimanche » devenu réalité.

Cependant, il venait de resurgir un peu trop tôt. La raison de cette faible erreur, il la connaissait : la hâte. Et la raison de la hâte, eh bien... Il secoua la tête et ferma à demi les yeux, comme pris de vertige. Puis il les rouvrit car d'insupportables images naissaient déjà, aussitôt, sous ses paupières.

« Si seulement je n'avais trouvé que cela! » pensa-t-il. Il traversa les buissons baignés de rosée et descendit sur la plage.

« Douce plage, songea-t-il, voici ma troisième visite! »

A l'heure de midi, il pourrait se voir surgir vers le petit chemin. Il se rappela à quel point il avait effrayé la grosse dame qui se déshabillait. Pourrait-il se rencontrer lui-même, s'il restait assez longtemps?

Non... Sans doute. Il ne s'était jamais vu. Pas plus à midi que vers 4 heures.

Toujours la même journée, jamais le même moment... Mais la précision des transferts était déjà étonnante. Il ne lui restait qu'une chose à espérer : que les autres, ceux qui étaient sous la lune de feu, ne prendraient pas le temps de le rechercher ou qu'ils ne parviendraient jamais à le trouver...

Il s'assit près de l'eau, appuyant son dos à une énorme pierre bleue. De l'autre côté du fleuve, il y avait des bancs de sable. Des troncs d'arbres, gris et ridés comme d'anciennes peaux, s'y étaient échoués. L'ensemble avait un aspect vaguement menaçant. Les rocs de la lune...

« Que sais-je du temps? se demanda Ludwig. Je sais que j'attends, ici, sur cette plage déserte, parce qu'*elle* ne paraîtra que tard dans la matinée! »

Non, il ne s'agissait pas de cela.

Il était question de la lune de feu. Il fallait qu'il lui dise cela, à *elle,* dès qu'elle arriverait. C'était la première fois qu'elle le verrait et l'histoire fantastique, oui, fantastique, l'intéresserait. Mais le croirait-elle?

Il courba la tête, sous le poids du chagrin et du remords.

« Mais je ne resterai peut-être pas jusqu'à ce qu'elle arrive... Peut-être même ne la verrai-je pas... »

Le soleil apparut au bout du fleuve, où se dessinait une île sauvage, une des îles qui semblaient des bateaux d'herbe noire dans le matin imprécis.

Un soleil rouge, puis rose, puis distillant une mince couche d'or sur la campagne, sur les herbes de la terre et celles de l'eau. Sur l'eau elle-même, dans les tourbillons et les remous des lits de cailloux.

Ludwig se mit à penser au temps. Quelqu'un avait publié un article fort intéressant sur la question... Voyons, qui était-ce? Il trouva. Orgon Pons dans le *Standard Science* de juin 2014. Un homme remarquable, ce Pons, qui naîtrait dans... une trentaine d'années. Pour écrire son article dans une cinquantaine... Mais il viendrait, certainement. Et sa théorie était, serait, un réel coup de lumière sur le temps.

Selon lui, on ne pouvait réellement voyager dans le temps, du moins dans sa « ligne de temps originelle ». En retournant vers le passé, si faible que puisse être la distance, on se décalait automatiquement vers d'autres univers.

L'infinité des univers offrant une infinité de différences et une infinité d'univers semblables, évidemment.

Une infinité d'univers où vivait Ludwig Rendhel. Une infinité d'univers où la lune de feu... Il fit taire cette pensée, bloqua le flot d'images.

Trois fois, pour lui, le transfert l'avait amené à cette journée. Le 12 août 1962. Elle semblait la même, toujours. Elle commençait par une aube claire, continuait torride et mourait en un crépuscule violet, merveilleux.

Seulement ç'avait été trois fois des 12 août 1962 différents.

Peut-être y avait-il une feuille de plus à un certain arbre? Un caillou de moins dans la plage? Peut-être la fille arriverait-elle cette fois avec un maillot bleu clair au lieu d'un maillot bleu foncé?

Il y avait une comparaison. Ludwig imaginait un balcon et, en dessous de ce balcon, des milliers d'autres. Il voulait retourner en arrière sur le premier balcon, devant la porte voisine. Alors il se lâchait, essayait de s'élancer. Et il tombait. Quand il se raccrochait, en arrière, c'était *sur un autre balcon.* Il avait lâché, et il était tombé.

Seulement... Pourquoi les autres, ceux de la lune de feu, le rappelaient-ils chaque fois?

Avaient-ils mis au point une sorte de repêcheur automatique qui balayait les univers et ramenait fatalement Ludwig Rendhel vers l'expiation, vers la mort honteuse devant le vaste public?

Avaient-ils réellement trouvé cela?

Comme lui avait... Il leva la tête. Un bruit de moteur se rapprochait. Un nuage de poussière, de sable, rose dans le levant, s'éleva de derrière les buissons.

Un ronflement plus violent et une voiture déboucha sur la plage, stoppa dans un dernier vrombissement.

Ludwig observait mais il savait déjà que M. et Mme Kreigen allaient descendre. Il serait bon de leur parler. Ils connaissaient la jeune fille, vaguement, et ils étaient l'unique point d'entrée en matière qu'offrait la journée. Ils venaient : M. Kreigen pour pêcher, Mme Kreigen pour se baigner (mais pas avant 2 heures) et pour lire un roman. Ludwig savait le titre du roman : *Mort d'un cœur* par Alice de Senehould.

A 5 heures, ils se disputeraient violemment et M. Kreigen, en démarrant trop nerveusement, ferait beaucoup de mal à la voiture. Ils tomberaient en panne et devraient rentrer à pied, laissant le véhicule entre les mains d'un dépanneur.

– Bonne journée!

M. Kreigen se tenait devant Ludwig.

– Oh! pardon, monsieur... Je rêvassais, je crois. Oui, bonne journée!

« Si tu savais ton erreur, songea-t-il en regardant le gros homme en short beige, tu ravalerais ces mots! »

Mais M. Kreigen n'était pas le moins du monde soucieux de l'avenir et il se mit incontinent à gonfler un canot pneumatique à l'aide d'une pompe à main.

Ludwig se leva.

– Puis-je vous donner un coup de main?

– Oh... Merci. Vous êtes très chic. Peut-être pourriez-vous mettre les rames?

Il inclina la tête en souriant. Qui convenait-il d'entreprendre en premier? L'homme ou la femme? Probablement la femme. C'était elle qui connaissait le mieux la jeune fille... Mais le brave M. Kreigen pouvait être utile par complicité masculine...

Ludwig fixa les rames de bon cœur, quoique avec une certaine lenteur prudente.

– Voilà!

Il se redressa, éprouvant la première caresse tiède du soleil qui faisait luire les chromes du véhicule et le plastique rose du chapeau de la dame, qui venait vers eux.

C'est à ce moment que toute la scène se mit à tournoyer. Et Ludwig comprit que, cette fois, il n'aurait même pas le loisir de voir paraître la fille.

2

Le tourbillon le rejeta dans une noirceur à goût de soufre. Il ouvrit les yeux et glissa immédiatement sur le côté pour éviter le coup qui lui était destiné. Le poing lâcha la matraque de bois et les doigts se crispèrent.

Colère et haine. Haine et peur. Peur de destruction.

« Voici les dernières secondes... Je suis revenu aux dernières secondes! »

Il se dressa, s'appuya au mur. La nuit était épaisse dans la ville. Rien ne brûlait encore. Mais la lune ne tarderait pas à se lever.

La terrible lune de feu. Un disque vaste et jaune. Puis des flammèches en couronne et un scintillement à rendre fou. Les rocs de la lune, les profonds canyons, transformés en énergie. Et l'énergie déversée comme au long d'un canon vers la face nocturne de la Terre.

Et pour les tranquilles océans, les dunes des déserts, un clair de lune de folie. Une inondation de lumière. Et l'eau en vapeur, le sable en verre...

Ludwig se mit à courir et, tout en courant, sortit la ceinture de sa poche.

Il leva la tête au moment du départ. Juste pour voir une portion de la lune qui apparaissait au-dessus des toits, baignant déjà la nuit de pourpre.

Il s'était déplacé dans l'espace et, en se matérialisant, il faillit donner de la tête contre le pare-chocs arrière de la voiture des Kreigen.

C'était, cette fois, le plein après-midi du 12 août 1962. Prudemment, il profita de l'abri du véhicule pour retirer sa combinaison, qui aurait pu paraître curieuse aux pleins feux du soleil.

Le paquet sous son bras, il s'avança dans la lumière et alla s'allonger dans le sable, non loin du parasol à l'ombre duquel fleurissait le chapeau de Mme Kreigen, les bras de Mme Kreigen et son maillot à fleurs crochues.

Ludwig nota quelques regards étonnés de baigneurs allongés çà et là qui venaient de le voir surgir de derrière la voiture.

Mais cela n'avait aucune importance. Ce qui comptait, c'était *elle*.

Ludwig, en posant son regard sur sa svelte silhouette, se demanda pourquoi il tenait tant à elle. Etait-ce parce qu'elle était la plus totale des étrangères pour lui? Ou bien parce qu'il se sentait le plus total des étrangers lui-même?

Il n'y aurait pas, en cet univers, de lune de feu la nuit prochaine.

Et peut-être que, dans le lointain futur, il n'y *aurait jamais* de lune de feu... Peut-être.

Etendu sur le sable brûlant, il gardait les yeux sur elle, ses paupières à demi fermées.

« Si elle savait d'où je viens, pensait-il, si elle savait ce que je porte en moi... Probablement n'y a-t-il en cette année 1962 aucun homme qui souffre comme moi. Probablement... »

Il cessa de penser en regardant le ciel. Si ce 1962-là n'était pas trop différent, il y avait sans doute des objets faits de la main de l'homme qui tournaient dans l'espace, passant et repassant au-dessus de la grande face bleue de la Terre... Et cela, c'était un début... Un pas vers la lune de feu.

Non... Ces objets étaient pour la paix. Il n'y avait qu'un seul facteur déterminant pour la lune de feu.

Une grande partie de l'après-midi passa dans le glissement torride des nuages, le défilé scintillant du fleuve et le roulement lointain des trains invisibles.

La fille, qui avait été très entourée, se retrouva seule, étendue sur les galets. Tout près de là, en aval, il y avait M. Kreigen qui pêchait. Et sur la plage, une dizaine de baigneurs, encore.

« Dans un moment, songea Ludwig, j'y vais... Et je lui dis tout. Et elle me croira. Parce qu'il faut qu'elle me croie. C'est la seule solution ! »

A moins que, d'ici là, les autres ne le récupèrent, une fois de plus. Et qu'il ne se retrouve devant eux, sous la lune de feu.

« Non... Plus maintenant. Cela ne peut pas durer l'éternité ! »

Mais l'éternité n'avait plus de signification depuis qu'il glissait d'âge en âge, ramené sans cesse à un fatal instant.

Rien n'advint jusqu'à ce que, le soleil déclinant, les dix baigneurs eussent disparu. Véhicules ronronnants, adieux claironnants et éclats de rire.

M. et Mme Kreigen s'apprêtaient à abandonner leur voiture pour s'en aller à pied en direction d'un moyen de transport en commun.

La fille quitta son immobilité qui avait peut-être été un sommeil et elle se dirigea vers l'endroit où elle avait laissé ses vêtements, sa robe rose et grise, son chemisier noir. Ludwig se leva et s'avança résolument. Il s'assit à deux mètres à peine des vêtements et dit :

– J'ai une histoire à vous raconter.

Il fut un peu surpris de la voir s'arrêter puis s'asseoir docilement en face de lui. La plage se moirait de tons roses.

– Vous permettez ? dit-elle.

Et elle enfila son chemisier par-dessus son maillot. Elle était très belle, vue de près, et le crépuscule passait et repassait dans ses yeux noirs extraordinairement allongés.

Ludwig commença son histoire.

3

Le soir les avait enveloppés d'ombre. Le fleuve semblait gelé, pétrifié, bien qu'il continuât à gronder sourdement. Des millions d'insectes crissaient dans les buissons. Un train passa dans le lointain et Ludwig ne put s'empêcher de se tourner à demi pour suivre les minuscules lumières qui couraient, couraient. Elles lui rappelaient certaines machines fatales qui descendaient du ciel dans une guerre indescriptible pour...

– Ainsi, dit la fille, il y a une lune de feu...

Il lui fit face de nouveau. Elle n'était presque plus visible. Simplement, il percevait sa présence. Tout ce que sa présence avait de chaud, d'humain. Tout ce qu'elle avait de promesse de pardon.

– Il y a la lune de feu, dit-il sourdement. Une lune devenue bombe, qui se gonfle, devient lumière et détruit la moitié de la Terre, la face qui est dans la nuit. Mais l'autre face est promise à une destinée tout aussi horrible, à l'exception des quelques survivants qui parviendront à s'enfuir, pour aller où?... Et tout a été fait pour une idéologie, pour rompre l'équilibre des plateaux d'une balance. Il y avait des milliards d'êtres humains dans la balance... Mais l'homme qui a conçu la lune de feu n'y a pas songé. Il a été le plus inconscient des hommes et le plus coupable.

– Oui, murmura-t-elle, le plus coupable.

– Et cet homme, c'est moi, Ludwig Rendhel... « L'homme qui a mis le feu à la Lune! » Comprenez-vous maintenant pourquoi je cherche le pardon? Une protection, un refuge, quelque part.

– Ludwig...

Il tressaillit. Sa voix était froide, froide et douce. Elle lui baignait l'âme d'une eau pareille à celle du fleuve. Du fleuve de cette époque de paix.

– Ludwig... Ne vous êtes-vous jamais demandé ce qui faisait que le plus coupable des hommes était constamment rappelé, ramené au moment de la lune de feu?

– Non... Enfin... Peut-être ceux des hommes qui désirent me juger ont-ils mis au point...?

– Et si cela venait de vous?

– De moi? Qu'est-ce qui viendrait de moi?

– Le fait de toujours retourner à la lune de feu... Votre culpabilité, le mal que vous portez, est peut-être si intense qu'il détermine cela. Il vous ramène, toujours et toujours, devant l'éclatement d'énergie, à la minute où les hommes vont mourir.

– Mais... Ce n'est pas...

– Qu'est-ce que ce n'est pas? Il n'y a rien d'impossible. Un homme, un seul homme, nommé Rendhel, a bien conçu le plus fou des moyens pour anéantir des milliards d'hommes! Quand la lune de feu s'est levée, des villes entières se sont liquéfiées et ont coulé jusqu'à la mer. Et la mer s'est changée en vapeur, une vapeur qui, en tourbillons furieux, a noyé les campagnes. Il y a eu un été d'une seconde, où les jardins ont resplendi de lumière. Mais les fleurs ne s'ouvraient que pour flamber et les fruits ne grossissaient que sous l'effet du gaz intérieur.

» Rien ne subsistait.

– Attendez, cria Ludwig, comment pouvez-vous imaginer tout cela? Pourquoi cherchez-vous des images qui...

– Je ne cherche rien, dit-elle lentement. C'est dans ma tête, derrière mes yeux.

– Vous... Vous voulez dire que vous avez vécu cela?

Elle se leva et il vit son corps gracieux au-dessus du sien, figé dans une immobilité menaçante.

– Vous avez très bien compris l'idée d'Orgon Pons, Rendhel. Mais avez-vous songé que dans l'infinité des univers, il y avait une infinité de lunes de feu?... Et une infinité de victimes ou de justiciers. Et que dans certains de ces univers, ces justiciers pouvaient avoir votre ceinture de transfert... Et s'en servir.

– Alors... Vous venez d'un univers où il y a une lune de feu et vous voulez... me tuer? Mais je ne suis pas le même Ludwig Rendhel qui a déchaîné l'enfer que vous connaissez. Je suis un autre, différent.

– Vous *êtes* Ludwig Rendhel... Et j'ai vu la lune de feu, c'est tout ce que je considère.

« Ainsi, pensa-t-il, elle m'attendait! »

Bien sûr, c'était la seule possibilité logique. Si la fille avait vraiment appartenu à ce monde calme où des dimanches s'étiraient sous le soleil, elle ne l'aurait jamais cru.

– Qu'est-ce qui vous a attiré en moi? dit-elle.

Il crut qu'elle le questionnait et il voulut répondre. Mais elle parla de nouveau :

– Le châtiment, Ludwig. Vous êtes venu à moi comme la phalène va vers la lampe qui brûlera ses ailes!

Il se leva. Son cœur battait à coups redoublés. Curieusement, il nota que des étoiles étaient apparues au ciel. Et cette clarté laiteuse, là-bas, c'était la lune, qui ne tarderait pas à se lever.

Il baissa les yeux, cherchant dans l'ombre sa combinaison qui contenait la ceinture.

– J'ai votre ceinture, dit la fille, dans ma main gauche. Dans la droite, j'ai une arme.

– Croyez-vous que vous réussirez à me tuer? dit-il.

Il pensait en même temps qu'elle avait toutes les chances de le faire. Et la peur lui serrait la gorge dans un étau brûlant.

Elle eut un petit rire.

– Grand Dieu, Rendhel... C'est peut-être la dixième fois que je vous tue. Je dégringole l'échelle des univers en quête de votre image. Et il n'y aura pas de fin à cette quête, bien sûr.

« Bien sûr, pensa-t-il comme en écho, pas de fin. »

Elle tendit les mains et il vit sa ceinture et l'arme, un petit objet noir, sans éclat.

– Voici le choix, Rendhel. La mort maintenant, ou la ceinture et le dernier transfert. Cependant, je dois vous dire que ce sera bien le dernier. Vous irez vers l'avenir, cette fois, et un avenir qui vous est familier, comme toute œuvre l'est à son auteur!

Il comprit et n'hésita qu'une seconde. Finalement, il tendit la main et prit la ceinture.

– Je ne pense pas que j'aie besoin de ma combinaison là-bas, murmura-t-il.

C'étaient ses derniers mots. De l'humour noir.

Il mit la ceinture sans cesser de regarder la fille. Une pensée lui vint, un regret, celui de ne pas voir son visage.

Puis il tourbillonna, basculant au travers de l'obscurité, quittant la plage tranquille au bord du fleuve de l'année 1962, d'une année 1962.

Il ne vécut que quelques secondes. Assez pour voir les maisons se liquéfier, les volcans entrer en éruption, les fleuves se changer en vapeur, les femmes et les hommes en torches...

Tandis que montait dans le ciel, de plus en plus haut, la terrifiante lune de feu.

L'EMPEREUR, LE SERVILE ET L'ENFER

Un Révolutionnaire mandchou quitta la maison communautaire, ce matin-là, vers 8 heures, et entreprit d'escalader la Montagne Artificielle.

Créméon des Cent-Arbres, du seuil de sa villa particulière, n'aperçut qu'une minuscule silhouette, déjà cramponnée à un des pics de cristal qui hérissaient les premiers mètres de la face sud, la plus pratiquée. Il était alors près de 9 heures. Immédiatement, il fit jouer les statuettes de son bureau et, la combinaison une fois formée, parla avec l'Empereur lui-même, celui qui résidait au sommet de la Montagne Artificielle et, en même temps, parmi les soleils.

Il lui dit avoir aperçu un homme lancé dans l'escalade de la montagne et lui demanda ce qu'il y avait lieu de faire en pareil cas. Il était Servile et Espion encore nouvellement promu et affrontait ce problème pour la toute première fois.

L'Empereur s'enquit de l'origine et des titres éventuels de celui qui venait vers lui. Créméon le pria de patienter quelques instants. Il monta alors jusqu'à son observatoire et, dardant la grande lunette vers la Montagne Artificielle, il vit que l'homme était un Mandchou, portant la livrée des Révolutionnaires déchus. Il redescendit faire part de cette information à l'Empereur. Celui-ci déclara qu'il allait faire le nécessaire. Créméon n'insista pas. Il n'était après tout qu'un Espion, un Servile glissé parmi les villages terrestres pour le grand bien de l'Empereur, et ne pouvait se permettre ne fût-ce qu'une suggestion.

Il prit un bain, déjeuna comme un ogre puis alla jusqu'à l'auberge. Quelques mots avec les convives du matin lui confirmèrent son observation. Celui qui s'attaquait à la montagne était bien un Révolutionnaire mandchou. Et c'était un fait surprenant car ceux qui avaient tenté plus ou moins récemment la grande ascension avaient été, soit des Perses, soit des Français celtes, ibériques ou alpins. Une des rares réussites, huit années auparavant, avait été le fait de Garcia d'Espéreux, alors propriétaire de l'Auberge maure. Maintenant, Garcia d'Espéreux était bien loin du village et de son ex-auberge, quelque part, disait-on, entre les scintillants soleils de la Couronne boréale.

Satisfait des informations, Créméon déjeuna une seconde fois, but trois pichets de bière d'Ailleurs, une boisson onéreuse que l'on disait venir de quelque part entre les étoiles. L'Empereur lui avait déclaré une fois que ce n'était, en réalité, qu'une bière ordinaire parfumée par les plus grands alchimistes. Il n'en continuait pas moins de l'apprécier. Surtout parce qu'il se sentait, ce faisant, un peu plus haut que les pauvres humains, un pied, ou presque, sur le tout premier échelon de l'échelle qu'il imaginait montant jusqu'aux soleils-paradis.

A l'heure de midi, quand les bergers s'en revinrent des champs au pied de la montagne, ils racontèrent l'ascension du Mandchou. Celui-ci, disaient-ils, était maintenant à mi-chemin et l'Empereur n'avait encore rien fait pour tenter de l'arrêter.

Très intrigué, vaguement inquiet, Créméon dut se contenir pour ne pas retourner en courant jusqu'à son observatoire.

Il quitta l'auberge et marcha très lentement jusqu'à la campagne, salua deux des vingt femmes du Maire, suivit les méandres du Ruisseau Monotone puis, finalement, se dirigea vers sa villa, se forçant à marcher calmement. Il aspirait l'air à pleins poumons, pour chasser les ondes malsaines qu'il sentait se répandre dans son corps.

Une fois à l'intérieur, il interdit l'entrée de ses appartements à tous les serviteurs et monta jusqu'à son observatoire.

Immédiatement, il largua un oiseau-regard en direction de la face sud de la montagne. La bestiole de métal et de verre lui transmit très vite la saisissante image du Révolutionnaire mandchou, accroché à une aiguille de plastique noir, entre ciel et terre. Il avait largement fait plus de la moitié du chemin, à présent. Et l'Empereur ne manifestait toujours pas sa colère.

Nulle fumée, nulle langue de flamme. Le ciel, au-dessus de la montagne, restait d'un bleu pâle, très doux. L'air était léger.

Crémécon serra les poings et ses ongles immenses lui entrèrent presque dans les paumes. Il gémit puis se morigéna. Que savait-il des desseins impériaux? Certainement, quelque événement formidable était en préparation et le Révolutionnaire mandchou en ferait les frais... A moins que...

On racontait de très étranges légendes sur les lointains vainqueurs et... sur l'Empereur lui-même.

Qu'y avait-il de vrai? Qui pouvait vraiment savoir?

Parfois, dans les nuits d'été, au creux de l'observatoire, Crémécon des Cent-Arbres s'était pris à rêver aux Soleils. Non pas aux soleils tels qu'il les observait, milliers d'aiguilles gelées aux couleurs délavées. Non... il rêvait aux soleils de la Couronne boréale, à ceux de la Baleine ou du Bouclier de Sobieski. A des sphères rayonnant une lumière démentielle, un incendie permanent. Des flots de couleurs enveloppant des amas de planètes riches, vertes, giboyeuses, gonflées de choses nouvelles... Et l'espace et ses plages multiples protégeant tout cela des attèintes des démons, isolant ces paradis du triste monde des hommes.

Seuls abordaient à ces îles de merveilles des êtres au-dessus de la commune mesure. Ceux qui escaladaient la Montagne Artificielle. Mais, pour réussir, il fallait triompher de tous les obstacles. Il fallait être l'égal de l'Empereur qui, pourtant, était assez puissant pour régner en même temps sur les grands soleils et sur le pauvre monde.

Créméon ne s'était jamais senti de taille.

Et voici qu'un anonyme Révolutionnaire mandchou, piètre rescapé de l'armée de Philippe Nord, avait franchi plus de la moitié de la montagne et approchait du sommet, inexorablement.

Créméon souhaitait de toutes ses forces que l'Empereur fît quelque chose. Il ne pouvait exister une telle injustice. Le Mandchou ne pouvait réussir sans coup férir.

L'oiseau-regard, prodigieuse machine, tournoyait près de la paroi sud, battant des ailes à quelques mètres du grimpeur. Le Mandchou n'y prenait garde. Trapu, le crâne épais et rasé, la face presque plate, il avait lancé une main énorme vers une arête de métal oxydé et s'y cramponnait.

Ses pieds suivirent, chaussés de lourdes semelles à crampons. Une arme se balançait à sa ceinture, avec un rouleau de fine corde. Un rétablissement et il fut encore un peu plus haut.

L'oiseau-regard ne cessait de virevolter autour de lui. Une bande d'oiseaux, véritables ceux-là, surgit d'une proche caverne de plastique cloutée de bronze et vint le rejoindre.

Le Révolutionnaire mandchou abordait maintenant un passage plus facile et son ascension en était accélérée d'autant.

Et rien ne venait du ciel, si ce n'était de nouveaux oiseaux. Le Servile pensa que, parmi eux, il pouvait se trouver maintenant d'autres oiseaux-regard, comme le sien, envoyés par d'autres Serviles. A la dévotion de l'Empereur, tout comme lui.

A la dévotion de l'Empereur. Mais pas à celle de l'injustice. Pas à celle de la comédie. De la valeur bafouée.

Quoi! un vulgaire mercenaire d'une armée révolutionnaire depuis longtemps oubliée pouvait gravir la Montagne Artificielle comme s'il se fût agi d'une simple promenade? Et lui, Créméon des Cent-Arbres, si dévoué, devait rester à l'observer par le regard d'une machine ailée. Condamné à mourir sur cette Terre des humains ordinaires. Alors que le Mandchou anonyme allait surgir au sommet et, de là, être emporté par quelque puissance, vers les soleils innombrables où tournoyaient des paradis.

Quelque chose de gigantesque se mit à brasser les viscères de Créméon. Une réelle douleur accéléra les battements de son cœur. Une horrible sensation de frustration voila son regard.

Rien n'existait plus en dehors du Mandchou sur la montagne.

Et du sommet, si proche, trop proche.

– Et moi?... gémit Créméon des Cent-Arbres.

Il arrangea les statuettes, fébrilement, et tout à coup perçut le souffle de l'Empereur des Mondes. Mais il n'était plus paralysé par le respect.

– C'est impossible, c'est injuste, que vont penser tous les pauvres humains? lâcha-t-il d'un trait.

Son cœur, dans sa poitrine, faisait un bruit extraordinaire.

– C'est vrai, dit calmement l'Empereur, parfaitement vrai : que vont penser les humains?... Mais cela ne sera pas. Maintenant que tu viens de m'appeler. J'attendais, simplement. J'attendais tes paroles. Car, vois-tu, cette fois l'épreuve était tout autre...

Créméon le Servile se retrouva muet, vaguement effrayé. Il gardait, cependant, toutes ses qualités intactes. Et il savait reconnaître, par exemple, une certaine tristesse, une gravité nouvelle dans la voix de l'Empereur.

Les Serviles savent voir ou apprennent à voir. Ils savent déceler et même prévoir les changements d'humeur, les sautes de caractère de leurs maîtres, pareils aux pêcheurs avec le temps, les orages, les saisons. Ils lisent dans la voix comme dans les grands chemins des nuages. Ils perçoivent le souffle comme un vent diversement orienté.

– Maintenant, reprit calmement l'Empereur, fais rentrer ton oiseau-regard, car d'ici quelques secondes il ne va pas faire bon sur la montagne.

Et le contact fut rompu.

Et Créméon fut saisi par un rêve vertigineux. Il lui semblait être au sommet de la Montagne Artificielle, érigée des millénaires auparavant pour les Empereurs. Et il montait encore plus haut, s'en allant virer parmi les grandes écharpes brumeuses où se mêlent et fusionnent les rayons des soleils multicolores. Et il survolait, plongeait vers des planètes pareilles à de lourdes mamelles. Planètes brunes, planètes vertes. Couleur de terre et de pluie très douce. Planètes-bouche, planètes-croupe, planètes-mains tendues...

Il rêva trop longtemps. Un roulement de tonnerre le rappela à la réalité. L'image que transmettait l'oiseau-regard était celle d'une nuit soudaine et habitée d'éclairs. Et il était trop tard pour rappeler l'oiseau de métal et de verre, déjà saisi par la tourmente, ne répondant plus aux appels de Crémeon, à l'ordre de retour.

L'image éclata en silence, comme un grand verre plein de liquide noir, épais.

Crémeon descendit et gagna le seuil. Au delà du jardin, sur l'après-midi clair, se profilait la grande Montagne Artificielle. Près du sommet, curieux et presque dérisoire, il y avait un nuage sombre où tourbillonnaient des choses vagues. Il semblait petit et inoffensif. Mais Crémeon et tous ceux qui l'observaient, de la maison communautaire ou de la campagne, savaient que le Mandchou téméraire était pris au centre d'une tempête qui était presque l'image de la colère des soleils et de l'Empereur.

Immobile, Crémeon garda les yeux fixés sur la montagne jusqu'à l'heure du crépuscule. Puis le nuage disparut. Soudainement effacé. Dans une nappe de lumière rose, des nuées d'oiseaux reparurent.

Crémeon regagna ses appartements puis, très lentement, remonta jusqu'à l'observatoire.

– Le Mandchou, dit la voix de l'Empereur, est mort il y a quelques instants seulement. Il fut plus vaillant que je ne l'avais prévu. Comme quoi on ne connaît jamais assez les humbles. Tous les gouvernants apprennent ceci... après. Mais peu importe, après tout. L'épreuve, je te l'ai dit, n'était point là, cette fois. Le temps de ma succession est venu parce que j'en ai décidé ainsi. Je suis fatigué. Et pour la première fois depuis je ne sais combien de siècles, il ne se trouve personne, parmi les soleils, pour venir me remplacer. Il ne reste personne, de tous les Vaillants qui y sont allés.

L'Empereur se tut pendant quelques secondes et Créméon retint son souffle. Il ne comprenait pas, il ne voyait plus le monde tel qu'il se l'était toujours présenté.

Tout avait basculé et approchait maintenant d'un néant inconnu et malsain.

– Personne, reprit l'Empereur – et sa voix était lourde d'un chagrin et d'une tristesse infinis – plus personne. Les soleils sont, à nouveau, déserts, sans nul humain en route entre leurs brasiers. Et moi... je voudrais revenir au monde des hommes, à la maison communautaire, avant la fin de ma vie. Alors, j'ai pris une décision, Créméon. J'ai fixé moi-même une nouvelle épreuve morale, celle-ci. Non, arriver au sommet de la Montagne Artificielle ne signifie pas la victoire. Non, les soleils n'abritent aucun paradis. Etre ici, à ma place, lutter entre les ténébreux vertiges de l'espace, surveiller le monde heureux des hommes sans pouvoir y vivre... c'est une malédiction. La plus grande qui puisse être donnée à un homme. Et quelle dérision de songer que, pour cela, il fallait affronter la montagne et ses périls, souffrir d'abord pour souffrir ensuite. L'horreur récompensant le courage... Comprends-tu pourquoi les Empereurs multipliaient les obstacles sur la route des téméraires idiots qui tentaient l'escalade? Comprends-tu que c'était par une certaine bonté et une certaine révolte contre le sort si ancien?...

» Les soleils sont une punition. Et qui d'autre la mérite mieux qu'un être servile, muet, déjà presque au ban des hommes? Assez envieux et cruel pour attirer l'attention de l'Empereur sur celui qui semblait devoir gagner sans péril. Qui d'autre mérite mieux mon poste, ici, au bord des soleils, du néant, qui d'autre que toi?

Créméon aspira une bouffée d'air qui lui parut brûlante, corrosive.

Au fond de lui, des planètes passaient toujours, rondes et tentantes, vertes et fraîches. Les soleils roulaient des arcs-en-ciel sur des prairies sans fin, sur les vallées qu'il avait imaginées durant tant de jours, tant d'années.

– Viens, maintenant, dit durement l'Empereur, je suis si fatigué. Je t'envoie mon oiseau-soldat.

Il n'y eut pratiquement aucun intervalle de temps entre

les derniers mots de l'Empereur et l'irruption sombre et géante de l'oiseau-soldat effarant. Créméon, dans le crépuscule violet, fut emporté hors de sa villa, au-dessus de la campagne, jusqu'au sommet de la Montagne Artificielle. Puis, de là, il partit pour une première visite, avec l'oiseau-flamme.

Créméon des Cent-Arbres, le Servile, nouvel Empereur et banni, fila vers les soleils.

Ceux de la Couronne boréale, du Serpent, du Baudrier.

Brasiers et incendies, chaudières monstrueuses.

Fosses d'énergie. Essaims de planètes gelées, fondues, crevassées, inabordables, hideuses, hostiles, venimeuses. Repaires de toutes les hantises, de tous les effrois jamais complètement enfouis.

Et Créméon des Cent-Arbres, nouvel Empereur, banni et solitaire, comprit que les soleils étaient l'enfer.

Mais ceci arrivera... il y a très longtemps.

LES JARDINS DE MÉNASTRÉE

Il frappa deux fois contre la porte de bois verni puis se plaqua contre le mur quand il entendit approcher les pas. A l'intérieur, on cherchait la serrure. Les grosses mains d'Archie devaient tâtonner dans l'ombre. Il n'avait pas allumé, sans doute par prudence. Finalement, la serrure joua et la porte fut entrebâillée de quelques centimètres.

Glément se pencha.

– Bonsoir, dit-il.

Le dos contre la pierre froide, suintante, il lança un éclair bleu à l'intérieur. La porte fut brutalement claquée, mais trop tard. L'instant d'après, Archie hurla, dans le hall, tandis que le brasier commençait à se développer.

Glément se décida enfin à bouger. Souriant, féroce, il frappa de nouveau. La porte s'ouvrit toute grande, immédiatement. Le hall entier semblait en flammes. Mais des stalactites de glace se formaient sur les galeries. La vapeur d'eau se pétrifiait et composait une grotte arctique dans la noble demeure des d'Immarsys.

Archie reculait pas à pas tandis que le visiteur avançait. Il s'arrêta auprès d'une armure tout à fait authentique.

– Archie, dit Glément, dire qu'il a fallu que j'utilise un flambe-hiver contre toi! *Ici!...*

Le vieux serviteur passa une de ses mains de géant contre son front. Puis il frissonna de froid.

– Arrêtez, maintenant, murmura-t-il. Ils ne sont pas là. Vous devriez le savoir...

Glément traversa le hall. Les tourbillons de lumière nés du flambe-hiver dansaient autour de lui, tournoyaient près de sa tête. Il était immense et maigre. Archie le suivait des yeux, impassible. Glément se retourna quand il fut au pied de l'escalier qui menait aux étages.

– Ne trouves-tu pas que je fais songer à Belzébuth, dans un tel cadre?

Il éclata de rire. Son visage était long, sa peau sombre et luisante. Il portait un haut-de-forme brillant.

– Et toi, tu es presque un Cerbère acceptable!

– Arrêtez, dit Archie, et ne me tutoyez pas.

Des frises de glace couraient sur les galeries, aux arêtes des cadres dorés des tableaux. Du gel brillait sur les marches de l'escalier.

– C'est bon, fit Glément. Pour ma part, sais-tu, je ne crains plus le froid depuis que j'ai fait connaissance avec certain coin de Mars. Mars en 2300 et quelques, vers la fin des Amorex.

Il rit de nouveau puis s'assit sur la première marche. Ses doigts agiles fouillèrent sous sa cape noire et ramenèrent une paillette de métal qu'il déposa sur le sol avec un luxe ironique de précautions. Archie soupira. Son visage était lourd, blême. Les coins de sa bouche tremblaient légèrement et ses yeux étaient réduits à deux fentes noires. La haine et la crainte se mêlaient en lui.

Les deux hommes attendirent encore un instant. La glace se mit à fondre. Les volutes lumineuses du flambe-hiver commencèrent à disparaître. Sur le sol, la paillette de métal diminuait lentement.

– Il fait nettement meilleur, dit Glément.

Il se releva et frotta ses mains l'une contre l'autre avec une expression de satisfaction bourgeoise. Archie demeura immobile, surveillant ses gestes. L'irruption de Glément l'avait surpris mais, maintenant, il reprenait tous ses moyens.

– Faites comme chez vous, murmura-t-il.

Il passa devant Glément et grimpa l'escalier.

– Pas si vite, dit Glément, il fait sans doute plus chaud à l'étage.

Il suivit Archie en ricanant, satisfait de se trouver ici, dans la maison même de ses ennemis, à des siècles de ses zones de combat habituelles.

– J'aime cette maison, dit-il, mais elle fait trop neuf.

– Elle a été bâtie il y a trois ans, grommela Archie.

– Exact, sans doute. Moi, je ne l'ai connue qu'en 1951 et en 1974. A cette date, les Chinois l'avaient transformée en lupanar.

Archie, devant lui, haussa les épaules. Ils arrivaient au premier et suivaient le couloir, leurs pas amortis par un tapis épais de couleur pourpre.

– Je pense à cette bonne Virginie, reprit Glément, elle a toujours eu une tête à figurer dans une photo de cette époque. A côté d'un Albert à longues moustaches et...

Il se tut : Archie venait de se retourner, une expression menaçante sur son visage carré. Les coins de sa bouche ne tremblaient plus. Ses mains semblaient peser très lourd de part et d'autre de son corps trapu.

– Glément Mournier, gronda-t-il, que faites-vous ici, dans cette demeure, en 1904? Est-ce à moi que vous désirez parler?

Glément prit un air réfléchi. Dans le hall, l'ombre était redevenue totale. Ici, dans la galerie, de véritables chandelles brûlaient. Il soupira d'un air affecté.

– Vraiment, je regrette, Archie. C'est, hélas, *vraiment à toi* que je désire parler.

Le serviteur prit un pas de recul. L'étonnement se lisait dans ses yeux soudain grands ouverts. Il gardait néanmoins une apparence asiate. Glément l'avait toujours présumé né après la seconde bataille de Genève qui n'avait pas tourné à l'avantage des Blancs.

– A moi? dit Archie. Et... à quel sujet?

Glément désigna le fond de la galerie où une porte entrouverte laissait filtrer une claire lumière.

– Ne serons-nous pas beaucoup mieux là-bas?

L'autre n'acquiesça pas. Se retournant, il obtempéra. Glément pénétra dans le salon à sa suite et ferma avec précaution.

La pièce était petite, avec des coussins et des fauteuils recouverts de satin rose. Le tapis était usé mais encore très épais. Il y avait une bibliothèque garnie de volumes uniformément reliés. A droite, dans une petite cheminée, un tas de bûches flambait.

La lumière était fournie par une sphère de petites dimensions qui flottait, sans aucun support, au-dessus d'une tablette ronde.

– Ah! dit Glément, une lampe d'Agédon. Une invention de la République antarctique, si je ne m'abuse. Une application de la dégravitation... Eh oui, eh oui... Le vaisseau d'Agédon partant pour Canopée comme un immense lustre stellaire...

En parlant, il agitait les mains en direction d'Archie et des tics déformaient son long visage. Ainsi, il évoquait quelque démon occupé à jeter des sorts.

Archie le contempla un instant. Il ne prêtait aucune attention à ses paroles. Puis il s'assit, ferma à demi les yeux et dit :

– Vous pouvez boire.

– Ah... merci.

Le visage de Glément se fit grave comme il allait jusqu'à la bibliothèque. Seuls, les goulots des bouteilles étaient visibles dans un rayon, au delà de deux ou trois livres épais. Il les avait repérés dès son entrée. Et il savait qu'Archie n'ignorait rien de lui à ce propos. Il revint vers la table avec deux verres et une bouteille de vin foncé.

– Du nouveau, murmura-t-il. Je suis toujours à l'affût de nouveau.

Archie ne le regardait pas. Il semblait dormir. Glément emplit les deux verres et vida le sien d'un trait. Il claqua la langue, l'air satisfait.

– Pas très fort, mais... diablement parfumé, Archie.

– Avez-vous autre chose à dire en dehors de remarques à propos d'alcool?

Glément reposait son verre, lentement. Ses yeux semblaient fixés quelque part dans les reflets du cristal. Une larme sombre d'alcool dévala vers le fond et cela parut réveiller Glément.

– En effet, dit-il, j'ai autre chose à dire... A faire, du moins.

– Et il s'agit?...

Archie avait parlé dans un soupir. Ses doigts épais tapotaient les accoudoirs de son fauteuil.

– De toi, lâcha Glément.

Il hésitait. Finalement, il se versa encore un verre et le fit tourner entre le pouce et l'index.

– Assez, maintenant, gronda Archie. Pourquoi moi? Je ne suis que le serviteur des d'Immarsys.

Glément esquissa une grimace de doute. Il éleva le verre devant ses yeux.

– Je ne le crois pas tellement, vois-tu. En fait... je ne suis venu que pour te tuer. (Il porta un toast.) Alors... A ta mort, Archie.

Il allait boire mais s'arrêta, décontenancé. Car Archie était tout à coup plié en deux de rire.

C'était sur Ménastrée, planétoïde central du gouvernement impérial, en 820 des d'Immarsys.

Il n'y avait pas un nuage au ciel d'un jaune aigu et les arbres innombrables des jardins, auprès du palais, avaient leurs feuillages immobiles. Des vies criardes, pourtant, habitaient les nids naturels de branches. Les promeneurs étaient rares dans les pâles allées. De toute façon, la cité de Ménastrée n'était pas très peuplée et, en cette saison, moins que jamais, car l'on était en Période de Don.

Virginie et Albert avaient donc tout loisir pour passer de longs moments seuls, alanguis, à l'ombre des grands arbres, écoutant les bandes d'oiseaux engagés dans de furieuses batailles.

– Tout, dit Virginie les yeux à demi fermés, est à l'image de notre lutte.

Albert cessa pour un instant de gratter machinalement le sol de ses ongles immenses. Son visage blanc vint s'appuyer contre celui de sa femme.

– Tu deviens prétentieuse. Pour toi et tous nos pareils. Nous sommes à l'image de la lutte, *des* luttes de l'univers. Nous ne servons pas de modèle... bien au contraire. (En disant cela, son regard se fit triste. Il soupira et regarda le ciel.) Ménastrée est presque à notre image. Certains mondes le sont vraiment. Te souviens-tu de Clézidor, dans les Chemins de Ronde?

– Ces rochers noirs, dit Virginie, et ces immenses océans blêmes.

– Et le ciel, ma douce, surtout le ciel. Il était si rouge, si rouge, que... (Il s'interrompit.) Clézidor nous appartient, comme une bonne moitié de la galaxie. Ménastrée est notre plus haut lieu dans le temps. Avant l'empire, c'était la crainte; après, c'est la lutte, puis la crainte de nouveau.

Comme il parlait, sa voix devenait de plus en plus tendue. Sa femme allongea une main transparente et posa ses doigts sur ses lèvres minces.

– Je t'en prie... Tu n'aurais pas dû parler de lutte. Tout est sécurité, quiétude, ici. Nous régnons...

– Et Glément?... Que fais-tu de Glément?

Virginie parut s'éveiller d'un rêve aux couleurs du ciel de Ménastrée. Elle se dressa et ses cheveux blonds s'accrochèrent, l'espace d'un instant, au feuillage d'un grand arbre noir. Elle regardait au loin mais ses yeux ne voyaient pas vraiment les premières tours du palais, sur la droite, et les alignements de pierre blanche, sur la colline plus lointaine.

– Glément, dit-elle, c'est un démon. Nous ne pouvons plus l'épargner.

Albert soupira et, de nouveau, ses doigts aigus fouillèrent l'herbe fraîche, la terre qu'il aimait tant.

– Il sera le seul exemple, dit-il, d'un être qui ait réussi à glisser sans limitation dans le temps... sans appartenir à notre race. Je le connais... Il n'est pas dangereux.

– Pourtant, il a réussi, parfois, à nous contrer durement. Il est des points du temps où nous avons du mal à subsister parce que règne sa vigilance.

– J'aime l'étudier, dit Albert – sa voix était plus ferme, tout à coup. Glément Mournier, seul voyageur du temps qui ne soit pas des nôtres. Mais, quand je le connaîtrai bien, très bien... (Il sourit en se levant et prit le bras de sa femme.) Songe bien, ma chérie, qu'il sera fatalement des nôtres.

Presque rassurée, elle se fit plus douce.

– Viens, dit-il en l'entraînant plus loin dans les jardins, il faut profiter de la Période de Don.

Ensemble, en marchant plus vite, ils sentirent l'inextinguible soif qui revenait en eux.

Archie riait toujours, en 1904, très loin de Ménastrée et à trente-trois siècles de l'établissement du gouvernement impérial.

– Assez!

Glément sortit une arme effilée de dessous sa cape. Il la tint par la poignée curieusement ouvragée qui portait un système de détente complexe. A l'extrémité du canon, pareil à un couteau, une larme de diamant brillait.

– Ceci... Tu le connais, non?

Mais Archie continuait de rire de plus belle.

Et Glément le regardait, furieux. Le Dard de Lumière qu'il serrait lui paraissait inutile. Inconsciemment, il éprouvait un sentiment d'angoisse, d'impuissance. La maison des d'Immarsys, perdue dans le temps, loin des tourbillons politiques et planétaires, lui apparaissait comme un piège.

Enfin, Archie cessa de rire et fixa son visiteur, gravement.

– Glément Mournier... Il est incroyable que, durant toute votre vie, vous n'ayez pas compris.

Glément se pencha, fronçant les sourcils.

– Je n'ai pas compris *quoi*, Archie?

– Le secret des d'Immarsys... et, en même temps, celui de toute l'histoire.

Glément leva le Dard de Lumière vers le large visage du serviteur.

– Ne cherche pas à me raconter des légendes, Archie. Je glisse dans le temps aussi bien que toi, Albert, Virginie et toute la bande... J'ai *vu* la plupart des légendes et je peux te dire que...

Il se tut. Archie se levait et ouvrait une petite porte dans le meuble-bibliothèque. Il revint s'asseoir sans se préoccuper de l'arme braquée sur lui. Il tenait un livre volumineux, relié en rouge vif. Il l'ouvrit avec une expression de respect et tourna quelques pages. Celles-ci étaient d'une matière fine mais rigide qui produisait un son presque métallique quand on la pliait.

– Qu'est-ce que c'est?

– Le Livre Rouge, dit Archie. C'est ainsi que nous l'appelons. Mais son véritable titre est *Chronique*.

Glément se leva et vint derrière son adversaire. Sans lâcher son arme, il se pencha et essaya de lire.

– Il faudrait des mois pour en venir à bout, murmura-t-il. (Sa voix se fit forte.) Et je n'ai pas le temps, cette nuit.

Archie haussa les épaules et posa le livre à côté de la bouteille et des verres.

– Tant pis, dit-il, il contient toute l'explication. Maintes et maintes fois vous auriez pu le lire mais vous ne l'avez pas fait.

Glément sourit.

– La lutte, pour moi, est bien lourde. Les d'Immarsys et d'autres familles de tyrans tiennent le peuple dans un étau, tout au long des siècles. Connais-tu seulement *mon* histoire, Archie?

– Bien sûr... Je connais tout de vous.

– La façon dont ma mère et mon père sont morts, sur Ménastrée, quand je n'étais qu'un enfant. La façon dont j'ai grandi, protégé par les cruels d'Immarsys...

Archie regarda vers la bouteille.

– Et la suite, dit-il.

Glément pâlit légèrement.

– Je suis bien certain que la mort te fait peur, gronda-t-il. Tu ne ris que pour me dérouter... Tu y es presque parvenu, vois-tu!

– Glément Mournier, dit lentement Archie, essayez de comprendre *pour la première fois* : la mort ne me fait pas peur. Elle ne peut rien sur moi pas plus que sur un d'Immarsys ou un autre membre de notre race. *Parce que, Glément Mournier, nous sommes morts!*

Ce fut le tour de Glément de rire. Quand il s'arrêta, il se versa à boire et avala deux verres coup sur coup.

– Un peu ridicule, Archie, tu ne trouves pas?

Le serviteur le fixait avec un mépris évident.

– Vous avez toujours aimé boire, n'est-ce pas? demanda-t-il.

– Et toi, Archie?

– Oui... Mais je ne bois pas la même chose.

Glément se versa un autre verre. Il avait posé l'arme sur ses genoux mais ne quittait pas son adversaire des yeux.

– Et... que bois-tu, Archie?

– Du sang. Toujours du sang.

Glément but une gorgée, claqua la langue.

– Très intéressant, Archie. Quelle imagination... Mais, dis donc, il me semble avoir perçu de telles histoires dans les siècles des siècles.

– Je vois qu'il vous faut une démonstration...

Soudain, il bondit et ses deux mains se refermèrent sur les bras de Glément. Celui-ci poussa un juron et, se redressant, essaya de lutter. Il grimaça puis gémit. Les mains d'Archie étaient comme deux outils de métal et rien, semblait-il, ne pourrait parvenir à desserrer leur étreinte.

Quand le serviteur des d'Immarsys le lâcha, il resta à demi paralysé.

C'était Archie, à présent, qui tenait l'arme.

Glément se raidit dans l'attente de la mort. Il était bouleversé de cette défaite, de cette fin stupide qui allait survenir...

Mais Archie pointa l'extrémité aiguë du Dard de Lumière contre sa tempe et appuya sur la détente.

Il y eut un éclair aveuglant. Archie reposa l'arme sur les genoux de Glément. Il souriait.

– Etait-ce convaincant? demanda-t-il.

Glément restait comme pétrifié. Machinalement, il se frottait les avant-bras contre les accoudoirs du fauteuil.

– Immortels, dit-il enfin, c'est cela, n'est-ce pas? Vous êtes tous Immortels?

– D'habitude, dit Archie, nous portons un autre nom.

Il ouvrit la bouche et montra les deux incisives à sa mâchoire supérieure.

– Ça? Mais...

Archie tendit la main.

– Albert sait expliquer mieux que moi. Voulez-vous que nous allions... boire un verre avec lui et Virginie, sur Ménastrée ?

Machinalement, Glément reprit l'arme en main.

– Parler avec mes ennemis... face à face ?

– N'avez-vous pas de courage ?

Glément acquiesça à regret.

Il n'y avait plus d'hiver en 1904. C'était un bel été de Ménastrée, en 820 des d'Immarsys.

Glément suivait Archie au long des couloirs, à la recherche d'Albert et Virginie.

Ils débouchèrent tout à coup dans une salle très vaste, mais basse de plafond.

Glément reconnut ses ennemis. Lui, debout auprès de sa compagne, devant une table. Il y avait une bouteille, sur la table, et un unique verre.

– Voyez, dit Albert d'Immarsys en suivant le regard de Glément, nous vous attendons toujours.

Archie s'inclina devant ses maîtres :

– Il est venu en 1904, dans la maison. Il voulait me tuer...

Albert et Virginie sourirent.

– Et où était votre épieu ? demanda Albert.

Glément secoua la tête.

– Ecoutez... Archie m'a dit que le moment était venu d'une explication entre vous et moi. Il a tiré contre lui-même avec ceci... (Il montra le Dard de Lumière.) Et ceci a été mis au point par les tueurs de Malchéron, qui vivront dans quelques siècles, au moment de la désagrégation de votre bel empire... Alors, j'aimerais comprendre.

Albert lui désigna un siège.

– Enfin comprendre, dit-il, enfin...

– Nous glissons dans le temps, disait Albert. Il fut une époque, pourtant, où nous ne le pouvions pas. Mais la vie pour nous était très dure, trop dure, et notre talent naquit de la faim, du besoin. Obligée de survivre, notre race a conquis le temps... Et ce temps, cet amoncellement de siècles, il nous a fallu l'organiser.

Glément débouchait la bouteille, très ancienne, où scintillait une liqueur verte.

» ... pour survivre sans détruire complètement notre réserve. Les hommes ordinaires, une fois morts, deviennent des nôtres. Et cela crée de nouveaux besoins. Sans cesse, nous croissons et, en certains points du temps, nous avons été obligés de ménager des « vides » où nous n'apparaissons pour ainsi dire plus. Ainsi, les hommes redeviennent nombreux et, un peu plus loin, nous les attendons. Ménastrée, capitale de l'empire, est le plus haut lieu de notre règne, Glément. Chaque année, à la Période de Don, des milliers de fidèles sujets nous sont offerts dans les Jardins.

Glément but son second verre et dit :

– Les vampires, c'est cela, je m'en souviens, maintenant. Ma mère m'avait dit, un soir...

– Nous-mêmes, poursuivit imperturbablement Albert d'Immarsys, nous provoquerons la disparition de l'empire. Il s'ensuivra – il s'ensuit – une longue période où les hommes, redevenus innombrables, prépareront notre retour.

Glément buvait son quatrième verre sous le regard d'Archie.

– ... l'éternité est à nous. Il n'est plus de limitation pour nous depuis que le premier d'entre nous a fait un écart dans le temps, poussé par la terrible soif...

Le mot frappa Glément qui posa son verre, vide :

– Et pouvez-vous me dire pourquoi j'ai pu, moi aussi, glisser dans le temps et détruire d'innombrables châteaux avec les meilleures armes des meilleurs techniciens?

– Parce que, dit doucement Virginie d'Immarsys, vous pouvez, tout comme nous, glisser dans les siècles à cause de votre besoin...

Glément se dressa.

– Mon besoin?...

– La soif, dit Albert, la terrible soif. Mais pas de sang, celle-ci... Exemple unique d'un vice à ce point énorme qu'il donne la clé du temps.

– Parlez pour vous, gronda Glément.

Archie haussa les épaules.
– Notre soif, dit-il, n'est pas un vice. La faim de l'homme ordinaire n'en est pas un non plus.
Glément parut cesser de respirer. Brusquement, ses doigts s'écartèrent et lâchèrent le verre qui se brisa au sol.
Ses lèvres tremblaient quand il parla :
– Je sais... Je sais ce que vous vous apprêtez à faire. C'est mon sang que vous voulez maintenant, hein ? Comme celui des autres, de mon père, de ma mère...
– Mais non, dit Albert. (Il se baissa et ramassa posément les débris de verre.) Vous allez continuer de lutter contre nous, si le cœur vous en dit. Nous avons l'éternité pour nous. C'est justement là que nous gagnons, Glément. Nous ne vous toucherons pas. *Ainsi, quand vous mourrez, ce sera de mort ordinaire et à jamais !*
Glément fut saisi de vertige, tout à coup. Il entrevoyait une sombre image : celle des siècles se rabattant sur lui comme un linceul. L'immensité du temps, retournée, s'apprêtant à l'étouffer.
Albert, Virginie et le fidèle Archie le regardaient en souriant tristement.
– Ainsi, dit Glément, vous ne voulez pas de mon sang ?
Albert d'Immarsys regarda la bouteille dont le niveau avait considérablement baissé.
– Un sang tel que le vôtre ? Non, ma foi...
Et ils firent une grimace de dégoût, à l'unisson.

LA VILLE ENTREVUE

1

Il se jeta au sol et tenta de lui saisir la cheville. Elle l'évita facilement, mais sa dérobade lui fit perdre l'équilibre. Elle tomba sur sa main droite et gémit quand la douleur fulgura dans tout son corps. Lui s'était arrêté, indécis. Une seconde, il crut qu'elle jouait la comédie, lançait un nouveau jeu : il rit au vent imperceptible qui balayait la prairie, puis se tut aussitôt. En se penchant vers sa compagne, il sentit son cœur battre très fort à l'idée que sa blessure pût être grave. Les Belles étaient si fragiles et leurs os si minces !

– Dyriё ! Qu'avez-vous ? D'où souffrez-vous ?

Elle demeura étendue, ses bras bruns et lisses parcourus de légers frémissements. Son visage se crispait dans l'effort qu'elle faisait pour retenir ses larmes. Pourtant, à présent, la douleur diminuait, s'estompait en vagues douces jusqu'à n'être plus qu'un pénible souvenir.

– Votre main, Dyriё ! Montrez-moi votre main !

Elle se mit à détester l'homme pour son manque de connaissances : on ne demandait pas à un être normal de remuer un membre brisé. La question restait cependant posée : était-elle normale ?

– Ne me touchez pas, Criguy ! Ne faites rien, surtout ! Il faut appeler l'Assistance aux Belles.

– Mais...

– Cherchez une Veine et tirez-la par ici !

– Oui, Dyriё.

Malgré tout le désir qu'elle en avait, elle ne réussit pas

à tourner la tête pour le voir s'éloigner, en quête d'une Veine. Les yeux mi-clos, elle essaya de drainer ses pensées vers le proche avenir : les vacances allaient être abrégées, certainement. Qu'elle le veuille ou non... L'Assistance se refuserait à garder une Belle dans un Pays après un accident, même bénin. Lorsque Criguy (le lourdaud ! Pas capable de jouer sans faire du mal !) lorsque Criguy aurait alerté le plus proche bureau, le traîneau serait vite là. On l'embarquerait après l'avoir endormie. Sans doute se retrouverait-elle dans le tunnel à son réveil, prête à être refoulée vers les Structures... Jamais, auparavant, elle n'avait ressenti à ce point tout l'arbitraire des lois, du découpage du vaste monde. Une Belle ne pouvait donc demeurer dans un Pays ? Même en compagnie d'un homme comme Criguy ?

Dyrië réussit à bouger de quelques centimètres. Les yeux grands ouverts, soudain, sur le paysage roux, elle chercha la haute silhouette de son compagnon. Il revenait et la réponse était gravée sur lui, sur son visage, dans sa démarche qui le rivait au sol à chacun de ses pas : une Belle ne pouvait demeurer ici, surtout, *surtout* avec un homme comme Criguy... Il n'y avait pas plus naturel, plus rude et plus brutal. Au fond, c'était à cause de lui qu'elle s'était brisé le poignet.

– Voilà... J'ai dû aller loin. C'est bien cela, n'est-ce pas ?

Il lui tendait le fil écarlate, brillant, souillé de terre humide par endroits. C'était bien une Veine, une « minimum » de très petit diamètre, adaptée aux dangers de ce pays cahotique. Elle eut presque un sourire en songeant qu'un homme comme Criguy aurait pu confondre une Veine avec une quelconque liane, ou un animal filiforme...

– C'est bien cela ? répéta-t-il, inquiété par son expression rêveuse.

– Oui... Oui..., bien sûr. Donnez-la-moi.

Le fil était froid et visqueux. Il avait dû reposer dans ces marais nommés Pondianes Gelés que l'on trouvait en quantité dans le Pays.

– Bureau d'Assistance ! Bureau d'Assistance !

– Point 3 ! Oui ?...

– Dyrië Aphar, ici... Je... je me suis cassé le poignet.

Un silence au bout du fil. Des parasites en essaims doux, créés par une lointaine colonne d'insectes.

– Le naturel qui vous accompagne est-il près de vous?

– Oui.

– Qu'il nous donne les coordonnées à peu près exactes du lieu!

– 50 jalons à l'est de la forêt des ruines, 180 au nord de Tunnel central; près des Pondianes Gelés.

Un autre silence.

– Nous arrivons, Dyriё Aphar!

Ils durent attendre, l'un près de l'autre, impatients de voir poindre le traîneau. A l'approche du soir, le vent se faisait plus fort, poussant et portant sur des rubans de sable blond des animalcules voyageurs à la recherche de nourriture.

– Vous voulez vous redresser?

– Simplement vous voir, Criguy.

Il la prit sous les aisselles et usa de toute sa délicatesse. Le peu qu'il en possédait suffit à l'amener à la position assise sans douleur aucune.

– Je suis mieux.

Tranquillement, il se laissa contempler, détailler sans retenue. Elle lui trouvait un beau visage et des bras immenses, des yeux grands et noirs. Mais les cicatrices étaient trop nombreuses, ainsi que les plis aux commissures des lèvres et les marbrures mauves aux ongles.

– Est-ce vrai, Criguy, que vous avez trente-huit ans?

– Pourquoi mentirais-je?

Elle inclina son fin menton.

– Oui, pourquoi... (Elle réfléchit puis reprit :) Quelle sensation cela vous fait-il?

– D'avoir trente-huit ans? Aucune, Dyriё. J'ai tant de souvenirs qu'il me semble être plus âgé, c'est tout.

« Plus âgé! pensa-t-elle. Plus âgé... quelle sensation cela fait-il d'être plus âgé? » Elle eut envie de lui demander cela puis se moqua d'elle-même : « Plus âgé que quoi? Plus âgé que moi? »

– Un animal! s'écria Criguy.

La douleur explosa dans le bras de Dyriё, puis reparut aussitôt, la laissant tremblante.

– Vous n'auriez pas dû...
– Excusez-moi... Je... je voulais vous montrer une scène intéressante.
Elle avait bougé et elle pouvait voir. L'animal était petit et laid, semblable à un tubercule comestible des Structures, porté par une foule de pattes sans os, souples et écailleuses. Il n'y avait pas de tête visible. Le cerveau, ou ce qui en tenait lieu, devait être logé près de l'estomac, ou sous la peau... A moins que les prétendues pattes...
– Criguy, pourquoi n'a-t-il pas de nom?
– Nous n'avons pas encore pu baptiser tous les êtres de ce monde, Dyrië. Il y en a près de 88 000 espèces, selon le comité d'étude, et nous ne sommes ici que depuis trente-deux révolutions planétaires.
– Bien sûr, Criguy, bien sûr...
Elle se demanda s'il lui disait la vérité.
– Le traîneau!
Il se leva et agita le bras. C'était stupide car l'engin les avait sûrement repérés. Mais on ne pouvait exiger d'un naturel qu'il se conduisît en Beau.
Le traîneau chuinta faiblement et se posa sur l'herbe rousse. L'animal sans nom et sans tête s'enfuit de toute la vitesse de ses multiples jambes.
Criguy se pencha vers Dyrië comme la paroi du traîneau se rabattait, livrant passsage à trois femmes du Bureau d'Assistance.
– Puis-je demander à vous accompagner?
– Non, Criguy, je ne crois pas... Mais rien ne vous empêche de poser la question à l'une des trois hôtesses.
Il secoua la tête. Il était fier et n'aurait pas voulu se heurter à un refus sans pouvoir défendre sa cause.
Immobile, les mains sur les hanches, il ne quitta pas des yeux le visage de sa compagne que l'on cmmenait vers l'engin. Aucune hôtesse ne lui adressa la parole.
Au moment où la paroi allait se rabattre au-dessus d'elle, Dyrië se permit un sourire à l'adresse de la haute silhouette. Puis elle perçut dans la pénombre le départ du traîneau, le frottement de l'atmosphère sur les ailerons, la longue glissade vers un quelconque bureau, celui de Point 3 ou de Tunnel central.

Le jet de gaz la surprit. Un bref instant, elle étouffa, avant d'être totalement prise par le sommeil.

2

Au virage, les sièges-voyageurs heurtaient immanquablement la muraille, tanguaient désespérément et reprenaient peu à peu leur allure normale. Diève Aphar quitta le sien avec soulagement et se fit annoncer par la pellicule d'identité placée à droite de l'entrée. Une sonnerie retentit. Le battant pivota et le sol s'avança sous Diève pour le déposer au centre de la pièce, face au bureau du chef. Thiale Gamton avait cinquante-six ans passés et ses traits en accusaient bien plus. Ses cheveux noirs étaient de plus en plus rares, ramenés sur les tempes et lissés avec précaution.

– Votre sœur, Diève.

– Dyrië? (Diève ne s'était pas encore assis, bien que les deux barres révélatrices d'un fauteuil eussent surgi à ses côtés.) Que lui est-il arrivé?

– Rien de grave, du moins physiquement... Vous autres, gens des Structures, êtes fragiles d'ossature mais facilement guérissables. Votre sœur est encore sur Domaine-Roux, mais ne tardera pas à rentrer ici. Elle s'est brisé le poignet droit, sans plus. Cependant, vous savez que l'Assistance ne peut se permettre une dérogation aux règlements habituels : à savoir, qu'une Belle victime d'un accident ne doit pas poursuivre un séjour solitaire en Pays.

Diève haussa ses étroites épaules. Gamton remarqua en lui-même que l'émotion pourtant visible du Beau ne réussissait pas à détruire l'harmonie de son visage.

– Mais ce n'est pas la raison de ma convocation, reprit-il. (Il fixa le jeune homme.) Vous devriez vous asseoir, Diève.

– Ah... Oh! oui.

Diève se coula dans le fauteuil. La tournure d'esprit des Beaux, qui les rendait si superficiels, faisait que, sachant maintenant sa sœur sur le chemin du retour, il avait de la peine à prendre intérêt aux paroles du chef.

– Dyriё nous cause énormément d'ennuis, dit Gamton. Tellement, que nous allons être dans l'obligation de la cloîtrer ou de lui interdire l'accès des Tunnels.

Intentionnellement, il parlait du pire, créait un effet de choc pour fixer l'attention vagabonde de son interlocuteur.

– La cloîtrer ? Mais... mais c'est une peine capitale!

– Je sais, Diève, pourtant nous risquons d'en venir là. Les Beaux n'ont pas une mémoire spécialement, euh... excellente, mais je vous demande de vous souvenir d'une conversation que nous avons eue, il y a un an, dans ce même bureau.

– Oui, chef, je m'en souviens parfaitement. (Diève fronça les sourcils.) Par contre, il ne me reste rien à propos de ce bureau.

– Aucune importance... Vous rappelez-vous *exactement* l'essentiel de cette conversation?

– Bien sûr, mais... Oh! je vois! Il y a un rapport entre Dyriё et ce plan d'intégration progressive. Vous m'aviez dit... voyons... que nous allions être, nous autres Beaux et Belles, intégrés peu à peu à la société normale. Du moins, qu'un essai allait être fait en ce sens. Vous pensiez que le premier point était de permettre aux femmes de notre espèce la fréquentation des hommes normaux, de susciter et de provoquer des alliances, des mariages. C'était cela, n'est-ce pas?

Gamton hocha la tête. Sur le bureau, ses deux larges mains sans élégance tournaient et retournaient une feuille de métal mince avec un bruit irritant.

– Dyriё, reprit Diève, ne s'acquitte-t-elle pas de sa tâche?

– Il ne s'agit pas d'une tâche! Nous ne forçons pas les Belles à fréquenter les hommes des Pays! C'est un service que nous vous rendons, Diève! Je suis normal, moi, tous les auteurs de ce plan d'intégration sont normaux et heureux de l'être. Nous ne désirons que votre mieux-être en tentant de vous fondre à notre société. Si cela réussit, vous verrez peu à peu vos enfants devenir semblables à nous, vos facultés et vos possibilités grandir. Vous cesserez d'être tenus à l'écart et vous pourrez parcourir les Pays en dehors de la période des vacances!

Il y eut un long moment de silence. Gamton observait le jeune homme avec une vague colère. Ses mains agitaient très fort la feuille de métal.

– Vous vous trompez, dit doucement Diève. Mais que reprochez-vous à ma sœur?

Gamton hésita puis lâcha d'un ton sourd :

– La même chose qu'à toutes les Belles sur qui nous comptions! Au lieu de s'assimiler les mœurs des Pays, d'offrir son amitié et... enfin de faire ce que nous attendions, elle visite, discute, *mais avec condescendance!*

Diève sourit et s'agita dans le fauteuil, mal à l'aise.

– C'est cela, chef.

– Quoi, *cela?*

– Votre erreur. Nous ne voulons pas être intégrés, nous ne tenons pas à vivre comme vous, à travailler sur les points lointains où débouchent les nouveaux Tunnels... Comprenez cela : nous sommes contents de notre sort, contents d'être ce que nous sommes. Nous... Eh bien, nous nous jugeons supérieurs à vous.

La bouche de Gamton, si laide avec ses lèvres gercées par le froid d'un Pays appelé Montagne-Givre, béa d'étonnement et d'indignation. Finalement, le chef de l'Assistance pour les Structures n'agit pas comme l'avait prévu Diève. Les premiers stigmates de la colère qui étaient apparus aux coins de ses yeux légèrement plissés disparurent.

– C'est bon, Diève. Attendez un instant, voulez-vous?

Les gros doigts lâchèrent le feuillet de métal, saisirent le communicateur en forme de coquillage.

– Ranhet? J'ai Diève Aphar, ici. J'aimerais qu'on lui déniche un logement dans le périmètre!... Comment? Non, simplement pour la nuit. Autre chose : quand Dyrië arrivera, envoyez-la immédiatement à mon bureau, sans les formalités habituelles.

Il reposa le communicateur et souffla nerveusement entre ses doigts.

– Diève, dit-il, ce n'est pas la première fois qu'un Beau me dit cela, savez-vous?

Le jeune homme inclina sa fine tête.

– Aujourd'hui, cependant, je vais prendre cette déclaration comme une vérité, c'est-à-dire exactement comme si vous, gens des structures, ne deviez pas être mêlés à notre société. (D'un signe de la main, il fit taire l'observation que Diève allait faire.) Laissez-moi terminer, voulez-vous? Vous n'êtes pas nombreux et je me demande pourquoi nous vous avons toujours accordé tant d'importance... De toute manière, j'ai plein pouvoir pour stopper le développement du plan et faire revenir sur-le-champ les Belles réparties dans les soixante Pays.

» Vous ne voulez pas que vos enfants nous ressemblent, vous ne voulez pas niveler les montagnes et acclimater les plantes utilitaires... Soit. Mais alors, vous demeurerez dans les Structures.

Diève devint très pâle et, ce faisant, ses yeux semblèrent encore plus beaux, plus fendus vers les tempes où ondulaient les cheveux sombres.

– Chef, vous ne pouvez pas prendre cette décision comme cela, seul, simplement parce que... parce que je vous ai dit que nous ne voulions pas de mariages forcés.

– Vous ne voulez ni mariages forcés ni mariages simples. Vous souffrez de la cohabitation, avouez-le, bien que vous appréciiez la diversité des Pays et leur attrait exotique.

Le ton de la voix de Gamton avait monté jusqu'à atteindre un degré tonnant de fureur.

Chez Diève, la réaction ne se fit pas attendre. Submergeant la crainte de bouleversements graves, la colère monta en lui, en vagues brûlantes.

– Assez, Gamton! Oui, nous ne voulons rien de tout ceci! Oui, nous nous jugeons supérieurs! Nous ne voulons pas que nos enfants aient des mains larges et laides comme les vôtres, ni vos visages d'animaux! Nous apprécions la diversité des Pays, comme vous dites, et leur attrait exotique que nous sommes seuls à percevoir. Jamais une Belle n'aura de rapports avec un homme comme vous, jamais elle ne le voudrait. Et si cela était, leur union physique amènerait tant de douleur et de dégoût chez la Belle que...

La gifle que Gamton lui envoya à toute volée coupa net le flot des paroles du jeune homme. Il s'était mis debout et recula jusqu'à la porte contre laquelle il s'appuya.

Le chef tendit l'index :

– Jamais un Beau n'a manqué à ce point de respect pour un homme, Diève! J'ai de la sympathie pour vous et vos semblables et je ne sévirai pas, cette fois-ci du moins. Mais ne vous avisez pas de recommencer, car je pourrais mûrir un autre plan en votre défaveur. Il sera un jour nécessaire d'éteindre votre sale petit orgueil et de vous mêler à notre société, que vous le vouliez ou non!

Le sol glissa sous Diève, la porte s'ouvrit avec un souffle d'air froid. Il se retrouva dans le couloir, éjecté bel et bien du bureau. Il était blême de fureur. En se retournant, il découvrit Dyriё.

Sa sœur descendait d'un siège-voyageur en compagnie de deux hommes de l'Assistance, qui portaient l'insigne des proches collaborateurs de Gamton.

– Dyriё!

– Diève! Ils m'ont mise à la porte de Domaine-Roux et...

Elle se tut et grimaça de douleur : un des deux gardes venait de tenter de l'entraîner et l'avait saisie malencontreusement par le poignet droit. Il le lâcha aussitôt et s'excusa :

– Je ne savais pas, Belle. Je suis désolé.

– Elle n'a pas eu vraiment mal, dit son compagnon en fixant Diève qui s'avançait, son poignet a été soigné par accélération cellulaire et il est tout à fait normal.

– Lâchez ma sœur, dit Diève. (Il tendit le poing.) Eloignez-vous!

– Pour qui vous prenez-vous? Vous êtes aussi faible qu'un enfant, Beau!

Les deux hommes avaient repris Dyriё en main. Ils firent un pas vers le jeune homme qui les attendait, ployé en avant.

– Qu'est-ce que c'est, Diève? Encore vous?

La porte venait de s'ouvrir et Thiale Gamton se tenait sur le seuil. Un revolver à aiguilles brillait dans sa main.

– Sortez de là, reprit-il, sortez de là, Diève, et quittez le bâtiment avant que je ne vous fasse incarcérer!

– Je m'en irai si Dyriё vient avec moi!

– Je crois que vous êtes devenu fou, Diève. Votre sœur doit me faire un rapport sur son accident, c'est tout.

– Je l'attendrai ici.

La face large de Gamton se plissa. Il haussa les épaules, rentra dans son bureau et posa le pied sur un objet qui offrait l'apparence d'un caillou blanc, d'un galet de plage.

Diève était resté immobile dans le couloir, à trois pas des deux gardes et de sa sœur, tenu en respect par l'arme à aiguilles de Gamton, toujours pointée sur lui. Il sursauta quand le plafond s'ouvrit par endroits. Avant qu'il ait pu tenter un geste, quatre nouveaux gardes touchèrent le sol et se saisirent de lui.

Ecumant de rage et luttant contre la douleur provoquée par la brutale emprise, il fut placé sur le siège et repartit vers l'angle du couloir. L'appareil hésita et tangua comme chaque fois, puis se rétablit et continua vers l'extérieur.

Il surgit sur l'immense esplanade qui dominait la mer frangée d'écume. Son mécanisme modifié par des mains expertes l'éloigna de son point d'arrivée ordinaire, face à l'escalier d'accès. Traversant en trombe l'esplanade, il alla buter contre un arbuste rabougri originaire d'un Pays. Ejecté avec violence, Diève traversa l'espace jusqu'à la mer, plongea entre deux vagues et resurgit après une seconde, à demi étouffé.

Le grand bâtiment de l'Assistance le dominait et semblait vouloir l'écraser, lourd, laid et grisâtre sur le fond dentelé des Structures.

3

Il y avait d'abord l'herbe verte et les petits tas de terre sombre que déversaient les taupes aux orifices de leur nid. Le soleil était encore assez haut dans le ciel pour être chaud surtout en cette fin d'été. Diève s'étendit sur l'herbe, dégoulinant et frissonnant. Il avait froid et il resta longtemps ainsi, le visage levé vers le coin de ciel éblouissant où régnait le soleil, les mains posées sur le sol tiède.

Il percevait très nettement la signification de la zone inculte et déserte où il se trouvait, plus nettement que jamais auparavant. L'herbe verte, tout autour du bâtiment de l'Assistance, était une frontière, une frontière symbolique et efficace où les taupes avaient élu domicile.

Des taupes, il n'en restait plus beaucoup sur Terre. Leur race semblait en régression, comme le peuple des Structures. Les taupes se groupaient, se tassaient et luttaient heure par heure. Beaux et Belles se cantonnaient dans les Structures, resserraient leur communauté aux dimensions psychologiques de la famille. La famille chère aux normaux, aux gens laids qui habitaient les Pays, ainsi que toute la Terre, en dehors des Structures.

Ces gens qui venaient de jeter dehors, comme un quelconque animal, Diève Aphar.

« Même pas comme un animal, pensa-t-il, car ils respectent les animaux et tout ce qui est naturel! »

Il se sentait souillé, humide et poisseux. L'envie le prit de retourner se laver dans la mer mais il se rappela le froid glacial de l'eau et, en promenant sa langue sur ses lèvres, il sentit l'horrible goût du sel.

Pourtant, il ne pouvait regagner les Structures dans l'état où il se trouvait. Il attendit donc patiemment, les yeux clos, imaginant pour se distraire de possibles systèmes d'accélération du rayonnement solaire. Dans ce genre de choses, il n'y avait guère que les rayonneurs d'infra-rouges anciens que la mode avait ramenés au premier plan dans les Structures.

Avec eux, il se serait retrouvé séché en un rien de temps. Il perdit son esprit dans des considérations superficielles, songeant aux vêtements qu'il endosserait une fois rentré chez lui, à la douche qu'il prendrait (tiède, puis chaude, puis froide, pour finir par : parfumée) jusqu'à oublier sa colère et la brûlure de son humiliation.

Il redressa la tête à un bruit de pas.

– Dyrië!

Sa sœur sourit et lui tendit la main.

– Lève-toi, Diève, tu es presque sec!

Il défroissa sa veste flottante et étira ses grands bras tout en regardant vers le bâtiment de l'Assistance.

– Que t'a-t-il demandé?

– Viens...

Elle l'entraîna loin de l'herbe, posant avec précaution ses pieds finement chaussés entre les taupinières. Il observait son visage, de profil, et y lut quelque chose de nouveau. Il s'arrêta comme ils quittaient définitivement la ceinture d'herbe pour un des grands trottoirs qui menaient aux Portes.

– Dyrië?

– Oui?

– Il t'a dit quelque chose! Tu... tu es triste.

Elle leva son visage vers lui.

– Nous ne nous mentons pas pour les questions graves, Diève... Oui, Gamton m'a parlé de... de réformes. Ou plutôt, il a un plan dans le genre de celui que nous avons fait échouer, moi et les autres.

– Quel plan?

– Il veut nous enfermer ici, dans les Structures, sans possibilité de voyager.

Diève secoua la tête. Au fond de lui-même, il ressentait un intense soulagement: le chef de l'Assistance locale n'avait rien conçu de nouveau ni de dangereux.

Il passa un bras autour des épaules de sa sœur.

– Rien de dramatique, dit-il.

– Libre à toi de penser ainsi, mais, pour ma part, j'aime les Pays, les Tunnels et tous les spectacles qui y sont offerts.

– Tu es une Belle et toutes les Belles pensent ainsi. De plus, tu es jeune, Dyrië. Mais tu ne m'as pas compris. Gamton a déjà formé ce plan plusieurs fois. Il y a fait allusion au cours de notre dispute, tout à l'heure.

– Tu l'as mis hors de lui, Diève. Je ne l'avais encore jamais vu comme cela. Il paraît que tu lui as dit que nous n'accepterions jamais l'intégration et que nous ne souhaitions pas cohabiter avec eux. C'est aller au-devant de...

– Je ne suis pas le premier, coupa-t-il. Gamton, cette fois, nous prenait de trop haut. Je tenais à ce qu'il sache mon opinion sur la question. C'est aussi la tienne, d'ailleurs, et celle de tous les gens des Structures.

Elle rejeta son bras et s'éloigna.

– Tu m'énerves... Evidemment, je pense comme toi, mais j'ai un peu plus de diplomatie. Mes voyages m'ont appris beaucoup à propos des normaux. J'ai vu la puissance dont ils disposent et je les ai observés jusqu'aux plus lointains Pays. Si tu savais à quel point ils nous ignorent. Sur Domaine-Roux, j'étais la seule Belle en dehors de celles de l'Assistance. Nous ne sommes pas importants, Diève, *nous ne sommes pas importants!*

Il lui avait tendu la main, un instant. Il la rabaissa et détourna les yeux.

– Il m'est pénible de te voir prendre cette route, Dyrië... Au fond, Gamton aurait raison s'il n'y avait personne pour résister, comme moi. Tu lui donnerais raison. Les femmes aiment trop les voyages. Elles se perdent au milieu des étoiles et épousent un gros défricheur de Pays pour lui donner des enfants normaux. Peu à peu, il n'y aurait plus ni Beaux ni Belles... Et les Structures deviendraient des ruines.

– Qu'elles le deviennent! Qu'elles le deviennent tout de suite! Je veux voir des troupeaux se promener dans les rues, fienter sur les trottoirs! Rien que pour te punir de ton sale petit orgueil!

« Sale petit orgueil! Votre sale petit orgueil!... » Gamton avait prononcé ces mots et Dyrië aussi. Un tel rapprochement engendrait une sensation angoissante d'abandon, de désertion totale.

« Suis-je seul? se demanda Diève, seul à penser ainsi? »

Il allait pénétrer dans les Structures. Au-devant de lui, à un jalon de distance, le vaste trottoir se scindait en quatre voies minces, dallées de pierre verte. Plus loin, les grands bâtiments de non-habitation évoquaient les arbres d'une prodigieuse forêt. Ils étaient hauts et droits. Leurs flèches de verre, de métal et de pierre étaient autant de feuilles et de branches.

« Non! Je ne dois pas penser comme cela! » Il tourna la tête, essayant d'embrasser, d'un seul regard, les Structures entières. « Les bâtiments ne ressemblent pas à des arbres! Rien, ici, ne ressemble à quoi que ce soit! »

Dyrië l'avait quitté pour de bon. Du moins, jusqu'à ce qu'ils se retrouvent, ce soir ou plus tard, dans un des restaurants foyers. Elle marchait, courait presque, enjambant les fausses balustrades colorées qui n'étaient là que pour répondre au crépitement polychrome des stores, sur les groupes d'habitation.

Il ne l'appela pas. Sa sœur pouvait aller au diable, avec ses idées défaitistes qu'elle ramenait à chacun de ses voyages. « Elle m'influence, pensa-t-il, je me sens amer, sans force! » C'était à regretter de s'être fait éjecter pour elle du bureau de l'Assistance.

Diève pressa le pas sur une des étroites routes vertes qui traçaient une courbe avant d'atteindre les Jardins de Plaisance. Il savait où il allait. Une conversation avec Jichol lui ferait le plus grand bien. En même temps, elle lui permettrait de savoir la réponse à des questions qui dormaient depuis trop longtemps dans son esprit. Des questions qu'il sentait prêtes à s'éveiller.

4

Jichol était le moins beau des habitants des Structures. Il n'avait rien, bien sûr, d'un normal. Ses traits conservaient toute la finesse et l'élégance nécessaires, mais il leur manquait la touche minuscule, l'étincelle que possédait Diève, au même titre que les autres jeunes hommes. Jichol n'en faisait pas de complexe et les Belles ne l'avaient jamais repoussé. Ses enfants étaient au nombre de quatre et la beauté, chez eux, reprenait son plein éclat...

– Je suis ennuyé, dit Diève, pourrions-nous discuter?

– Toujours à ta disposition, fils. Entre, mais ne laisse pas sortir mon couple de pelucheux!

Le visage tanné de Jichol s'effaça de l'écran et la porte à trois battants laissa pénétrer Diève, se refermant très vite sur le museau des célèbres pelucheux. Ceux-ci étaient des êtres mécaniques recouverts de fin plastique et de véritables plumes d'oiseaux de Pays. Jichol les avait construits trois ans auparavant pour une de ses compagnes, qui portait le doux nom de Sizre. Sizre était partie pour les Pays et n'était pas revenue. Jichol avait conservé les pelucheux.

– Assieds-toi, fils!

Il était difficile de distinguer les sièges des autres meubles, dans l'appartement immense et bigarré. Diève parvint malgré tout à s'asseoir et à laisser progressivement reposer son dos. Il n'aimait pas la façon qu'avait Jichol de dire : fils, à tous ses visiteurs. Il n'était pas vieux, après tout! Du moins pas *si* vieux!

– Il n'y a personne, aujourd'hui?

– Tu le vois bien. J'ai fixé un horaire pour mes réceptions, depuis une semaine, et je ne tolère les visites que le soir.

– Oh!... En ce cas, je...

Diève fit mine de se lever. Jichol fronça les sourcils d'un air irrité.

– J'ai dit *visite* et non *entrevue!*

Diève se détendit et sourit.

– Je t'en prie, épargne-moi tes préambules, reprit Jichol, il est des occasions où ils ne sont pas de mise! Qu'est-ce qui t'amène ici?

Le jeune homme se lança dans le récit de sa dispute avec Thiale Gamton.

La nuit était venue. L'inépuisable pile reposant au sous-sol des Structures dispensait lumière, couleur, tapage et musique. Des bassins-gigognes se déployèrent auprès des bâtiments de non-habitation, mêlèrent des tons diaprés et des efflorescences inédites. Pourtant, jamais le spectacle n'avait paru aussi pauvre à Diève. Jamais les Structures n'avaient été aussi resserrées, tassées au centre d'un inconnu noir qui était la Terre.

Dans le ciel, intact entre les faisceaux de givre des projecteurs, les étoiles étaient immobiles, sans apprêt, naturelles...

– Je sais ce qui se passe en toi, dit Jichol, sans doute parce que, depuis tant d'années, je suis le confident des Beaux et Belles et aussi parce que tu m'as raconté en détail ton entrevue avec Gamton.

» Les paroles de ta sœur t'ont heurté, n'est-ce pas?

Diève inclina la tête.

– C'est normal... Les hommes, plus que les femmes, ont l'esprit de conservation. Notre taux de natalité a baissé d'une manière effarante et les Belles désirent, pour la plus grande part, être mères. Quand les jeunes comme toi ne sont pas capables de leur donner satisfaction, elles vont... Eh bien! elles se mêlent aux normaux, elles s'immiscent dans cette société qui nous entoure.

– Nous courons à la ruine, Jichol!

– Non... Pas de cette façon, en tout cas. Sur quatre Belles qui essayent d'épouser un normal (car en dehors des Structures règne le mariage), trois reviennent après quelques jours et un essai infructueux. Vois-tu, nous avons un atout pour garantir notre isolement parfait : c'est cette différence même qui existe entre Belles et normaux. C'est exactement comme s'il y avait réaction chimique au niveau cellulaire, comme si la sueur des normaux corrodait la peau des Belles.

– N'est-ce pas cela, en réalité?

– Peut-être, fils, peut-être, quoique seul le ressentiment te fasse dire ces mots. Cesse de fixer la ville comme si tu ne l'avais jamais vue et écoute-moi... Tu savais très bien, en venant ici, ce dont tu avais besoin. A chaque difficulté que rencontre un Beau, il veut faire le point, savoir ce qu'il en est du monde, du « pourquoi » et du « comment » de la réalité. C'est ce que tu désires, non?

Diève hocha la tête.

– Cerveau vide, dit Jichol, tu as oublié que tu étais venu ici même il y a cinq ans me demander semblable chose. A l'époque, je t'avais complètement satisfait et...

– Je n'ai pas oublié, dit Diève. Je me rappelle ce que vous m'avez dit.

Un étonnement heureux put se lire dans les yeux de Jichol.

– Très bien, fils... Dis-moi ce que tu te rappelles.

Elle s'éveilla et s'assit dans le lit qui l'avait bercée longtemps. Il y avait eu un bruit, et maintenant c'était à nouveau le silence. Par-delà le balcon, les colonnes en spirales et les clochetons des immeubles voisins luisaient doucement sur le fond noir du ciel.

– Dyrië!

Elle allait crier quand la main se posa sur sa bouche. Une main tiède, un peu moite, trop rude pour être celle de Diève.

– Dyrië... C'est moi, Criguy.

La lumière jaillit quand elle toucha du pied la tige de contact.

Criguy était penché sur le lit.

– Etes-vous fou? Que faites-vous ici? Les Structures sont interdites aux...

De nouveau, il la fit taire en posant sa lourde main sur ses lèvres. Elle se dégagea d'un mouvement nerveux.

– Ne soyez pas en colère, dit-il. (Il se retira dans la pénombre bleue, hors du cercle de lumière qui dominait le lit froissé.) Je... je voulais simplement vous voir.

– Vous me voyez à présent! Si mon frère vous trouve ici, Criguy, il vous frappera.

Il se mit à rire, doucement, tranquillement.

– Pourquoi riez-vous?

– A cause du mot. Et puis, je doute qu'un Beau s'attaque à un normal.

– Taisez-vous! Mon frère, cet après-midi même, a provoqué deux gardes de l'Assistance.

Criguy redevint sérieux.

– En ce cas, il n'est pas comme les autres.

Nullement gênée par la présence de l'homme, Dyrië se levait, s'étirait gracieusement et s'habillait.

– Où voulez-vous aller? demanda-t-il.

– Vous reconduire au-dehors, loin des Structures.

– Pourquoi?

– La police, la police *normale* vous condamnera à la relégation si elle vous trouve en domaine interdit.

Il s'assit au bord du lit.

– Il m'est arrivé de nombreuses fois d'être dans l'illégalité. Vous continuez de vous croire très importants, vous autres gens des Structures. Je ne crois pas que personne puisse être relégué pour avoir pénétré dans votre ville.

Vexée, Dyrië sortit sur le balcon. Il se redressa et la suivit. A ses côtés, il contempla les voies montantes, les arches de verre, signes d'un raffinement esthétique inconnu dans les Pays.

– Vous m'ennuyez, dit-elle. (Puis elle ajouta, après une seconde :) Comment trouvez-vous cela?

– Les Structures? Moins belles que vous, Dyrië.

Elle le fixa, étonnée et contrariée.

– Vous n'avez rien de pareil, dans aucun Pays.

– C'est vrai. C'est curieux, pittoresque. Cela ressemble aux alignements cristallins sur Victoire-Jaune.

– Ce n'est ni Victoire-Jaune, ni Domaine-Roux, ni Chien-Blanc!... Ce sont les Structures!

– Alors à quoi préférez-vous que je les compare? Aux ruines que l'on trouve sur Océan-Calme, dans les îles?

Elle crut que son cœur allait s'arrêter en comprenant qu'il venait de la blesser intentionnellement. Pourtant, elle ne put parler, protester, tempêter, lui demander de sortir avec un infini mépris. Elle resta appuyée à une borne de bronze et ce fut lui qui parla de nouveau :

– Vous êtes énervante, avec vos idées, Dyrië. Tout le temps de notre voyage, sur Domaine-Roux, vous m'avez décrit votre ville comme s'il s'était agi de la capitale de l'univers. Mais elle est unique, votre ville, Dyrië! Unique, non par sa beauté, mais simplement par son état! Il n'y en a pas d'autre, sur aucun Pays, et il n'y en aura jamais d'autre! Quand les Structures se seront effondrées, personne n'en reconstruira de nouvelles!

Il se tourna vers l'enchevêtrement des tours et des dômes, vers les failles de lumière et les viaducs d'ombre se détachant sur fond pastel.

– Comprenez donc que tout ceci n'est pour nous qu'une curiosité entre des millions d'autres! Pas plus intéressante que les vallées à mirages de Montagne-Givre ou les jungles de fleurs de Jardin-Maléfice!

» Je suis venu pour vous, Dyrië, et pas pour votre

tanière prétentieuse et antique... Je ne suis pas entré avec mille précautions, en me cachant de redoutables gardes. C'est *vous* qui ne pouvez ou ne voulez pas sortir de cet endroit. Mais n'importe qui peut y pénétrer quand bon lui semble. Seulement, voyez-vous, il y a plus passionnant dans d'autres Pays.

Elle haletait presque, face à ce normal insultant qui tournait le dos aux Structures. Il approcha d'un pas, puis de deux. Il marchait vers elle et elle le laissa venir, sans un geste.

5

A l'origine, il y avait eu les nomades. Les grandes tribus, les hordes avaient fini par mourir, par s'amenuiser jusqu'à se perdre dans les premiers sables de la terre, les steppes à l'herbe courte. Il n'y avait pas lieu, pour un sédentaire, de les regretter. Ou alors, s'il se penchait sur les nomades avec un rien de mélancolie, c'était parce que son subconscient lui ramenait le souvenir des âges lointains. Des âges où la tribu de passage signifiait l'arrivée de denrées, l'abondance passagère surgie du troc.

Les sédentaires avaient gagné. Par leur force d'inertie même, sans vraiment combattre. Ils s'étaient installés et avaient repoussé les errants comme s'il se fût agi d'animaux bruyants et affamés. L'histoire ne portait presque plus de traces des nomades... En revanche, les cités l'avaient marquée d'autant de points scintillants. Cités aux carrefours des grandes voies du monde, cités au fond de golfes abrités, cités exposées au détour des continents, commandant deux ou trois mers, cités placées en rempart, cités en sacrifice, perpétuel enjeu des guerres, cités marchandes, industrielles, religieuses, belliqueuses.

Pour parler des villes, lors de l'entretien avec Diève cinq ans plus tôt, la voix de Jichol avait pris des inflexions impressionnantes, ses yeux avaient reflété un enthousiasme sans borne mêlé de regret.

– Les cités étaient obligatoires, Diève, il faut comprendre cela. Obligatoires, s'entend, avec une civilisation sédentaire.

» La rançon du nomadisme aurait été l'absence de véritable technologie... La rançon de la civilisation sédentaire fut un pacifisme tardif, terriblement tardif. Les races s'assemblèrent, se séparèrent et se battirent dans une sorte de folie de la subdivision. L'histoire que je connais est un fourmillement, une confusion de noms, de symboles et d'idéaux dépassés.

» Les cités franchirent l'étape super technologique de la civilisation avec brio. Elles en sortirent même grandies, leur pouvoir confirmé. Dans l'intervalle, bien sûr, leur logique avait évolué. Les immeubles d'habitation, plus élevés, s'écartèrent. Les espaces vides furent assainis par de la végétation. La locomotion se fit aérienne et l'on supprima les voies de communication.

» Avec la conquête des étoiles, la cité perdit son caractère utilitaire qu'elle abandonna au port, point de départ et d'arrivée des antiques machines à traverser l'espace. Elle ne connut plus qu'une raison d'être uniquement esthétique. Les hommes revenant des gouffres du lointain espace trouvaient en ville tout ce qui leur avait manqué : l'artificiel, l'art et l'amour dans sa forme la plus évoluée, bien loin de la brutale étreinte des animaux.

» Cela dura longtemps, fils, très longtemps. Ce n'est point de l'immodestie de te dire que je suis le plus instruit des habitants des Structures. Je suis le plus âgé et ma mémoire ne flanche pas. De plus, les femmes ont apaisé mes... passions-parasites. Donc, tu peux tenir pour certain que l'expansion à travers les soleils a été longue si je te déclare que je n'en ai qu'une très faible idée. Imagine simplement un désert de sable... Oui, un peu comme la plage, si tu veux. Maintenant, essaye de reconnaître chaque grain de sable, crois-moi, il te faudra du temps.

La comparaison avait touché Diève et il s'était senti, une seconde, confondu par l'ampleur de l'évocation. Cela était bien loin des Tunnels en vérité !

– Si longue que fût cette conquête, avait repris Jichol, elle prit fin quand les hommes conçurent un moyen de communication idéal et instantané. Ce moyen consistait à supprimer la trame espace-temps, à déterminer un chemin de monde à monde.

– Les Tunnels! s'était écrié Diève.

– Les Tunnels, oui... Tu le savais déjà, fils, mais à chaque fois tu es surpris. Les Tunnels ne sont pas un miracle, pourtant. Ils sont une splendide réalisation de l'humanité.

» Dès leur apparition, cependant, les cités surent qu'elles étaient condamnées. Les Tunnels mettaient à portée de chacun les mondes les plus lointains : les hommes se répandirent dans ce qu'on nommait la galaxie avant de l'appeler banalement : le monde. Les planètes, ou si tu préfères, les Pays, furent mis en valeur, aménagés, conquis avec une rapidité extrême.

» Les cités perdirent leur raison d'être quand la psychologie de l'homme s'adapta à la nouvelle dimension de son habitat. Le petit groupe, ou même l'individu solitaire, prévalut sur la métropole, la mégalopole. Mais je vais te dire quelque chose, fils, qui achèvera de t'ouvrir les yeux : nous assistons, en ce moment, au retour du nomadisme.

Diève avait sursauté, incrédule.

– Oh! bien sûr, cela n'a rien à voir avec les hordes de guerriers hirsutes qui pataugeaient dans le delta des fleuves, il y a des centaines et des centaines d'années terrestres. C'est un nomadisme pratique, facile parce que les chemins de communication sont faciles. Il n'est besoin que de se présenter à un Tunnel pour se retrouver sur Domaine-Roux, Jardin-Maléfice ou Talus-Perdu.

» Les hommes voyagent comme jamais ils ne l'ont fait. L'espace n'est plus qu'un réseau de fils, de couloirs, d'antichambres amovibles. On a besoin d'un expert en bois sur Forêt-Bleue? En voici un, venu de Bocage-Huit. Un expert en métal? En voici un, arrivé tout droit des astéroïdes à minerai de Pendule-Verte. Toute cette humanité est en mouvement. Chacun se porte aux endroits où il est utile.

» Maintenant, dis-moi, fils, quelle serait la valeur des cités dans le monde des Pays? Quelle sorte de cohésion les justifierait?

– Mais... la beauté, avait dit Diève, les Structures sont belles, Jichol, elles n'existent que pour cela.

– Tu vas me juger bien défaitiste. Si je te dis que la beauté existe ailleurs qu'ici. Qu'elle n'a pas besoin d'être artificielle pour être appréciée. Les Structures n'existent que parce que nous nous y raccrochons, c'est tout!

» Cette ville, là, dehors, est la dernière, la toute dernière du monde. Et nul ne s'en préoccupe, hormis nous, Beaux et Belles! Les Structures mourront avec nous!

La maison, tapie dans l'ombre, avait quelque chose de répugnant. Diève s'arrêta, surpris et interdit. Elle évoquait un animal ou la feuille énorme d'une plante en sentinelle. Elle était profondément et horriblement naturelle, elle avait capté les angoisses en sommeil de la jungle, des montagnes, des vallées houleuses... Elle n'était plus un ensemble cohérent et net de matières colorées.

Un long frisson parcourut Diève. Il essaya de chasser les pensées parasitaires. Il fit un pas en avant, puis deux, commença de monter vers le palier-véranda. La maison pouvait-elle receler de vivantes cellules? Des organes, des glandes? Pouvait-elle bouger?

« Je suis fou! pensa-t-il. Je suis fou! » Jichol n'avait-il pas dit cela à un moment? Que la sophistication et le goût de l'artificiel risquaient d'aboutir à une névrose mortelle ? Diève traversa le palier, entre les statues que la mode renouvelait mois après mois. Présentement, le thème général était le « tronc de cône et triangles ». Au seuil de l'appartement, le jeune homme s'arrêta.

Il éprouvait l'envie d'aller dire quelques mots à sa sœur. Etait-ce le résultat de l'entrevue avec Jichol? Mais maintenant qu'il savait où il était dans le temps et l'espace, il se sentait plus enclin à l'indulgence.

« Est-ce sa faute si elle éprouve un certain plaisir à fréquenter les normaux des Pays? Elle est une Belle, après tout, avec tout ce que cela comporte de curiosité et de perversions minimes... Mais elle ne risque pas d'aller jusqu'au bout... Et puis, ces normaux sont sans finesse et assez peu audacieux. Avant que l'un d'eux ait pu... J'aurais dû lui parler de son poignet. Elle est guérie mais j'aurais dû... »

Il avait quitté le premier salon, celui des tableaux vivants, pour le second où les bandes olfactives se croisaient et se recroisaient, provoquant à leurs points de rencontre des éclosions de parfums à la mode.

De là, Diève sortit sur le balcon. Il s'appuya à la balustrade, découvrant les tourelles de lumière et les voies désertes à cette heure. Les fenêtres de l'appartement de Jichol étaient encore ouvertes et illuminées. Le jeune homme se retourna et marcha vers la chambre obscure.

« Curieux, pensa-t-il. D'ordinaire, elle tire les grands rideaux pour se protéger de la clarté! »

Il fit un pas et demeura sur place, pétrifié. La sensation d'une présence insolite s'imposa à lui et fit trembler sa voix comme il l'appelait :

– Dyriё?

Une forme le bouscula violemment, jaillit à l'extérieur. D'une main, il se cramponna à l'une des colonnes du lit. Puis il se lança à la poursuite de l'homme. Il entrevit la haute silhouette, en équilibre sur la balustrade, légèrement ployée comme pour un plongeon! Un normal! Un sale type de quelque Pays!

– Arrêtez! Espèce de...

Un instant, il crut que l'autre allait s'écraser en bas. C'est ce qui serait advenu d'un Beau. Mais l'homme roula sur le sable, se releva et s'adossa à la muraille. Il avait devant lui un véritable précipice, impossible à franchir, celui-là.

« Il va contourner la maison! pensa Diève. Et je l'attendrai! ».

Il courut jusqu'au salon. Dyriё était invisible. Pourtant, il savait que l'instant d'avant elle était dans sa chambre avec le normal. Dans sa chambre, en train de...

Il jura abominablement en fouillant l'armoire, à la recherche des aiguilles. Comme il les ouvrait et les repoussait, les tiroirs s'allumaient et s'éteignaient. L'ombre de la pièce semblait abriter un orage d'été.

Dyriё! C'était surtout la pensée de sa sœur qui l'habitait, l'idée qu'elle avait, en accomplissant cet acte, brisé la cohésion de la société, piétiné toute l'histoire des cités. Une à une, il glissa les aiguilles à charge tétanique dans le revolver.

Sur le palier, il s'orienta, repéra l'endroit idéal, entre deux massives compositions de béryl. Il s'accroupit, l'arme froide au creux de sa main. La bande de sable aboutissait ici, rejoignait l'escalier principal.

Diève prêta l'oreille : les pas de l'homme crissaient, de plus en plus proches. Il fut là, brusquement, visage illuminé par la clarté de la ville. Au dernier moment, il aperçut Diève. Il s'arrêta et tendit la main :

– Ecoutez, Beau, je ne...

Diève tira. L'aiguille fit un bruit mat dans la poitrine de l'homme qui bascula. Diève tira une seconde fois et resta immobile, au-dessus du vide où le normal avait disparu.

6

Thiale Gamton se saisit du grand communicateur en forme de conque marine.

– Tunnel central, ici!

– Gamton... Si Diève Aphar se montre dans votre secteur, emparez-vous de lui! Ensuite, amenez-le-moi! Compris?

– Compris!

Il déposa l'appareil, en prit un autre, plus petit :

– Ranhet? Hier, je vous avais demandé de me dénicher un logement ici, pour Aphar. C'est aujourd'hui, qu'il me le faudrait.

– Il est à votre disposition, chef.

– C'est parfait... Comment se comportent Beaux et Belles?

– Tout à fait comme d'habitude. Indifférents et froids. Mais leur satisfaction éclate jusqu'à Montagne-Givre!

Gamton émit un grognement vague. Dans la minute qui suivit, il fixa la porte sans vraiment la voir, la tête dans les mains. Il se sentait furieux et triste en même temps. De plus, il ne savait pas du tout quelle ligne de conduite adopter...

« Diève... Quel gâchis... Quel gâchis! »

Diève s'éveilla. A la hauteur du soleil sur la cité, il calcula que son sommeil n'avait duré que trois ou quatre heures. Il sortit en rampant de l'alvéole de pierre bleue et s'assit sur une borne d'éclairage. L'extrémité nord des Structures était surtout constituée de vieux immeubles. Dans les fondations, au delà des voies les plus souterraines, il devait se trouver les restes intacts de bâtiments extraordinairement anciens. Jichol avait dit que la cité, *cette* cité, celle des Structures, n'avait pas changé de place en huit cents ans d'histoire connue.

Impossible de préciser jusqu'à quelle période cela remontait. Mais ici, dans ce secteur, un homme en fuite pouvait trouver refuge.

« Ce ne sera qu'un répit, pensa Diève, qu'un répit. Mais ensuite?... » Ensuite, il ignorait tout de ce qu'il devrait faire.

Très loin, il aperçut quelques jeunes gens se rendant à une réunion de club et il envia leur insouciance. Cependant, il ne regrettait rien. Il avait fait la seule chose à faire. L'acte pleinement conçu résultant de ses conceptions profondes.

Le normal était mort et c'était très bien ainsi. Il se détendit sous la caresse du soleil, encore engourdi par son bref sommeil. Un instant, après avoir tué le normal, il avait pensé faire subir le même sort à Dyrië.

Mais Dyrië était Dyrië. Elle était allée très loin au delà des limites permises. Elle s'était conduite comme les pires Belles, comme celles qui donnaient des enfants laids à des hommes laids, dans des Pays perdus.

Psychologiquement, il ne pouvait y avoir de pardon pour elle. Mais la punir physiquement, la blesser ou la tuer, était un acte impossible.

Il se redressa et se mit en marche, s'efforçant de trouver un chemin vers le sous-sol. Il ne craignait pas les maisons habitées, d'ailleurs rares dans cette partie de la cité. Quant aux tourelles, aux caches et aux promenades, elles étaient autant d'abris possibles. Il se demandait ce qu'allait faire Gamton. L'Assistance devait obligatoirement participer à la poursuite d'un Beau meurtrier. La police, elle... Oui, sûrement, elle aussi le recherchait. La police des normaux ferait fouiller la cité, appartement par appartement. Elle n'aurait de cesse de le trouver et de le punir. Le punir comment, au fait?

Il devait être près de midi quand il s'arrêta à proximité d'une villa, dans un recoin d'ombre fraîche. Aujourd'hui, il se le rappelait, le service climatologique n'avait pas décidé de pluie ni même de vent frais. Obstacle ou avantage? Nul moyen d'en décider. Diève ferma les yeux. Plus que la marche, qu'il pratiquait un peu, sa situation d'être à part, d'homme traqué, l'épuisait. Fuir sans savoir quel but atteindre... Fuir avec des dizaines de questions en tête.

Ce qu'il fallait, c'était trouver un cas semblable. Un Beau avait déjà tué un normal, quatre ans auparavant. A moins que ce ne fût cinq. La date n'avait pas d'importance. Un Beau, bien avant Diève, avait abattu un homme des Pays, un officiel venu de Trois-Océans. La poursuite avait animé la cité pendant une journée, et puis... Plus personne n'avait entendu parler du Beau criminel. *Plus personne!* Cela signifiait-il qu'il avait été pris et exécuté ou qu'il avait réussi à s'enfuir?

Diève sursauta et ouvrit les yeux. L'heure de midi était chaude et, dans le silence, un appareil approchait. Le jeune homme rampa sur quelques mètres et risqua un coup d'œil entre deux piliers: un monoporteur arrivait. Sur sa coque en forme d'œuf, les deux P entrelacés de Pays et Police se détachaient en noir brillant.

L'homme qui était à l'intérieur tenait une arme à aiguilles. Automatiquement, Diève regarda à sa ceinture et vit qu'il avait toujours la sienne, celle qui lui avait servi à tuer le normal.

« Venez-y! pensa-t-il. Venez me débusquer et j'abattrai autant de rustres qu'il me sera possible! » Une vague de rage et de haine le parcourut. Son cœur battait très fort.

Il rampa plus loin, sauta en contrebas et contourna la villa. Du coin de l'œil, il surprit deux Belles qui l'observaient de la plus haute baie. Il esquissa un signe pour les inviter à rentrer : elles risquaient de le faire repérer. Mais elles ne comprirent pas et lui sourirent.

Il jura intérieurement et marcha plus vite. Le grésillement de l'œuf volant semblait s'attacher à ses pas comme une ombre ou comme ces breloques que l'on vendait dans le quartier commerçant, et qui demeuraient en place par magnétisme.

Jusqu'où pourrait-il fuir? Le désespoir s'insinuait en lui quand il tomba en arrêt devant une plaque de marbre vert. Il identifia l'entrée d'un souterrain. Enfant, il était venu souvent jouer dans ce quartier, parce que le passé et des choses mystérieuses y affleuraient fréquemment.

Il s'agenouilla et essaya de tirer la plaque, ses ongles longs et fins s'accrochant et se cassant à la muraille rugueuse.

Jichol appelait ce quartier le Nombril. Parce que, disait-il, c'était par cet endroit que se succédaient les âges. C'était ici que les Structures avaient commencé leur expansion.

Au ciel bleu pâle, l'œuf volant de la police dessina un court virage, revint en grésillant.

« Il m'a vu! C'est certain... » La plaque céda et tomba avec un bruit retentissant. Une bouffée d'air fade jaillit du sombre conduit.

Mais Diève n'avait pas le choix. Les pieds en avant, il s'introduisit dans l'obscurité et progressa en s'aidant des mains et des hanches.

– Oui?

Thiale Gamton prit le communicateur devant deux de ses assistants qui attendaient, face au bureau, mal à l'aise dans l'uniforme des grandes circonstances.

– Extrémité nord des Structures, chef!
– Déjà? Passez-moi en direct!
Une interruption, un souffle bruyant qui semblait venir des propulseurs de l'appareil.
– Patrouilleur 460, chef!
– Vous le voyez toujours?
– Il vient de se glisser dans un des conduits souterrains qui atteignent les Dessous!
– Les Dessous? Il est complètement fou... Quoique... Attendez, donnez-moi le numéro du conduit, si vous le pouvez!
– J'ai la carte automatique, ici. C'est le B-55, chef. Il aboutit...
– Je *sais* où il aboutit! coupa Gamton, brusquement excité et le souffle court.

Diève progressait toujours. De plus en plus vite, comme l'étroit boyau de métal descendait, s'inclinait vers les profondeurs des Structures.
Il s'arrêta au sein d'une tiède noirceur. Il pouvait continuer ou bien attendre et tenter de remonter. Tout dépendait des risques qu'il acceptait de courir. Il réfléchit aux possibles moyens de punition des normaux et à la colère de Thiale Gamton. C'était une chose que de haïr et de désirer la lutte durant des années, c'en était une autre de vivre cette lutte et d'y avoir le dessous.
Il choisit de continuer. Le conduit s'inclina encore, suivit un angle tel que ramper devint inutile. Diève se laissa entraîner par son poids, freinant de temps à autre de ses mains étendues.
La glissade devint chute, la sensation de fuite devint panique. Tout le corps du jeune homme se contracta dans une panique folle. Une eau glacée le reçut à l'arrivée. Il lutta pour remonter, emplit ses poumons d'air froid et sentit sous lui une berge molle.
A tâtons, il progressa vers un mince rai de clarté, essayant de ne pas retomber dans l'eau qu'il devinait toute proche. « Jamais, pensa-t-il, un Beau n'est venu ici! » Tout à coup, ses bras s'empêtrèrent dans un réseau de fils légers. Maîtrisant difficilement sa peur, il se lança

en avant. Il surgit de l'autre côté du mince rideau et ses yeux habitués à l'obscurité clignèrent. Ce nouvel endroit était éclairé. Faiblement, mais suffisamment pour se rendre compte de ses dimensions vastes et de son ancienneté.

7

– Il doit y être, à présent, dit Gamton.

Ses deux assistants approuvèrent du menton. Le chef de l'Assistance pour les Structures ne tempêtait ni ne jurait plus. Recroquevillé dans son fauteuil, il poursuivait sa pensée. Il imaginait Diève dans la grande salle, S-1 (S pour Sanctuaire) et il voyait presque, par les yeux du Beau, les objets qui...

Sur le sol de pierre, il y avait des globes faits d'une matière transparente et mince. Cinq en tout. Quatre, de petite taille, disposés en carré autour du cinquième, bien plus volumineux. Dans chacun, pourtant, l'appareil était le même. Constitué de disques épais dont la succession formait un cylindre, il était entouré, pris dans un réseau doré de fils. Diève n'aimait pas les comparaisons se rapportant à la nature mais, cette fois, il ne put s'empêcher d'évoquer le travail d'une insolite araignée.

Il restait debout, immobile, au seuil de la salle. Après quelques secondes, ce fut le froid qui le décida. Un léger courant d'air devait circuler et ses vêtements trempés, s'évaporant sur sa peau, lui donnaient l'impression d'un bain de glace.

Il avança jusqu'à l'un des globes de petite taille. Après une brève hésitation, il tendit la main et toucha l'enveloppe transparente. A l'intérieur, le cylindre, dans son cocon de fils, paraissait avoir cessé toute activité depuis des millénaires. « Dans quelle sorte de catacombe suis-je tombé ? » songea Diève. Une vague de crainte passa en lui et lui fit chercher, d'un air égaré, une possible voie de sortie. Mais la seule était celle-là même par laquelle il était venu. Et remonter à la surface par le conduit, il ne fallait pas y penser!

Les deux assistants quittèrent le bureau en toute hâte. Les communicateurs grésillaient frénétiquement autour de Gamton. Mais il savait ceux qui apportaient des rapports intéressants, capitaux, et il ne gardait, n'écoutait que ceux-là, laissant les autres se lasser et se taire.

– Ranhet?

– Oui, chef?

– Il vous faut faire vite, très vite.

– Pour Sanctuaire 1?

– Exactement. (Le chef sourit, heureux de s'apercevoir d'une initiative intelligente et rapide.) Dites-moi, Ranhet, je vous laisse le choix du pire... Je veux dire qu'il ne faut pas lui servir la *Reddition du dernier Khan sous la technocratie marchande!*

– Cela ne me serait pas venu à l'esprit, chef.

Soudain, ce fut le silence, dans le bureau, une fois la communication terminée. Thiale Gamton posa la tête entre ses mains. Rarement il s'était senti aussi triste. Il n'y avait pourtant pas lieu de l'être. La société tout entière allait remporter une nouvelle victoire, par la paix et la douceur. Une nouvelle victoire...

– Ici, Gamton!

– Ici, Tunnel 2! La sœur du fugitif vient de se présenter au sélecteur de départ sous un nom d'emprunt. Evidemment, je vous l'envoie.

– Lui avez-vous dit quelque chose?

– Rien, absolument rien. Elle pourrait embarquer tout de suite et...

– Alors, laissez-la faire, trancha Gamton, laissez-la partir.

Il coupa la communication, bizarrement furieux de la lenteur d'esprit de son interlocuteur. Quand donc comprendraient-ils, tous, que l'intérêt du monde était de laisser partir les Belles le plus loin possible?

– Ici, Ranhet! J'ai choisi les Noires Années, vers la fin du règne de Chaune.

Gamton soupira.
– Très bien... Il s'agit maintenant qu'il soit encore là-bas.

La panique déferla sur Diève quand il perçut la baisse de clarté ambiante. Qu'allait-il devenir, ici, à des dizaines de mètres sous les Structures, en pleine obscurité?

Puis l'idée que les normaux seuls pouvaient être responsables de cet inquiétant crépuscule le ramena au calme. Peut-être ne savaient-ils pas *exactement* où le *trouver?* Peut-être comptaient-ils sur la peur pour le faire sortir de son refuge comme... comme une taupe? En ce cas, l'effet était raté!

Dans la demi-obscurité, prêtant l'oreille à de possibles bruits, il brandit son arme à aiguilles et chercha un abri. Le gros globe était proche, assez volumineux pour constituer un rempart. Il s'accroupit et attendit. Après une minute, comme la salle était complètement obscure, il prit conscience de la subsistance d'une lueur. Se redressant, il vit, dans le globe, le cylindre devenu luminescent. Les fils d'enrobement eux-mêmes dispensaient une sourde clarté jaune.

Piège? Prudemment, il recula. L'amère pensée que son arme à aiguilles ne pourrait rien contre une machine l'effleura. Puis une chose fantastique se produisit. Il ferma les yeux, pris de nausée. Lorsqu'il les rouvrit, il était dans une ville.

Les Tunnels étaient des portes ouvertes en permanence. Une multitude de portes braquées sur la multitude des Pays. Les Pays étaient des planètes et il suffisait d'ouvrir la porte pour... Jardin-Maléfice!

Une seconde, ç'avait été la Terre, la proximité des Structures; la seconde d'après, *maintenant,* c'était Jardin-Maléfice.

Elle ignorait pour quelle raison elle avait choisi ce Pays entre tous. A cause du nom? A moins que ce ne fût parce qu'il se trouvait loin, très loin de Domaine-Roux où elle avait rencontré Criguy.

« C'est faux! Rien n'est loin avec les Tunnels! »

Elle avait craint un sévère contrôle de l'autre côté de la chambre de conversion, mais personne ne l'interpella. Elle suivit un couloir sans hublots, descendit un escalier et perçut une première bouffée de l'air du Pays.

– Excusez-moi, Belle!

Le normal avait failli passer avant elle. Il se rejeta en arrière et la regarda sortir.

Elle s'arrêta au seuil du bâtiment. Elle voyait une savane d'herbe bleue, comme faite de brins de glace, et, plus loin, tout contre l'horizon incroyablement proche, le mur sombre d'une jungle. Des fleurs y naissaient, montaient et retombaient. C'étaient elles qui emplissaient l'air de craquements sonores et d'effluves lourds.

« Je vais aller à l'Assistance, pensa Dyrië, je dirai que je ne veux plus jamais retourner aux Structures. Plus jamais... » Elle fit quelques pas dans l'herbe, vit que les brins cherchaient à éviter ses pieds.

« Ensuite, je verrai », songea-t-elle encore.

8

Diève s'éveilla. Vaguement, très vaguement, il se souvenait d'un monde brumeux, noir, à goût de fumée et d'eau saumâtre. Il se leva. Il était sur une terrasse qui dominait la ville, *sa* ville, celle des Structures, des Beaux et des Belles.

« Je ne devrais plus être là! pensa-t-il. Je ne devrais pas! Je n'ai rien fait pour cela! »

L'urgence qu'il y avait à trouver un refuge le sortit de son trouble.

Il quitta la terrasse et descendit vers la ville par un escalier qui semblait n'en plus finir. Les marches étaient usées, corrodées. Elles amenèrent de nouveau à l'esprit de Diève la vision d'une autre ville, différente et usée, corrodée. Une ville horrible, une ville...

Le souvenir seul, qui commençait à se préciser, baignait toutes les autres pensées d'un indicible effroi.

Diève pressa le pas, au bas des marches. Il était

toujours dans le Nombril, l'extrémité nord des Structures. Le Nombril! Le nom lui imposa sa destination. C'était chez Jichol qu'il trouverait la sécurité!

– Vous n'êtes pas bête, dit Gamton, vous ne pouvez donc refuser. En fait, c'est par vous que nous comptons réussir.

– Impossible! dit Jichol. (Il alla jusqu'à la baie ouverte sur le chevauchement des voies et des tourelles.) Je ne peux faire cela, Gamton!

– Si, vous le pouvez! Vous n'êtes pas superficiel, Jichol. Vous *savez* exactement ce qu'il en est. Nous n'avons pas pris Diève Aphar. Nous l'avons sorti de Sanctuaire 1 et maintenant, il est certain qu'il va venir ici.

– Je n'ignore rien à propos de Sanctuaire 1. Je me suis souvent demandé, Gamton, pour quelle raison vous ne l'utilisiez pas plus souvent et même... de force.

– Ne jouez pas à l'imbécile que vous n'êtes pas, Jichol! Vous savez aussi bien que moi que les Structures ne sont pas véritablement importantes. Mais ce serait une grande victoire que d'intégrer la poignée d'êtres humains qu'il y a ici, une victoire spirituelle.

– Les Beaux ont confiance en moi!

– Alors, soyez digne de cette confiance! N'agissez pas contre leur bien! Diève sera ici d'un instant à l'autre. Je vous demande d'écouter ce qu'il vous dira et de nous laisser agir ensuite.

Jichol se retourna. Il avait l'air très las et très vieux.

– C'est bon, Gamton. J'ai toujours agi pour le bien de la société, je veux dire de la *plus grande* société... J'écouterai Diève et je vous le laisserai ensuite.

– Nous ne lui réservons aucun châtiment, Jichol. Criguy Cotts, l'homme qu'il a tué, était honnête et intelligent, mais... nous préférons gagner un Beau.

Diève s'était assis, le dos à la fenêtre, Jichol, resté debout, allait et venait dans la grande pièce.

– J'étais dans cette salle, disait le jeune homme, et la lumière a baissé. Elle s'est éteinte et il n'est resté que ce globe, au milieu des ténèbres! Les quatre autres brillaient aussi mais plus faiblement. J'ai cru... J'ai cru à un piège de la police et pendant un instant j'ai gardé mon arme braquée. J'étais prêt à tirer, Jichol, et je ne sais pas pourquoi je ne l'ai pas fait...

– Aucun danger ne vous menaçait. C'est pour cela...

– Oui. Sans doute... Et puis, je n'ai plus rien vu d'autre que cette ville. En même temps, je pensais avec l'esprit d'un autre, d'un habitant de cette ville.

– Comment était-elle, fils?

– Oh... Très différente des Structures. (Diève ferma à demi les yeux.) Je ne pourrais pas dire combien de temps cela a duré mais c'était horrible. J'avais... j'avais envie de *fuir* la ville, Jichol!

– Calme-toi... Pourquoi était-ce si horrible?

Le jeune homme cherchait visiblement à coordonner, à rassembler ses impressions. Un flot d'émotions violentes semblait l'habiter et ses lèvres tremblaient légèrement tandis qu'il parlait.

– Tout d'abord, la ville était laide, Jichol, laide à un point que je n'aurais pu soupçonner. Rien n'y était à sa place. Les immeubles étaient trop hauts et trop larges et les rues qui les séparaient ressemblaient plutôt à des caniveaux.

» C'était le jour, l'après-midi même, et... et pourtant, une sorte de brume stagnait. J'étais dans le corps de cet habitant de la cité et, tout au long de sa promenade, il ne cessait de penser, de se rappeler.

» Si seulement il avait été *bon*, Jichol! Mais il était un des pires... Du moins je le souhaite, car c'est à se demander ce qu'il en aurait été des autres. L'esprit de cet homme n'était que haine et envie. Il se rappelait avoir souffert et il en rejetait la responsabilité sur tous ses pareils. Ses souvenirs montraient des couloirs, des bureaux, des rues sans fin et des files de gens en attente.

– Fonctionnariat, murmura Jichol.

Diève n'y prit point garde et poursuivit :

– Je voudrais pouvoir raconter minute après minute ce qui m'est advenu, mais... c'est véritablement impossible. A présent, tout cela me semble s'être déroulé en quelques brèves secondes et ne constituer qu'un ramassis d'impressions et de dégoût.

– Où allait cet homme, fils? Quelle était sa principale préoccupation?

– Il marchait vers un endroit, une maison immense et grise. Il pensait y acheter de la nourriture, des légumes grossiers. Il comptait pouvoir s'en servir ensuite comme... comme appât.

– Appâts? Des légumes?

– Oui, Jichol. C'étaient des filles qui occupaient surtout ses pensées, des filles et des concepts orduriers. L'appât devait servir à cela... Attirer les filles.

» Les gens de cette ville étaient tous affamés à ce qu'il semblait. Tandis que l'homme marchait, il rencontrait des spectacles. Et ceux-ci ne lui procuraient pas d'émotion spéciale, il les jugeait familiers et banaux.

– Quels étaient ces spectacles? demanda Jichol.

– Des meurtres. Des meurtres organisés. Des batailles de rue insensées où... où la police de la ville prêtait main-forte aux pillards et aux voleurs.

» Tout n'était que violence, Jichol. Corruption, violence et désespoir. Dans l'esprit de l'homme, il n'y avait place pour rien d'autre.

Le jeune homme essaya de reprendre. Mais son visage blême révélait rétrospectivement son épouvante. Jichol lui prit la main et la serra d'un geste apaisant.

– C'était un film, dit-il, un film enregistré par neurofixation. Les techniciens de Chaune ont réalisé les premiers, durant les Années Noires.

Diève ne l'écoutait pas. Il se tenait assis, tournant le dos à la baie ouverte sur les Structures.

– Jichol, reprit-il enfin, Jichol, ce qui se passe en moi est bizarre et... et pénible, mais je crois que cette cité, *cette cité-ci,* me répugne à présent.

» De savoir qu'il a pu exister, en quelque temps que ce soit, un nid de perversion et de haine portant le nom de ville...

« Ils ont réussi! songea Jichol. Ils ont réussi au delà de toute espérance! »

Maintenant, le jeune homme était dégoûté par les

Structures. Le film avait fait son effet : le temps passerait, mais jamais il n'effacerait complètement cette trace, cette empreinte indélébile sur laquelle Gamton avait compté.

Gamton! Subitement, Jichol sentit en lui une rancune amère à l'égard du chef de l'Assistance.

– Où est ma sœur?

Diève venait de poser la question, subitement alarmé malgré son état de désarroi mental.

– Elle... elle est partie, dit Jichol.

Diève parut réfléchir une seconde.

– Partie? Où...

– Diève... Tu avais tué cet homme, ce normal. On te poursuivait par toute la ville. C'était le meilleur parti qu'elle pouvait prendre.

– J'ai tué cet homme et je ne le regrette pas! Oh! Jichol... Il... il était dans sa chambre, avec elle, et tous les deux...

– Je sais, je comprends... Mais que vas-tu faire à présent?

– La rejoindre... Dites-moi où elle se trouve, et...

– Dans les Pays, Diève! Elle a emprunté un Tunnel.

– Les Pays? Mais c'est impossible, Jichol, elle ne peut pas. Les normaux ne voudront pas d'elle...

Il se tut soudain. Ses mains tremblaient convulsivement.

« Maintenant, pensa Jichol, Gamton va entrer. Et toute cette histoire sera terminée... Et le rôle le plus pénible, après celui de Diève, c'est encore le mien! »

Mais Gamton n'eut pas le temps d'entrer. Le visage de Diève s'était crispé.

– Il faut que je la rattrape, Jichol!

Et il s'élança au-dehors. La porte battit derrière lui.

Jichol ne fit pas un geste. Il prêta seulement l'oreille à des bruits confus venus de l'extérieur.

9

– Excellent, disait Thiale Gamton, vraiment excellent. Vous nous aviez offert votre concours, Jichol. La simple loyauté vous commandait de tenir votre rôle jusqu'au bout!

– Je ne pouvais pas savoir, Gamton.

– Quoi? Ne venez pas me dire à moi que vous avez été incapable d'évaluer Diève. Vous saviez très bien que le sentiment qui le liait à sa sœur était fort, plus fort que ne le veut la normale. Votre mode de vie sophistiqué engendre obligatoirement de ces distorsions émotionnelles... Il y en a autant chez nous, c'est ce que vous ne voulez pas comprendre.

– Vous l'avez rattrapé? C'est l'important, n'est-ce pas?

– Nous l'avons rattrapé après une longue poursuite, Jichol! Il est tombé dans les récifs et actuellement, on l'opère à l'Assistance!

Jichol inclina la tête, regarda vers les Structures, au-dehors. Le soir venait et des reflets mauves doublaient, triplaient les balcons aux formes multiples.

– On le sauvera, Gamton?

Le chef de l'Assistance locale haussa ses fortes épaules.

– Cette question... Je ne serais pas là si c'était le contraire, Jichol. Je tenais seulement à vous reprocher votre conduite.

– Je ne l'ai pas fait intentionnellement, cela devrait suffire à me justifier... (Il ajouta, après un silence:) Et Dyrië, où est-elle?

– Nous tâchons de la récupérer du côté de Jardin-Maléfice ou de Diamant-Rubis. Sa présence hâtera la conclusion de l'affaire.

A ce point de leur entrevue, les deux hommes, le normal et le Beau, comprirent qu'ils n'avaient plus rien à se dire. Gamton sortit, laissant Jichol songeur.

Le monde des hommes était un caméléon. La société changeait de forme et de tonalité quand l'environnement variait.

Cette réflexion courait en cercle dans l'esprit de Gamton. Il se tenait dans son bureau, s'efforçant d'oublier les bourdonnements des communicateurs.

A la fin, pourtant, il fit une concession et saisit un appareil.

– Gamton? Ici Ranhet. L'Assistance de Jardin-Maléfice nous transmet Dyrië Aphar.

– C'est bon. Faites-la attendre. Parlez-lui de son frère.

A l'autre bout du circuit, Ranhet souffla : il détestait les tâches psychologiques bien qu'il y excellât.

La communication terminée, Gamton fit taire tous les appareils et demanda au central de l'isoler du monde extérieur pour quatre minutes.

Ensuite, il se renversa dans son fauteuil et pensa à ce qu'il dirait à Diève lorsque le jeune homme s'éveillerait, après l'opération. Il lui dirait...

Le monde des hommes est un caméléon. La société change de forme et de tonalité quand l'environnement varie...

Seulement, elle en revient toujours à une certaine approximation du mode de vie raffiné, jongleur d'abstractions et de néologismes.

La ville de cauchemar que tu as vue, Diève, dans la salle de Sanctuaire 1, a existé. Elle est l'ancêtre de cette ville-ci, des Structures.

C'est pour cela que tu existes, toi, c'est pour cela qu'il y a des Beaux et des Belles au physique différent des autres hommes qui vivent ici. Parce que cette cité n'a été, durant des centaines d'années, que meurtre, misère et haine, il a fallu l'isoler. Tandis que l'humanité traçait des Tunnels entre les mondes, la Terre originelle recélait cette tache, ce nid de pourriture : la ville, la dernière des villes, tenue soigneusement isolée. L'isolement a pris fin. Il a fallu créer l'Assistance pour aider Beaux et Belles à se réintégrer à la société.

Seulement, seulement c'est là une tâche très dure parce que vous, Beaux et Belles, avez encore en vous de ce mauvais ferment. Vous vous croyez les ultimes représentants de l'intellectualisation souveraine de l'art pour l'art. En un mot, vous vous croyez La Ville et vous nous jugez, nous, comme l'opposé. Nous sommes les Rustres, les Béotiens, sans grâce et sans esprit, les défricheurs de terre qui plantent des légumes et oublient les fleurs...

Et sur quoi vous basez-vous? Sur le fait que nos corps

ont l'héritage de longues années de luttes avec les planètes, d'empoignade avec l'univers. Ils ne possèdent pas la finesse des vôtres. Mais vous n'avez pas bougé de la cité et votre victoire, si c'est une victoire, n'a pas de mérite.

Vous dites aussi, Beaux et Belles, que nous sommes incapables d'abstraction. Vous regardez nos communicateurs : ils ressemblent à des coquillages. Nos appareils volants : ils évoquent des œufs. Nos appareils de commande : ils sont comme des galets de plage.

Tout est à l'image de la nature, chez nous, et il n'est rien que vous méprisiez autant. Mais sachez que la stylisation est le commencement de l'abstraction.

Rappelle-toi, Diève, ce que je t'ai dit, il y a une minute : la société revient *toujours* à une certaine forme.

Voyage dans les Pays et regarde autour de toi en ouvrant vraiment les yeux : les Tunnels s'étendent, deviennent des lieux de réunion. Les fermes se multiplient et finissent par se toucher. Les routes se croisent et se recroisent, se bordent de bâtiments et ressemblent à des rues jusqu'à devenir des rues.

En vérité, Diève, c'est cela que nous voulons faire comprendre aux gens des Structures.

Encore quelques années et l'ensemble des Pays sera l'ébauche d'une cité. Une cité plus vaste que toutes celles des légendes et des films de Sanctuaire 1. Une cité aux dimensions du monde. Car, quoi que l'on puisse faire, Diève, on en revient toujours à la Ville.

Voilà ce qu'il dirait à Diève, voilà ce qu'il plaiderait... A condition que le jeune homme s'éveille de son opération... Ils parleraient alors de la fantastique cité à naître. Ils chercheraient des noms à lui donner : Diève, Gamton, pourquoi pas? Ou Dyrië?... Ou bien encore Babel.

AUX TORTUES

1

Les tortues avaient oublié les saisons. D'après ce que m'avaient dit les oiseaux le matin même, celle que je venais d'extraire d'un conglomérat qu'ils dataient approximativement des années 90 devait avoir oublié plus de cent fois le printemps. Je voudrais d'abord parler des oiseaux. A mon avis, et depuis que je suis sur l'île, je suis arrivé à une conclusion : ils sont proches de ce que, en mon temps, nous appelions le ménate ou merle des Indes. Une différence : leur taille doit être le triple ou le quadruple de la normale d'autrefois. Mais je dois avouer que l'idée de normale s'est un peu dissipée depuis que je suis sur l'île. En tout cas, ils parlent. Ils parlent même trop et ils n'ont pas l'air décidé, malgré mes protestations, à vouloir observer le rythme circadien. Mes nuits sont souvent difficiles. Première faute : je ne les pensais pas capables de mesurer raisonnablement le temps. Ils m'ont surpris avec la tortue. A moins qu'ils ne mentent. Le problème serait ainsi reposé en ce qui me concerne. S'ils ont pu déterminer depuis combien d'années la tortue dormait dans le sol de l'île, pourquoi ne peuvent-ils me dire si j'ai passé un siècle parmi eux, en sommeil, pour m'éveiller sans souvenirs ou presque?

Ils sont venus me trouver ce soir pour me dire où creuser. L'endroit indiqué était une sorte de bunker qui a dû servir, entre le moment de ce que j'appelle avec tendresse ma mort et celui de mon réveil sous les becs énormes. Ce « bunker » est vraiment entre guillemets. De mon temps, je l'aurais plutôt considéré comme une espèce de magasin... De magasin de jouets, à cause des couleurs. Là, j'ai un ou deux souvenirs précis. Des mots adhèrent parfaitement aux images. Puis viennent les émotions. Il me plaît de penser que le matériau dont est fait le « bunker » est une sorte de plastique. Mais, et c'est ce qui m'a permis de survivre, ce plastique-là possède une sorte de vie. Je veux dire que lui, au moins, obéit à un rythme. Sans doute celui des saisons, telles qu'elles ont pu évoluer. Ou être modifiées. A celui de certains jours, également. C'est-à-dire du temps qu'il fait. Ainsi, lorsque la mer est grosse, à l'intérieur du magasin-bunker, la température s'élève et, sur les parois jaunes, sur les jaunes exclusivement, des bulles se forment. En quelques instants, elles grossissent et éclatent pour délivrer ce que je ne peux décrire que comme de petites choses compliquées. De minuscules machines un peu molles. Si j'avais une loupe, je pourrais distinguer, j'en suis certain, d'autres rouages au delà de ceux que j'aperçois à l'œil nu. Mais l'important, c'est leur odeur ou, disons, leur parfum. J'ai souvent essayé d'en garder un pour l'ouvrir, le... démonter, en quelque sorte. Mais, toujours, je me suis retrouvé en train de l'avaler, comme ça, sans le mâcher. Dans ces instants, je suis soumis à une fringale frénétique, un impérieux besoin de me remplir. Quelque chose dans le parfum, sans doute.

J'ai aussi souvent pensé que les fruits à rouages n'étaient pas destinés à être mangés et, tout seul, assis sur les rochers, sous le regard pensif des oiseaux, j'ai eu des crises de rire douloureuses en songeant que, peut-être, je me nourrissais d'extra-terrestres.

Idée facile : ici, c'est moi l'extra. Les oiseaux me l'ont fait comprendre par deux fois. Lorsque j'ai eu des problèmes avec le magasin-bunker, lorsque les fruits n'étaient pas sortis des parois jaunes alors que le temps était idéal, et que je m'étais mis à frapper le plastique. Ils avaient eu des mots sévères.

Pour la tortue, ils ne se sont pas moqués de moi, mais ils ne m'ont guère aidé non plus. Il m'a fallu creuser avec des fragments de rocher et des éclats de métal dévorés par la rouille.

Sous la première couche de gravier, de rouille, de coquillages pulvérulents, de terre très noire, j'ai rencontré des bouts de verre, puis des boîtes vides, écrasées ou simplement déformées, des boîtes de plastique ou de métal mince qui portaient des noms. Des noms d'aliments, peut-être, ou de produits chimiques. Certains, me semblait-il, m'étaient presque familiers. Du *Dépargon pour insuffisance* et du *Claustrel à demi-vitesse.* Insuffisance de quoi? Et demi-vitesse?... Là, j'ai noté un début de déclic, quelque part dans la part de noir que j'assiège sans cesse, mais sans vraiment en avoir conscience.

Je ne sais pourquoi, mais j'espérais découvrir, avant la tortue, un message. N'importe quel message. Comprenez-moi : en m'éveillant sur cette île, avec ces oiseaux bavards, il ne m'était pas venu à l'idée, pendant très longtemps, que je pouvais recevoir quelque signe du ciel ou de la mer. De l'extérieur. J'étais dans une prison. Je savais ce qu'était une prison. J'avais été dans une prison, autrefois. Non, c'est des profondeurs de l'île que j'avais attendu un signe, après les incidents d'alimentation du magasin-bunker. Suis-je un naufragé ou un élu? Je veux dire : ai-je été projeté ici et, en ce cas, est-ce volontairement que l'on m'a réveillé, rappelé avec cette mosaïque de souvenirs?

En apercevant la carapace de la tortue, sous les derniers débris hétéroclites qui déclenchaient en moi des traces de mémoire de terreur, j'ai cru distinguer un message gravé. Mais une fois que je l'eus brossée, je vis bien que la carapace était lisse. Parfaitement artificielle.

Le message, finalement, ce sont les oiseaux qui me l'ont délivré.

Dès que la tortue s'est éveillée, comme moi, dès qu'elle s'est mise à marcher sur la plage, comme moi, ils sont venus me trouver à quatre et m'ont dit, en une sorte de chœur chanté, quelque chose d'incompréhensible. Une phrase courte dont aucun sens n'accédait à mon cerveau. Ils l'ont répétée durant la moitié d'un après-midi et elle s'est installée en moi.

Autrefois, j'avais connu des chansons. Lorsque je pensais *chanson*, je revoyais un lieu de métal brillant, sans la moindre tache de rouille. Mon corps était supporté par des surfaces douces et quelqu'un se tenait non loin de moi. Je percevais son parfum, qui était comme celui des fruits. Mais je ne pouvais tourner la tête. C'était vraiment impossible.

Et voici la chanson que répétaient les oiseaux :

Il y a des turbulences dans les infrabulles!
Il y a des turbulences dans les infrabulles!

J'avais toujours comparé ces oiseaux aux volatiles-écho que j'avais exécrés dans ma vie antérieure.

Jamais ils ne m'avaient autant excédé. Leur charade me transformait, naufragé du temps, en une sorte d'accusé placé devant une communauté de sphinx.

L'île est petite. En dehors du magasin et de la ligne de récifs où je me réfugie fréquemment, les oiseaux en occupent toute la surface. J'oublie le petit jardin d'arbres noirs et lisses et de plaques de lichen bleu où il m'arrive de faire de longues siestes. Le jardin est au centre de l'île. Vu du ciel, il doit évoquer un œil clair dans une face noire et rousse.

Toute la nuit, avec la tortue entre les mains, j'ai reconstruit un souvenir. Il y avait une maison haute, avec un jardin tout en longueur et une roseraie aux rosiers anciens, aux fleurs géantes et moussues ainsi qu'on les aimait, racontait-on, au début du XXe siècle. C'était tout près d'une grande cité. Pour « cité », j'avais le nom mais point d'image. C'était très loin dans le temps. J'étais enfant et des adultes me surveillaient. Je ne les aimais pas mais ils me protégeaient. Il y avait un son. Une sirène qui résonnait à l'intérieur de la maison.

Toute la nuit et, au matin, avec la tempête qui se levait et une longue ration de fruits-machines, les oiseaux sont revenus m'expliquer. Il fallait que je me rende à la pointe de l'île pour répéter le message.

Je me suis exilé dans les rochers mais, très vite, les lames m'en ont chassé. Je suis revenu au magasin. Dans la pénombre bleue, jaune, rouge des parois endormies, j'ai essayé de comprendre. Les oiseaux voulaient que je crie à la mer, au ciel, à tout ce vide qui m'entourait, ces mots qui n'avaient de sens que pour eux.

Je ne voulais pas. Je ne veux pas dire que les oiseaux se fussent jamais montrés cruels avec moi. Mais l'idée m'était venue que, pour la première fois, peut-être parce qu'ils commençaient à s'ennuyer ou parce qu'ils obéissaient à un plan défini depuis longtemps, ils souhaitaient me voir me comporter en fou normal, comme un humain seul sur une Terre qui n'existait peut-être plus, prisonnier sur une île qui n'en était peut-être pas une, avec des bouts de souvenirs qu'il n'arrivait pas à assembler, avec une tortue éternelle et des volatiles jacasseurs et aberrants.

La tempête ne s'est pas vraiment déchaînée. J'avais faim mais rien n'est venu des parois jaunes. Les oiseaux étaient bizarrement silencieux. Ils semblaient fuir ma présence, ce qui leur était difficile vu leur nombre.

Je suis allé à la pointe de l'île. Les nuages de brume fuyaient vers l'horizon, sur l'eau grise. Il faisait plus clair, maintenant.

J'hésitais encore. Mais j'étais lancé dans un jeu. Si je ne faisais rien, si je ne remplissais pas le rôle que les oiseaux, ou qui que ce fût, m'avaient assigné, il ne se passerait rien. Et cette seule perspective était pire que toute autre menace. Quelques nuits auparavant, en ouvrant les yeux sur le ciel strié de gris et de jaune pâle, en percevant les claquements de becs, les mots échangés sur un rythme de castagnettes, j'avais souhaité retrouver l'oubli. Et je venais d'en sortir.

Il y a des turbulences dans les infrabulles!

J'ai répété cela trois fois, la gorge sèche et râpeuse, la tête vide. Etrange : la mer se calmait à vue d'œil. Je veux dire qu'elle s'apaisait sous mon regard. Je me suis assis dans l'écume. J'ai enfoui mes mains dans le sable. Souvent, ainsi, j'avais cherché vainement des coquillages. Des coquillages vivants. Comestibles. Mais, quant aux coquillages, l'île ne recélait que ce sable de coquilles fossiles. La mer était morte, très salée, presque visqueuse, et jamais le moindre clapotis ne signalait le bond d'un poisson.

J'ai dû rester ainsi très longtemps devant le ressac. La faim est revenue. Je suis retourné dans le magasin, croisant sur mon chemin des groupes d'oiseaux silencieux, comme endeuillés. Je suis entré. J'ai attendu. Mais les parois n'ont pas frissonné. Alors, je suis retourné à la pointe de l'île, avec la tortue sous le bras. Je me suis assis exactement au même endroit. Et, comme le soleil devenait plus blanc et plus petit (ce qui, pour moi, était bizarre sans toutefois éveiller une image-comparaison comme pour le « bunker »), quelque chose m'a répondu. Non : quelque chose s'est manifesté.

Une demi-sphère sertie de coquillages, de coraux et de plaques de rouille qui ressemblaient à d'autres coraux, venait de surgir près du rivage.

Je me suis penché. Je n'éprouvais qu'une immense curiosité. Ni peur ni soulagement. Il me semblait que des flammèches d'argent couraient autour de la bulle. Des poissons. Ils étaient plantés dans chaque vaguelette comme des broches sur un merveilleux gâteau translucide. La mer morte était tout à coup un plateau sur lequel on allait m'offrir un repas de géant. Etait-ce enfin le service d'accueil? Les gardiens de l'aquarium avaient-ils prévu le nécessaire de secours et de survie pour un géant particulièrement exigeant?

Pleurer. Ça, c'était un ordre de *mon* cerveau, mais il resta à l'état de concept abstrait. Je ne savais pas comment lui obéir. J'étais toujours assis dans l'eau. J'avais simplement levé les mains et je vis que mes doigts formaient deux fourchettes vivantes dardées sur les poissons. En cet instant, ils étaient plus importants que la bulle de coraux et de rouille.

Leurs yeux émettaient sur une fréquence dorée et leurs nageoires battaient un rythme pâle.

Des danses lentes dans des casinos inouïs, une écharpe flottant devant une porte marine qui se refermait, des mouettes déferlant comme les grains de blé au-dessus des cheminées d'une machine, au sommet de l'été, en Bourgogne. Près de la Saône si calme, nous posions des mines magnétiques sur des carpes-miroirs. Pour l'inauguration du Passé, les Mères avaient obtenu deux Hôtels du Temps, pris aux Arabes, et l'on avait reconstruit toute la ville de Mâcon, telle qu'elle existait en 1990.

Je crois bien que les Hôtels du Temps avaient été créés par les Génocrates déments qui avaient cassé la belle carapace de paix des années 80 et donné la chasse aux « germes de fracture ». Ces germes, ils allaient les chercher où ils se trouvaient, bien sûr : dans le cerveau des clients innombrables des Hôtels. Et la paix avait poussé dans les Hôtels les mégalomanes, les assoiffés de vengeance, les prophètes et les fous divins. Ce que voulaient les Génocrates, c'était d'abord aménager le futur avant de dominer le présent. Griller les « germes de fracture » pour qu'ils ne repoussent pas dans un terreau plus riche.

J'avais su tout cela et tout cela revenait maintenant.

Dans les Hôtels, le programme était simple : une séquence d'éveil, ultra-courte, pour regarder au-dehors par l'intermédiaire des tubes d'info. Une séquence de sommeil profond, histoire de traverser la jeunesse des autres avec un agent d'incitation emphatique : « Partagez les meilleurs moments les plus verts de ceux que vous avez connus. » Et une récréation sous onirogènes.

Les déclarations des candidats eux-mêmes, puis certains pompages de données indiscrets avaient fourni plus de mille identités – types de révolutionnaires, dictateurs, violents ou génies potentiels. Vous voyez le genre de ces Hôtels du Temps? Plus lourde était la charge, et elle était tellement lourde en cet âge de pacification, de jardiniers impériaux et de joueurs de cerceaux spatiaux, que beaucoup se précipitaient sous les marquises de micro-lasers qui vantaient le sommeil avant la renaissance.

Et dans les Hôtels du Temps, les Génocrates se servirent de la violence, parce qu'ils voulaient l'effacer. Ils en avaient gardé en réserve. Comme tous ceux qui gouvernent. Et que croyez-vous qu'il advint après quelques années? Une nette tendance à l'horizontalité dans la politique et les arts.

On avait appelé les années 90, les « années de conserve ». On lançait alors des machines dans le temps, des faux-êtres. De fausses tortues, par exemple. Des bibliothèques-forteresses qui ne s'ouvriraient plus avant dix siècles. Les Génocrates voyaient loin. Les jardiniers, les joueurs de cerceaux et les chanteurs de l'Opéra de Lune étaient indifférents à toutes ces solutions pour l'éternité.

C'était grâce à eux que les Arabes étaient revenus, avec une civilisation-farandole qui avait beaucoup plu, d'abord. Il n'y avait pas eu de guerre. Personne ne s'était réellement *battu*. Il y avait eu des soustractions de données dans les machines, des infos déviées, des sabotages dans les jardins suspendus et quelques déperditions d'énergie dans les grandes bannières qui arrêtaient les vents cosmiques et dont les torsades argentées décoraient les nuits de la Terre. Oui, il y avait eu aussi une histoire de créatures synthétiques, une sorte de harem d'androïdes. Les Arabes n'avaient pas persécuté les Génocrates. Ils avaient pris les Hôtels du Temps sous leur protection et interdit que quiconque y pénétrât. Ils furent défaits par les Africains et cédèrent aux Mères les Hôtels où devaient dormir encore quelques « germes de fracture ».

Les Mères avaient été conçues par les Génocrates alors qu'ils se trouvaient au faîte de leur folie. Ils s'étaient servis des machines mais aussi de quelques tours de magie que les obscurantistes des années 70 avaient déjà commencé d'exhumer. Un peu de l'identité de certains démons des cercles de l'enfer avait dû être installée dans les programmes. Dans le bouillon où les Mères avaient incubé. Les hommes s'étaient fabriqué des maîtresses épouvantables. Epouvantablement efficaces.

Les Génocrates étaient donc de retour. Les Mères régnaient à leur place. Mais leur laideur était difficilement supportable. Pour les fêtes du second millénaire, elles firent tache. Les joueurs de cerceaux spatiaux avaient engendré des esthètes, il faut le dire. C'est alors que les officiers de l'espace, qui étaient revenus du Mi-Chemin des Etoiles avec leurs somptueuses éromachines, avaient tout changé. Ils avaient tourné leurs canons contre la Terre. Ils avaient paralysé, cristallisé les Génocrates et, magnanimes, ils avaient refondu les Mères en juvéniles Gouvernantes adorables et efficaces.

C'est alors que j'étais mort.

Sur les marches du dernier Hôtel du Temps.

Je m'en souvenais à présent.

2

– Il est trop vieux, dit une voix fluette, battue par le vent.

Et, pourtant, il n'y avait pas de vent, non?

J'avais le visage dans le sable. C'était comme si je m'éveillais une deuxième fois. Je n'étais plus là-bas, courant entre les silhouettes de gel vert des émanations défensives de l'Hôtel. Ma main serrait le gravier et non plus la poire chaude et rayonnante de ma fontaine d'énergie portative.

J'ai levé la tête, lourdement. Une vague m'est arrivée en pleine figure, dans les yeux, le nez. Étouffant, aveuglé, je me suis agenouillé. Je distinguais une grande ombre rougeâtre, comme si l'on avait allumé un feu dans la mer.

– Je suis sûre qu'il a croqué le message, dit une autre voix fluette.

Dans celle-là, il y avait un accent de méchanceté. Ou bien de moquerie?

J'étais déjà mort une fois. Je ne craignais pas cette voix. J'avais connu l'an 2000. Je me rappelais la peur des gens et toutes ces créatures que les Génos avaient lancées dans les cités, à Noël, pour combler les appétits. Nous les avions déportées.

Nous?

La mer était duveteuse. Un écran de fumée dressé par une bataille. Le ciel, au-dessus, était une plaque bleue et splendide où crépitait la première étoile du soir. Rouge.

Maintenant. Deux colonnes lisses étaient érigées dans le sable de la grève. J'ai distingué là haut, très loin, un disque au pourtour irrégulier.

– Tu vas répondre? a lancé la première voix.

J'ai compris que je voyais la bulle rouillée du dessus. La mer était vide, à présent. Il n'y avait pas de traces sur le bord. Du moins, aucune qui fût visible dans les deux ou trois mètres qui séparaient la plus proche colonne de la lisière des vagues.

J'ai fini par m'asseoir. J'avais des grains de sable sur les lèvres et l'eau de mer était brûlante dans ma gorge.

Qu'étaient devenus les poissons?

Je me suis retourné. Les oiseaux étaient là, eux, en tout cas. Une dizaine, qui m'observaient, sérieux comme des papes noirs.

Il m'était arrivé de rire, de les trouver comiques quand ils m'évoquaient ces choses incroyables du passé que, sur les estampes, on nommait « parapluies ». Cette fois, ils me mirent en colère. Ils m'avaient trahi, livré à une monstrueuse machine de guerre, de répression. En leur obéissant stupidement, j'avais lâché quelque mot magique. Et maintenant, la bulle me dominait du haut de ces deux pieds formidables. Elle voulait que je réponde. Non : *elles voulaient.* Ou bien la bulle s'était inventé deux voix de petites filles et j'allais mourir écrasé par une machine schizophrène... ou bien... Il y avait peut-être des passagères dans la bulle? Des pilotes?

D'un seul élan, je me suis relevé. La curiosité et un rien de peur. Et puis, la tortue avait disparu. La machine?... Non, elle était à quelques pas de là, sur le rivage, entre les oiseaux et moi. Elle creusait. Frénétiquement. Déjà, sa tête n'était plus visible.

Je me rendis compte que les oiseaux, en cet instant, s'intéressaient à elle, et non à moi. Encore moins à la bulle sur échasses.

J'ai fait un pas dans sa direction. Un coup formidable sur le dos. Non, une pression plutôt. A la fois douce et colossale. Une fois encore, j'avais la tête dans le sable, j'étouffais, je ne creusais pas comme une tortue, moi. Je me débattais frénétiquement. On m'a libéré. J'ai repris mon souffle, furieux et misérable.

– Et ce message, le diras-tu?

– Il l'a dit, tout à l'heure. C'est probable. Nous ne serions pas là.

Il n'y avait plus qu'une seule colonne plantée dans l'île. L'autre était en l'air. Très précisément au-dessus de ma tête.

– Dites donc, de l'infrabulle! Si vous voulez me tuer, faites-le tout de suite!

C'était vraiment la première chose qui me passait par la tête.

– Impossible! s'est exclamée une des voix fluettes. Il croit que nous... Impossible!

– Impensable, a corrigé l'autre, celle qui était un rien plus méchante, plus ironique. Il faut absolument qu'il répète le message et que tout s'enclenche. L'exposition se prolonge beaucoup trop. Et un pied a été blessé en le touchant.

– Réglage vicieux, a diagnostiqué Voix Nº 1. (Puis, s'adressant à moi, plus durement :) Vous, le soudard cosmique, ne vous révoltez pas. Vous avez donné la première alerte : il faut nous suivre. Nous ne pouvons rester ici.

Je n'ai rien répondu. Des bruits, des images, des voix, des mots tombaient en pluie du ciel, du passé. J'avais la certitude que, si je fermais les yeux, je serais pris à tout jamais dans un tourbillon où les années étaient brassées, pulvérisées en poudre de mémoire, de moments.

J'ai parcouru les quelques mètres qui me séparaient de la tortue. J'ai pris sa carapace entre mes deux mains et je l'ai arrachée avec douceur à ses travaux de terrassement.

Puis, je me suis retourné. La bulle n'avait plus de jambes. Plus d'échasses. Elle était posée à demi dans l'eau, à demi sur le sable. Et, oui, je crus entrevoir les claires paillettes des poissons qui lui avaient fait escorte.

Les oiseaux composaient une haie noire de jabots et de becs. Leurs yeux posaient une question. La mode était aux questions. Etait-ce la même que celle dont la bulle attendait la réponse? J'avais tout à coup la sensation d'être pris entre deux camps, deux races qui se partageaient... la Terre? Ou alors, elles avaient besoin d'un intermédiaire. C'était ça. Quelque part, une clé avait joué. Tout allait s'enclencher, comme le souhaitait Voix Nº 2?

Durant plusieurs secondes, sous l'effet de l'excitation, je crus avoir oublié le fameux message. Une sensation de faiblesse m'envahit, paralysante. Je crois même avoir titubé avant de retrouver la voix :

– Il y a des... turbulences dans les infrabulles. C'est cela que vous voulez entendre?

J'ai fait un pas incertain. Deux oiseaux avaient commencé de se dandiner.

– Ce mot de passe suffit? Où sont les cadeaux? Ouvrez la chaloupe, que je monte à bord.

Je me tus brusquement. Ces derniers mots, je les avais trop souvent prononcés. Soudard cosmique?

Et souvent, autrefois, on m'avait insulté dans ces termes. Machinalement, j'époussetais la tortue. Dans un très petit recoin de mon vieux cerveau, je savais maintenant à peu près ce qu'elle représentait. Une pure merveille de l'ère génocratique. Immortelle. Une fusion de résines vivantes de synthèse et des choses qui semblaient vivre dans les moraines spatiales, les essaims transplutoniens. Un peu de vie qui ressemblait à de la matière. Beaucoup de matière transformée en vie. La forme d'une tortue, une carapace invulnérable et d'invulnérables réserves de mémoire. Des connaissances fermées sans la clé appropriée. Une bête à voyager dans le temps. Comme moi? Un soudard cosmique et sa tortue blindée.

– Venez. Il le faut absolument. L'exposition est en bout de phase.

– Officier, montez à bord.

Il y a tant de choses à dire sur les tortues. Je me souvenais qu'il m'était arrivé de regretter la liquidation des Génocrates. J'en avais connu certains.

Il y avait un triangle noir dans la bulle. Au delà, c'était peut-être un couloir que je distinguais. Un boyau qui se perdait dans des profondeurs impossibles. La bulle était trois fois haute comme moi et ce tunnel plongeait vers le centre du monde. Une flamme jaune approchait.

Ce triangle ouvert, c'était comme la porte de l'Hôtel du Temps.

Avant que je la franchisse, les émanations de défense allaient m'atteindre.

Derrière moi, il y avait le parc. Les massifs de fleurs psychotropes qui avaient bu le cerveau des anciens jardiniers, le lac aux sirènes-sangsues et l'Europe occidentale entièrement reconstituée sur trente kilomètres carrés avec des forêts de bonsaïs et des micro-villes autonomes régies chacune par un bloc à bio-cerveau, des micro-villes où devaient vivre encore quelques milliers de micro-êtres à l'échelle de la récréation.

Derrière moi, il y avait la Cité, avec les trois cathédrales de coraux trans-plutoniens érigées par les Mères et que nous avions épargnées, avec le Mémorial Génétique, ce cube de résine où nous avions inclus les Génocrates. La Cité, sur ses pylônes à plasma, prête à décoller.

Venant des abysses, comme une lourde larme de méthane devenant feu follet à la surface huileuse d'un étang, la flamme jaune approchait.

– Un vrai soldat, dit Voix N° 1.

– Il n'en sait pas assez encore pour faire du mal. Il se souvient. C'est beaucoup mais pas tout, commenta Voix N° 2.

Elle n'était plus acerbe, mais sentencieuse. Avec une trace de pitié. Elle était également plus proche.

Ce qui était normal, puisqu'elle se tenait assise, les jambes croisées, au centre de la flamme qui la portait, la flamme qui s'était arrêtée sur le seuil triangulaire.

Elle était brune, les cheveux courts et raides. Les pommettes roses, le teint pâle, les lèvres maquillées d'argent. Elle était nue, avec un bracelet noir à chaque poignet. Elle pouvait avoir entre treize et quinze ans et il était bien évident que j'avais devant moi une des jolies Gouvernantes que nous avions offertes à la population du monde.

Ses yeux étaient noirs, petits, vigilants mais sans dureté. De même, il y avait de la douceur dans l'expression de son visage. Ou bien de la pitié?

Solennelle, elle tendit la main.

– Le moment est extrême, dit-elle. Faites-nous cette grâce, canonnier Garonne.

Certaine d'être obéie, elle glissait déjà en arrière. Le canonnier Garonne la suivit. Sans lâcher la tortue. A l'ultime seconde, alors qu'il posait un pied dans l'ombre avec une impression de vertige, il s'arrêta et se retourna. Il lui sembla qu'il y avait des centaines d'oiseaux, immobiles, noirs, lugubres, tout un public de becs sombres et d'yeux dorés. Et il en éprouva une soudaine mélancolie. Puis il plongea dans le vide.

3

Il y avait trois ans que j'étais au Mi-Chemin. Comme tous les autres, j'avais été nommé officier au sortir du caisson, au plus fort de la souffrance, quand le temps se réinstallait dans les nerfs. Les soldats, nous les prélevions dans la Réserve, la grosse cuve de quatre kilomètres cubes que les Génocrates avaient amarrée à l'île. Mais nous n'avions pas vraiment besoin de soldats.

Il n'y avait pas de guerre. Il n'y avait pas d'ennemi. Rien que le Mur.

Les hommes des premiers caissons avaient été envoyés en patrouille. A deux, à cinq, à dix années-lumière. Certaines des patrouilles ne reviendraient pas avant longtemps. En cette troisième année, aucune n'avait quitté l'île. Le mur était invisible et impénétrable et sans doute s'étendait-il dans toutes les directions de l'espace. C'était une sphère, pensions-nous. Avec, au centre, notre Terre que nous regrettions, le soleil et les planètes poussiéreuses ou magmateuses. Les jardiniers seraient intéressés par cet aspect de l'univers. Toute l'humanité dans une bille de verre.

Nous étions donc là, à quelque vingt-cinq années-lumière des folies de la Cité, à vingt-cinq années-lumière du but initial, le double phare azur et or d'Epsilon du Bouvier.

Croyez-moi : nous regrettions de n'être pas allés plus loin. Nous avions obéi au plan des Mères, bien sûr. Quand elles ne dormaient pas dans leurs palanquins de fourrure, elles étudiaient les sciences. Elles s'étaient même fait confectionner des bijoux, boucles et colliers, qui susurraient des données et des théories dans les replis gras de leur cou.

Mais nous, les officiers, nous avions eu envie des

étoiles, véritablement. Les signaux du Bouvier avaient été détectés par les pièges des grandes oreilles transplutoniennes dont l'entretien coûtait une fortune puisqu'il fallait les nettoyer régulièrement des coraux extravagants. C'était la tâche des techniciens et ingénieurs que les Génos avaient exilés aux confins solaires.

Et qu'y avait-il dans les signaux du Bouvier? De l'humour, avaient diagnostiqué les cerveaux synthétiques. Une sorte d'humour, certainement érodé ou gauchi par les vents cosmiques, comme une plaisanterie criée de beaucoup trop loin entre deux souffles de vent de sable. Si telle était la vérité, il convenait de s'inquiéter, grommelèrent les Mères en secouant leurs colliers dans leurs palanquins mordorés sanglés sur de grotesques chats mécaniques.

La Terre, en effet, avait arrosé les étoiles de schémas de plus en plus complexes, de bouts de théorèmes et même, Seigneur! de citations de Shakespeare et de l'Ecclésiaste.

Cette double étoile or-azur du Bouvier, cette vague banlieue d'Arcturus se moquait de l'humanité.

Belle occasion pour utiliser les soldats. D'abord les vieux officiers, qui devenaient lassants. On les avait conservés de stase en stase depuis les petites révolutions où ils avaient tué des ennemis, avant les Génocrates. On les utilisait comme acteurs dans les Théâtres Violents où l'on recréait la guerre pour le plaisir des joueurs de cerceaux spatiaux qui se lassaient souvent de faire tourner leurs fils de plasma entre les planètes-cailloux, pour celui des jardiniers qui ne s'y retrouvaient plus, parfois, dans les plans de ces châteaux végétaux qu'ils dressaient par-dessus les rivières pour flatter les Mères et obtenir ainsi plus de serres où poursuivre leurs vaines recherches vertes. Ils voulaient, disait-on, trouver la fleur pensante.

Au Mi-Chemin, c'était l'ennui.

Pourtant, nous prenions nos tours de garde et nous avions inventé des corvées qui n'étaient pas gravées dans les Moulins à Obligations. Le fusilier Aoste, l'un des plus anciens parmi les anciens officiers, avait rédigé en sept mois le Bréviaire des Humiliations. Grâce à lui, nous avions la chance de pouvoir souffrir quelquefois.

J'étais canonnier, oui. Toutes les quatre cents heures, pour une révolution, une révolution de ma plate-forme autour de l'île et du gâteau diapré de la cuve, je m'arrimais à mon canon. Un lanceur de parcelles à sélection d'effets. Il avait été conçu par les Génos et quelques autres cerveaux pour une gamme d'objectifs possibles relativement étendue. Je crois bien que l'humour du Bouvier avait été prévu. Je veux dire que mon chargeur était certainement doté de parcelles destructives linguistiques. A chaque révolution, je faisais du tir à la cible. Les cibles, au début, avaient été des reconstitutions lumineuses des grands monuments. Les projecteurs étaient concentrés sur une trajectoire proche ou lointaine et il fallait un bel esprit d'artiste pour faire dériver, comme ça, le Sphinx ou les Deux Clochetons du Printemps, ou bien l'Ile Saint Denis, ou encore les Bureaux de la General Motors, entre les ruisseaux d'astéroïdes qui coulaient sans cesse entre le Mur et nous, des diamants multicolores qui trompaient mes repères, me lançaient des éclairs, me rappelaient les torrents de la Terre, l'été, la lumière et tout ce que nous avions perdu en dormant dans nos caissons pour venir rebondir à la frontière, sans raison, sans mission.

Au Mi-Chemin, il y avait de la colère.

C'est à la fin de la troisième année, que nous avons réinventé les drames.

Nous n'avions pas besoin de soldats, je l'ai dit. Pourtant, la Réserve aurait pu nous fournir l'équivalent des armées de Napoléon et d'Alexandre. Avec possibilité de refonte. Le grand gâteau des Génos était inépuisable. Et inépuisables étaient les combinaisons possibles.

Incroyable qu'il m'ait fallu trois années pour tenter ma chance, pour avancer mon pion.

Mais sans doute étais-je prisonnier des jeux que nous avions conçus, de toutes les variantes du Bréviaire des Humiliations.

Et il y avait cette étoile d'azur et d'or qui émettait ces segments de messages moqueurs.

De l'autre côté de la paroi de l'aquarium.

Après trois années, donc, nous avons puisé dans la cuve. D'abord, les plus anciens des officiers, comme le fusilier Aoste et le hussard Sardaigne, avaient créé de nouveaux rôles pour leurs spectacles. Ils avaient écrit des opéras qu'ils jouaient souvent en plein espace. Les figurants sortaient de la Réserve, de plus en plus nombreux.

Un soir (un vrai soir simulé, avec une lune et des étoiles qui clignotaient par l'effet d'une très simple pulvérisation des évents périphériques de l'île) un soir, nous avons eu droit au Spectacle du Monde. Soixante mille ou soixante-dix mille figurants tout frais crachés de la Réserve. Des femmes et des filles, des savants follement anciens et des guerriers à la peau totalement noire, des magiciens politiques et des combattants de toutes les guerres, des pénitents, des mangeurs de chair humaine et des hommes en carapace de métal qui rebondissaient sur la lune en chantant, parce qu'ils croyaient l'univers plein de vie et la paix universelle engrossée d'espoirs.

Plus tard, j'ai peuplé quelques cibles de quelques figurants. J'ai fait mouche dix fois sur les Deux Clochetons du Printemps où se penchaient des filles blondes en robes claires. Il y avait du vent dans leurs cheveux et, sur l'œil énorme de mon viseur, je voyais presque la brume chimique qu'elles avaient vue et j'entendais le bruit gigantesque de cette cité du passé où l'on vendait, où l'on achetait sans cesse.

Et je n'en finissais pas de sélectionner des effets nouveaux. Et quand les parcelles de mon canon se perdaient à côté de la cible, il m'arrivait de me mordre jusqu'à ce que le circuit de protection s'inquiète et m'oblige à rêver, le temps d'une rotation de ma plate-forme, entre les grandes fumées bleues de la Voie Lactée, le plateau de cristal de l'île et le gâteau luisant de la Réserve.

Mais quand les parcelles suscitaient le feu, la glace, la colle. Quand la cible fondait, s'émiettait, se déformait, quand les Clochetons devenaient des jets de poussière qui se perdaient vers cette foule que je devinais, dans cette cité que j'avais connue, autrefois, je me croyais à nouveau sur Terre.

Les robes brûlaient et les filles, avant de sauter dans le vide, étaient hurlantes et nues.

Ou bien, elles pleuraient et devenaient folles, comme ça, en une minute, sur le gros œil de mon viseur, quand une parcelle à dislocation psychique arrivait dans le mille.

Au milieu de la quatrième année, deux nouvelles patrouilles étaient revenues, confirmant l'absolue continuité du Mur. Nous étions au Mi-Chemin pour une éternité de tours de garde, d'exercices. Nous allions épuiser tous les jeux, tous les spectacles, les opéras des vieux officiers.

Deux d'entre eux, le lancier Réunion et l'artilleur Ispahan étaient morts. Je veux dire vraiment morts. Sans doute des effets du temps. Les Génos avaient beaucoup travaillé sur eux. Réunion racontait souvent qu'il avait participé aux grandes émeutes urbaines des années 80, qu'il avait « transformé l'Hudson en charnier ». Mais c'était un acteur vertigineux pour les spectacles les plus forts et nous nous perdions entre ses souvenirs et les textes qu'il se faisait implanter directement dans la tête, généralement la nuit, quand nous avions tous trop bu.

Pour les funérailles de Réunion et d'Ispahan, nous avions mis nos tenues de cérémonie et, plus tard, en revoyant les différentes scènes, j'ai songé que c'était l'une des plus réussies parmi nos créations.

Les deux caissons du lancier et de l'artilleur tournaient à trois kilomètres de l'île. Pour l'occasion, les hussards Oise et Nebraska avaient fait merveille avec les projecteurs, reconstituant comme cibles la Montagne Aux Transistors (Nouvelle Guinée, début des 80) et le quartier d'Hammersmith, Londres, Angleterre, sans doute dans les 70, avec un pont bleu pâle qui, sur fond d'espace, ressemblait à une parure de fille des âges perdus.

Nous étions tous rassemblés, au garde-à-vous, sur la terrasse supérieure. Nous avons levé nos verres et prononcé des discours très brefs. Il y avait des fougères et un orchestre de musiciens à la peau vieil or qui avait été improvisé par un ami canonnier responsable des plantes et canapés.

L'heure était venue, pour moi, de manier le canon que, pour la circonstance, les anciens avaient installé au balcon double du zénith.

Sur l'œil de mon viseur, le lancier Réunion et l'artilleur Ispahan se suivaient à quelques degrés d'arc.

Le commodore Danube s'est levé. C'était l'instant que j'avais choisi, en accord avec Aoste, Sardaigne et le conducteur Vézère pour faire intervenir notre troupe.

Pour décor, nous avions la Tamise, ainsi qu'elle coulait avant l'éruption solaire de 1983 qui avait duré moins de deux heures et desséché trois cent mille humains de l'hémisphère nord.

Sur les quais passaient des véhicules antiques. Un navire de police manœuvrait, toutes antennes dardées. A l'enseigne de l'Ancre Bleue, des jeunes gens buvaient de la bière ambrée en croquant des parts brûlantes de tourte du berger. Leurs visages étaient maquillés de rouge vif.

– Quelle surprise! s'est exclamé le commodore Danube.

J'étais ravi. Ensuite, venait la troupe au grand complet.

J'avais introduit quelques figurantes de mes cibles préférées dans les deux ou trois premiers rangs. Pour le reste, il s'agissait vraiment d'une œuvre de groupe.

Tandis que mes doigts effleuraient les renflements doux du sélecteur, je me disais que nous avions retrouvé un héritage précieux, ici, au Mi-Chemin.

Je positionnais une parcelle pyrotique.

L'étoile bleu-or pouvait attendre encore.

J'introduisais un élément retardateur. Il fallait jouer serré et doux : les parcelles pouvaient tolérer quelques traces organisatrices. Par exemple, je pouvais changer la Tamise en torrent de flammes, puis faire intervenir une pluie douce. Il y aurait des parapluies sur les jupes noircies et des barques accosteraient pour que leurs passagers oublient dans les iris leur premier moment de terreur.

Et dans le ciel de ce passé recréé, les caissons du lancier et de l'artilleur faisaient deux gros oiseaux migrateurs.

– Magnifique ! a dit le commodore Danube.

J'ai tout grillé.

C'était l'été. Ou bien le début de l'automne.

Mais les autres m'ont aidé.

Nous avons tout fracassé.

La Réserve était faite pour cela.

Pour notre guerre. Celle que nous ne pouvions pas faire.

Par la suite, j'ai eu d'autres idées.

C'est ce que vous vouliez savoir ?

Vous n'avez rien d'autre à me demander ?

J'ai passé plus de cinq années là-bas.

Peut-être dix, vous ne croyez pas ?

Vous voulez que je vous lise les messages du Bouvier ?

Nos spectacles provenaient de la Réserve. Mais nous refondions tous les acteurs.

Dans nos grandes scènes, il y avait des enfants.

Vous savez que j'aime les fillettes. Que j'aimais les fillettes.

Jusqu'au bout, nous avons respecté les Obligations des Moulins.

Jamais nous ne nous sommes battus entre nous.

Nos pertes ont été légères.

Oui, il y a eu des cas de maladie. Les courants de l'espace sont riches de vie.

Jamais on ne devrait donner à des êtres des noms de lieux, de montagnes, de cités détruites.

Surtout lorsqu'ils ne sont pas synthétiques. Ces êtres.

C'est peut-être pour cela, aussi, que nous sommes revenus.

Il nous fallait d'autres scènes.

Il y avait toujours le Mur.

On ne devrait jamais baptiser des êtres humains sans connaître tous les saints du...

– Pourquoi ? a glapi Voix N° 2.

J'allais ouvrir les yeux.

Un vent froid pénétrait mon cerveau. J'étais dans un lieu d'eau. Quelque part, j'entendais une cataracte.

– Je ne suis pas un fleuve.

Voix N° 2 s'est changée en Rire N° 2.

– Je n'en ai pas... la mentalité, ai-je ajouté péniblement.

Je cherchais à ouvrir les yeux.

Je savais que j'étais en train de me noyer.

– Je voulais dire : pourquoi êtes-vous revenus? demanda Rire N° 2, sans méchanceté.

Sans doute parce qu'elle n'avait pas besoin de la réponse.

– Pour vous créer, dis-je.

– Quand ils vous ont envoyés là-bas, vous étiez des soldats. Vous n'étiez pas faits pour créer.

J'ai ouvert les yeux. Dans une eau verte.

J'ai voulu crier. J'étais en train de me noyer.

4

J'avais retrouvé les poissons. Ils étaient là, tout autour de moi. Ils tournoyaient follement, comme les étoiles et les brumes de l'espace, quand je flottais, quand je caracolais au large de ma plate-forme. Ils étaient d'or et d'azur, comme l'impossible Epsilon. J'essayais de garder un peu d'air dans mes poumons. Je voulais crier. Les oiseaux allaient surgir des profondeurs. Ma deuxième peau de haut-espace avait dû se déchirer. Il fallait du sang-froid. Nous gardions le Mur.

– Pourquoi?

Elle ne flottait plus dans une flamme jaune et il y avait moins de douceur sur son visage. Elle semblait même en colère. Elle était debout au-dessus de moi, les jambes écartées. Je voyais toute son intimité mais je savais qu'elle allait me renvoyer dans l'eau, qu'elle pouvait me noyer. Une Gouvernante comme nous les avions aimées. Il y avait des siècles. Impertinente et drôle. Quelquefois cruelle mais jolie. Une éternelle petite fille pour oublier à jamais les matrones des Génocrates.

– Pourquoi êtes-vous revenus?

Voix N° 1?
J'ai eu la nausée en tournant la tête.
Celle-ci était plus frêle encore. Cheveux châtains très longs. Une tresse sur l'épaule droite. Une sorte de ceinture rouge et noire sur le pubis. Elle tenait la tortue contre ses petits seins. La carapace était ouverte. Quelque chose brillait à l'intérieur.
J'ai essayé de me lever, furieux tout à coup.
L'eau amère, l'eau salée, glacée, a étouffé mon cri.
J'ai craché, puis vomi sur le petit pied mignon.
– C'est la seconde fois que tu essaies. La seule issue, c'est de lui montrer. De toute façon, ensuite, il oublie.
Un parfum doux. Une bouffée de sucre. La cité, le Jardin Europe et les baraques des Très Anciens du Chariot.
– Il a donné le message, reprit Voix N° 1, Parfum de Sucre, Tresse Claire. Maintenant, il doit faire son travail. N'est-ce pas, soldat?
C'était un lieu plus étrange et dénudé que l'île.
Je me souvenais de ce tunnel qui plongeait dans la mer vers des profondeurs impossibles.
J'étais tombé.
Dans un autre bunker?
C'était un lieu cubique, aux parois lisses, blanches. Non, plutôt ivoirines. En me retournant, je vis un disque derrière lequel glissaient des poissons. Les poissons. Dans une eau verte que je connaissais bien.
– Un sas, me dit Tresse Claire en s'agenouillant près de moi. La machine qui nous portait jusqu'à ton île n'est qu'une sorte de... de membre.
Elle émit un petit rire très bref et, désinvolte, me donna une gifle très douce en plein sur le sexe.
Ce qui eut pour effet de me réveiller totalement.
A l'instant où elle se redressait, cambrée, dorée, un pli moqueur sur ses lèvres peintes de bronze, je refermai ma main sur sa cuisse, mes doigts glissèrent vers le haut.
Une douceur qui me terrassa.
Avant même le troisième plongeon.
Cette fois, je ne réussis pas à ouvrir les yeux.
Le sol, sous ma tête, était tiède et élastique. Le parfum

de Tresse Claire revenait. J'avais de l'eau dans les oreilles et je croyais percevoir des rires, très loin.

J'avais oublié qu'il convenait de ne pas toucher aux Gouvernantes. Du moins, tant qu'on n'y était pas autorisé.

Il avait bien fallu mettre en place des systèmes de sécurité.

Nous avions tout fait pour avoir un système stable et agréable.

Mais qui donc avait conçu des caractères aussi impitoyables?

– Cette fois, il se croyait revenu au Mi-Chemin, dit Voix Nº 2, Cléopâtre.

Ce furent ses yeux que je rencontrai tout d'abord. Sévères mais pas méchants. Vigilants, comme lorsque je l'avais vue pour la première fois, un peu divine et pas très réelle.

– Le canonnier Garonne était un maître en spectacles.

Cléopâtre murmurait, plissant les yeux. Elle était assise, maintenant, jambes croisées, l'air sérieux, grave. Elle avait l'index levé et comptait dans l'air, je le supposais, toutes mes fautes.

– De ces exercices de tir, il a extrait les racines de drames extraordinaires. Il a délaissé les Moulins à Obligations pour s'adonner...

Elle pencha la tête, écarquilla les yeux. Sa frange noire fit danser une ombre brune jusqu'à ses cils. Il y avait une goutte d'eau à la pointe de son petit sein droit. Elle m'avait pris contre elle? Tandis que j'agonisais comme un poisson sur le sable?

– Pour s'adonner aux caprices de son imagination trop longtemps gelée, dit Tresse Claire, Parfum de Sucre.

Elle s'appuyait à la paroi, près du hublot. Elle avait replié la jambe droite et... Seigneur! j'aurais juré qu'elle souriait. C'était bizarre, elle avait fermé les yeux et sa voix était encore plus gentille qu'auparavant.

Je me suis senti très calme, soudain. Très bien. Très bien, on me faisait subir un interrogatoire. Très loin, des voix que j'avais cru perdues me disaient comment résister. Si l'extra-terrestre usait de méthodes extra-humaines, il existait une combinaison de mouvements qui déclenchait.

– Il repart encore une fois là-bas, dit Cléopâtre, mon intraitable brunette. Fichons-le dehors. Si les infrabulles ne tranquillisent pas très vite, il faudra prendre un autre signal.

– En quelle année sommes-nous? ai-je demandé.

Je me sentais très idiot, j'avais du mal à respirer, un filet d'eau dégoulinait le long de ma colonne vertébrale et mes deux Gouvernantes me rendaient malade de désir. Je me suis répété cette phrase. Je l'avais placée tant de fois dans les répliques. Plus souvent encore que...

– En quelle année sommes-nous?

Cléopâtre eut un geste charmant et rapide. Puis elle parut s'apercevoir de l'existence de cette merveilleuse goutte d'eau à la pointe de son sein, la cueillit sur son index, les lèvres serrées, fronçant les sourcils, se pencha en avant, tendit la main et me dit :

– Tiens, goûte, soudard cosmique... Cette petite eau doit avoir... trois ou quatre siècles de plus que toi. Mais le soleil a été bien malade et nous pensons que le temps s'est déréglé.

Elle se redressa. J'avais une envie féroce de lui sauter dessus.

– Nous, nous aurions presque un demi-millier d'années, chantonna Tresse Claire.

– Fichons-le dehors, gronda ma brunette.

C'était comme si elle avait deviné mon envie. Etait-elle visible, mon envie, tandis que j'étais étendu là, un peu recroquevillé, encore bien misérable?

– Pourquoi étais-je dans l'île?

– L'île de la mer ou cette grande caserne du Mi-Chemin?

Je n'ai pas répondu. Je crois que, déjà, les éléments étaient très proches les uns des autres. Tout le dessin allait se reformer.

– Je sais pourquoi j'étais dans l'île, ai-je dit, les yeux mi-clos, essayant de me fixer sur le seul parfum de Tresse Claire et... oui, sur celui de Cléopâtre aussi. (Plus discret mais presque poivré. Etait-ce moi qui avais mis en scène ce spectacle du futur?) J'ai été condamné, c'est cela? A cause... Les Moulins à Obligations nous avaient donné des instructions pour la conception des soldats et... nous avons fait tant d'autres choses.

– Pourquoi êtes-vous revenus?

– Tss! Tss! a fait Tresse Claire dont la cuisse glissait encore et encore sous mes doigts écartés, inertes mais voraces.

– Par ennui, ai-je murmuré à l'adresse de Cléopâtre.

– Quand les soldats s'ennuient, ils défont les empires. Il n'y avait pas de guerre, là-bas, vous le savez bien. C'est nous qui vous l'avons appris. Pas de guerre. Pas d'ennemi. Rien que ces messages pour rire et le Mur.

– Pas de Mur, souffla Tresse Claire.

Je fus debout d'un seul élan. Sa tête m'arrivait à la poitrine. Elle posa la main sur mon estomac, lentement, comme si elle éprouvait une crainte que son regard froid, maintenant, ne reflétait pas.

– Pas de Mur, dit ma brunette, en écho, derrière moi.

Il me semblait que les doigts de Tresse Claire, sur ma peau, tremblaient.

Et d'autres doigts, bien froids, plus glacés que les gouttelettes d'eau de mer, avaient commencé de fouiller dans mon cerveau.

Je me dis qu'il était temps de partir. Reflet altéré d'un réflexe de jadis. Soirées gâchées ou situations compromettantes. Des boutiques illuminées, des fêtes et des navires en partance. Cela recommençait. Tout comme lorsque la bulle s'était ouverte et que ces giclées de passé m'étaient arrivées en plein crâne, ne composant qu'une pluie de moments que je ne pouvais relier entre eux.

Les doigts froids ne rencontraient aucun mur.

– Vous avez bien dit, canonnier Garonne, ce que votre île avait enregistré. Du plus défavorable.

Maintenant, seulement, je remarquais les curieuses distorsions que les années avaient provoquées dans le langage. Pourtant, les officiers, en hommage aux soldats de l'histoire, n'avaient pas été formés dans les arts du langage...

– Il y aurait des turbulences dans les bulles des profondeurs. C'est à vous de vous en occuper. Seul un officier peut mater ces révoltes. N'avez-vous rien appris dans ce compte ?

– Je ne comprends pas toujours ce que vous dites, ma belle.

Mes lèvres ont juste effleuré son menton, puis son cou.

– C'est l'effet de l'éternité, mon bon sire.

Elle riait. Il y avait une larme dans ses yeux.

Encore la pitié ?

– J'ai été condamné, ai-je dit, une fois encore.

– Dans les infrabulles, a dit Cléopâtre.

J'ai refermé les mains sur les épaules de Tresse Claire. J'ai mordu ses cheveux, j'ai léché ses yeux et j'ai vu qu'elle regardait dans le vide et que, cette fois, c'était vraiment de la pitié que je lisais. Et comme j'allais plus loin sans qu'elle fît un mouvement, à l'instant où Cléopâtre soupirait, je compris une partie de ma peine.

– Je n'ai tué personne, ai-je murmuré, la tête coincée entre ses genoux.

– Et c'est bien ce que le monde vous reproche, dit sa voix, exhalaison de sucre, souffle de fruit.

5

Tout d'abord, le canonnier Garonne, que je suivais à tire de nageoires, s'est engagé dans de complexes défilés. Et tout d'abord, à ses yeux de plongeur-officier à peine revenu du passé et des étoiles, ces défilés sont apparus tapissés d'algues.

Les abysses bleus sont devenus des vallées nocturnes que survolaient des archipels pâles hérissés d'aigrettes luminescentes. Les infrabulles étaient protégées.

Mais le canonnier Garonne avait la clé. Je n'avais aucun intérêt à me laisser distancer. Je me suis lancé à sa poursuite, j'ai réintégré ses vilaines pensées.

J'avais été détaché. A titre de regret ou de remords. A de pareilles profondeurs, il était impossible de le déterminer. Les pressions étaient bien près de fragmenter la pensée.

Attention! brilla la claire pensée de Tresse Claire. *L'orifice! Les turbulences le déforment!*

Je n'avais pas encore deviné les infrabulles qu'elles étaient déjà sous moi, à 85000 encablures ou 233000 brasses? Les termes de notre théâtre d'espace formaient la ronde autour de mes pensées.

La comptine des oiseaux était une citadelle.

C'était comme un coquillage montagneux, une protubérance maladive mais sombre encore de la planète, un organe embrumé de poissons ahuris et d'algues férocement écarlates qui montait entre la nuit et l'aube de la surface où dardait le grand œil de Cléopâtre et Tresse Claire, mes jeunes Gouvernantes mi-millénaires.

L'orifice! L'orifice! clama Tresse Claire.

Ai-je dit qu'elle hurlait dans ma tête? Que cela n'avait rien à voir avec la communication directe des pensées mais seulement avec mes fruits compliqués, mes cadeaux du magasin-bunker de l'île aux oiseaux?

Cela, je le jure, je l'avais compris moi-même.

On m'avait envoyé aux étoiles. On m'avait envoyé à la guerre.

On m'avait condamné à dormir.

On m'envoyait calmer des turbulences.

Faire la police.

Dans tout cet itinéraire, il eût été malheureux que je ne comprenne rien.

Ma peine ne faisait que commencer, avait dit Tresse Claire.

L'orifice était une cheminée étroite et rouge. Planant vers elle, je pris réellement conscience des dimensions de l'infrabulle. Elle était peut-être aussi vaste que notre île spatiale. Et elle paraissait grandir, oui, grandir à chaque minute. C'était une prison?

C'est le monde-prison, souffla Cléopâtre loin dans mon oreille droite, puis dans mon ventre, dans les racines de mes cheveux, en une caresse acide et torride. *Vous nous avez fait cadeau du monde, aimables officiers. Le cadeau était plaisant et nous l'avons mis en boîte. Plusieurs boîtes, bien cachées.*

– Vous n'avez pas fait ça!

J'avais pensé-gargouillé dans mon enveloppe. Je croyais deviner tout.

J'ai traversé une nappe de bulles aux reflets de perle.

L'orifice m'a aspiré violemment.

Je me suis retrouvé au printemps.

J'étais tombé sur le côté et, par malheur, j'avais dévié le cours d'un fleuve.

Il formait à présent des méandres torrentueux sous mon pied droit. Au creux de ma main, les arbres minuscules et innombrables me piquaient comme les orties d'autrefois.

Sur l'horizon, à moins de dix mètres (mais je perdais déjà le sens des mesures), un tas de cendres achevait de se consumer.

Quand je l'atteignis, accroupi, le souffle court, les mains tachées de boue, de sable, d'arbres et de pans de montagnes, je vis que ce tas de cendres était une ville. Une cathédrale microscopique était encore intacte, au sommet d'une montagne de velours vert, mais les labyrinthes des bas quartiers étaient des grilles de feu.

En me penchant, en posant ma tête au hasard sur des maisons qui craquaient comme des biscuits, j'ai senti venir les larmes.

Et tous les os de mon crâne ont perçu une musique énorme et faible. C'était sans doute la rumeur fracassante des turbulences qui couraient dans les infrabulles. Ou bien se mourait-elle? Parce que le géant vengeur était descendu sur Terre?

Fais ton métier, a dit Tresse Claire. *Il est si facile... Tu le sais bien. Ici, les acteurs sont plus petits mais tellement plus vrais. C'est ton rôle de les ramener dans leur rôle. C'est ta peine. Ce n'est pas la leur. Ils sont heureux ainsi, les habitants de la Terre. Si petits, ils se sentent si forts. Et parfois, bien sûr, ils s'agitent. Le croirais-tu, soudard? Ils se font la guerre.*

C'était le monde. En levant la tête, par-dessus la cité

brisée, j'ai deviné des taches sombres, des foules en fuite. Et, plus loin, le fleuve qui brillait, et des lacs entre les montagnes. J'aurais pu les effacer de la main.

Maintenant, tu les as calmés, soudard. Ulysse est devenu Jéhovah. Presque.

Je me suis mis en marche. J'avais la tête dans un ciel bleu pâle et, à chaque souffle, je dispersais des nuages. J'ai traversé une zone de pluie, une fugace sensation de sueur fraîche sur mon front. J'ai traversé la mer et des bateaux ont fui la tempête entre mes genoux. Je me suis arrêté. J'étais fatigué. J'avais parcouru des milliers de kilomètres.

Avance. Montre-leur que tu es un officier. Est-ce que tu vois un Mur, ici? Pour toi, il n'y en a aucun.

– Pourquoi avez-vous fait ça? ai-je demandé, et ma voix était un orage dans cette cage-monde.

Une frise de plages crayeuses se déployait sous ma main.

Vous vouliez réduire le monde à votre merci, dit Tresse Claire. *Nous, nous n'avons fait que le réduire.*

Je suis remonté. Non : je dis cela par orgueil. On m'a repêché.

J'ai traversé le ciel et j'ai jailli hors de l'orifice aux parois grenat comme un caillou recraché par un volcan.

6

– Pas de Mur, psalmodia Cléopâtre.

L'argent de ses lèvres recouvrait maintenant son nombril, ses genoux et dessinait un signe étrange, comme trois griffes sur le haut de ses cuisses et le pubis.

Elle ne souriait pas.

Tresse Claire tenait de nouveau la tortue, ma tortue. Plus que jamais, des choses scintillaient sous la carapace. Les volumes du passé. Tout ce que j'aurais pu connaître.

– Nous sommes revenus par ennui, ai-je dit, lentement, car je savais que le temps ne me ferait pas défaut.

» Nous avons destitué les Mères et nous avons inclus les Génocrates pour les punir de leurs caprices. Je vous l'ai dit : il n'y avait pas de guerre. Rien que le Mur. Comme la paroi d'une serre. Un aquarium. Finalement, nous avons obéi aux Obligations.

Mais je savais que je ne croyais plus cela. Autrement, comment les Gouvernantes auraient-elles pu enfermer la Terre entière dans les infrabulles? Nous nous étions trompés. Il s'était passé quelque chose et, désormais, tout dormait. Et la vérité, c'était :

– Avant la vérité... chuchota Tresse Claire en levant la main.

Et elle ôta sa ceinture noire et rouge. Et ce fut bref et très silencieux. Toutes ces années répandues en trois secondes. Et maintenant la tortue était posée sur le sol, comme fracturée, et Tresse Claire avait une balafre de ma semence sur son ventre.

– La prochaine fois, dit Cléopâtre, le cadeau sera de moi.

– Et voici la vérité, commença Tresse Claire, souffle de vanille, immortelle petite fille, prise dans l'éternité. Veux-tu vraiment que je te la récite, Ulysse-Garonne, ou bien?...

– Je veux retourner sur l'île. (J'ai cru sentir, à une certainc tension de ma peau, que je souriais.) Mes pauvres compagnons m'y attendent, Cyrcée.

Elles m'ont rejeté à la mer.

7

Je voudrais parler des tortues. Les Génocrates les ont conçues pour tout contenir. Même le temps, sans doute. Ils les ont faites indestructibles et sans âme. Mais leur ventre est plein des connaissances de l'humanité. Vous comprenez? C'est elles qui détiennent les recettes des armes et des âges de paix. Comment miniaturiser l'homme et l'enfermer dans un monde clos sous la carapace verte de la mer. Comme dans cette Europe reconstituée aux forêts de bonsaïs que les jardiniers avaient ciselée, au temps de la Cité, avant l'assaut des Hôtels du Temps.

- Les Gouvernantes m'ont laissé ma tortue. Mais peut-être y en a-t-il une autre, enfouie dans le sol de l'île. Je la trouverai un jour, puisque je me réveillerai un jour, à nouveau, lorsqu'il faudra un officier pour terrifier les infrabulles.

C'est vrai : il n'y avait pas de Mur.

La tortue me l'a confirmé. En elle, il y a des rouages. Curieux. Ils ressemblent tout à fait à ceux des fruits que je trouve au bas des parois jaunes, dans le magasin-bunker, quand le temps s'y prête. La tortue et moi, nous sommes liés.

Quand le monde changera, je l'ignore. Mais il est certain que je n'aurai aucun rôle à jouer dans ce changement.

Tous les officiers sont des lâches.

Ils ont inventé le Mur.

Quelque part, les voix d'Epsilon sont devenues si fortes qu'ils ont inventé le Mur.

Il n'y a rien de plus dangereux qu'une armée vaincue.

Rien de plus redoutable qu'une armée qui bat en retraite.

Rien de plus dangereux pour la Cité.

Alors, trouvons une excuse.

Après tout, nous avions trouvé le Mur. Nous avions fini par y croire. Et nous avions déréglé les plus subtiles de nos bio-machines pour qu'elles y croient.

Une excuse : le vent d'Epsilon était trop violent. Il portait de l'humour et des réponses à des questions que la Terre n'avait pas posées.

Il était comme la barre d'un fleuve et nous étions arrivés dans des esquifs fragiles.

Et puis, à leur manière, les Génos s'étaient vengés, par avance, de ce que nous allions leur infliger.

Nous avions puisé dans la Réserve de matière vivante façonnable.

Nous avions fait les Gouvernantes, à notre retour, à l'image de nos fantasmes.

Nous avions transformé les grosses Mères foudroyantes en charmantes filles. Et nous leur avions donné tous les pouvoirs, tous nos pouvoirs. Comme dans un mariage ancien, une pluie de confettis lourds de programmes. Plus le talent d'écouter.

Et le droit de nous juger.

Pour des soldats nous nous étions montrés généreux.

Le Mi-Chemin nous avait fait perdre la tête.

Les charmantes Gouvernantes avaient mis le monde à l'arrêt après nous avoir mis aux arrêts.

Et peut-être avaient-elles su écouter un drôle de conseil qui ne s'était pas perdu dans cinquante années-lumière?...

Tout en bas, elles avaient mis les bulles où des micro-personnes vivaient des micro-vies en attendant...

Tout en haut, dans les îles-cellules, elles avaient mis des officiers déchus qui ne s'éveillaient que pour des missions dérisoires, en attendant...

Et tout autour, dans les machines semi-vivantes héritées du tintamarre 2000, ces fillettes éternelles tournaient dans la mer, veillant sur le haut, veillant sur le bas. Elles avaient cassé les coquilles des cerveaux des Hôtels du Temps. Elles fracturaient les tortues. Et peut-être les cerceaux de lumière des joueurs défunts leur servaient-ils à capturer les forteresses bibliothèques.

Etourdies et sévères, aussi jolies que lorsque nous les avions créées, aussi impitoyables que le canonnier Garonne, l'œil rivé à l'œil énorme de son viseur, brûlant des passerelles et des bateaux, crevant les coupoles des temples et dispersant les flèches des cathédrales aux vents multicolores et pâles du vide.

Le canonnier Garonne, devant le Mur, créant des théâtres pour les détruire.

Le canonnier Garonne, qui a retrouvé son île, comme Ulysse, au milieu de ses compagnons, les oiseaux.

L'oiseau Sardaigne, l'oiseau Nebraska, l'oiseau Aoste et

l'oiseau Oise. Et tous les autres. Purgeant une peine plus lourde que la sienne?... Il ne sait trop pourquoi. Ils sont bavards et inutiles, impatients, vantards, ennuyeux et idiots comme des soldats en garnison.

Le canonnier Garonne a perdu la guerre, puisqu'il n'y en avait pas, et il attend le sommeil.

Quelquefois, il attend Cyrcée.

Sur une initiative de Jacques Goimard, à partir de son seul titre – le nom d'un magasin du boulevard Haussmann, à Paris – la nouvelle qui précède, dans le premier tiers du premier chapitre, a été entièrement improvisée à haute voix devant les étudiants de la Faculté de la Halle Aux Vins – Paris VII – le 20 mars 1975.

TABLE DES MATIÈRES

Editions J'ai Lu, 31, rue de Tournon, 75006 Paris

diffusion
France et étranger : Flammarion, Paris
Suisse : Office du Livre, Fribourg
diffusion exclusive
Canada : Éditions Flammarion Ltée, Montréal

Achevé d'imprimer sur les presses de l'imprimerie Brodard et Taupin
7, Bd Romain-Rolland, Montrouge. Usine de La Flèche,
le 15 avril 1982
6791-5 Dépôt Légal avril 1982. ISBN : 2 - 277 - 21317 - 9
Imprimé en France